Samuel Salzborn / Rüdiger Voigt (Hg.)
Souveränität

Staatsdiskurse

Herausgegeben
von Rüdiger Voigt

Band 10

Samuel Salzborn / Rüdiger Voigt (Hg.)

Souveränität

Theoretische und ideengeschichtliche Reflexionen

Franz Steiner Verlag Stuttgart 2010

Bibliographische Information der Deutschen Bibliothek:
Die Deutsche Bibliothek verzeichnet diese Publikation in der Deutschen Nationalbibliographie; detaillierte bibliographische Daten sind im Internet über <http://dnb.ddb.de> abrufbar.

ISBN 978-3-515-09735-2

Gedruckt auf säurefreiem, alterungsbeständigem Papier.
Druck: AZ Druck und Datentechnik, Kempten
Printed in Germany

EDITORIAL

Der Staat des 21. Jahrhunderts steht in einem Spannungsfeld zwischen Sicherheit und Freiheit, zwischen Ordnung und Veränderung, zwischen Herrschaft und Demokratie. Er befindet sich zudem in einem Dilemma. Internationale Transaktionen reduzieren seine Souveränität nach außen, gesellschaftliche Partikularinteressen schränken seine Handlungsfähigkeit im Innern ein. Anliegen der Reihe ***Staatsdiskurse*** ist es, die Entwicklung des Staates zu beobachten und sein Verhältnis zu Recht, Macht und Politik zu analysieren.

Hat der Staat angesichts der mit „Globalisierung“ bezeichneten Phänomene, im Hinblick auf die angestrebte europäische Integration und vor dem Hintergrund einer Parteipolitisierung des Staatsapparates ausgedient? Der Staat ist einerseits „arbeitender Staat“ (Lorenz von Stein), andererseits verkörpert er als „Idee“ (Hegel) die Gemeinschaft eines Staatsvolkes. Ohne ein Mindestmaß an kollektiver Identität lassen sich die Herausforderungen einer entgrenzten Welt nicht bewältigen.

Hierzu bedarf es eines Staates, der als „organisierte Entscheidungs- und Wirkeinheit“ (Heller) Freiheit, Solidarität und Demokratie durch seine Rechtsordnung gewährleistet. Gefragt ist darüber hinaus die Republik, bestehend aus selbstbewussten Republikanern, die den Staat zu ihrer eigenen Angelegenheit machen. Der Staat seinerseits ist aufgefordert, seinen Bürgerinnen und Bürgern eine politische Partizipation zu ermöglichen, die den Namen verdient. Dies kann – idealtypisch – in der Form der „deliberativen Politik“ (Habermas), als Einbeziehung der Zivilgesellschaft in den Staat (Gramsci) oder als Gründung der Gemeinschaft auf die Gleichheit zwischen ihren Mitgliedern (Rancière) geschehen.

Leitidee der Reihe ***Staatsdiskurse*** ist eine integrative Staatswissenschaft, die einem interdisziplinären Selbstverständnis folgt; sie verbindet politikwissenschaftliche, rechtswissenschaftliche, soziologische und philosophische Perspektiven. Dabei geht es um eine Analyse des Staates in allen seinen Facetten und Emanationen. Wissenschaftlerinnen und Wissenschaftler des In- und Auslands sind zu einem offenen Diskurs aufgefordert und zur Veröffentlichung ihrer Ergebnisse in dieser Reihe eingeladen.

Rüdiger Voigt

EDITORIAL

INHALT

Vorwort 9

EINLEITUNG

Samuel Salzborn/Rüdiger Voigt:
Souveränität: Theoretische und ideengeschichtliche Reflexionen 13

1. TEIL:
SOUVERÄNITÄT IM HISTORISCHEN KONTEXT

Klaus Roth:
Die Wende zum Staat – Von Gregor VII. bis Hobbes 23

Claudia Opitz-Belaghal:
Ambivalenzen und Widersprüche
Jean Bodins Souveränitätskonzept im historischen Kontext 43

Samuel Salzborn:
Souveränität ohne Moral?
Machiavelli, Hobbes und die globale Ordnung zu Beginn des 21. Jahrhunderts 61

2. TEIL:
SOUVERÄNITÄT UND AUSNAHMEZUSTAND

Matthias Lemke:
Das Alter Ego der Souveränität
Zur Begründung von Normsuspendierungen im Ausnahmezustand 83

Ulrich Thiele:
Souveränität und Revolution
Legitimationsmodelle des Staatsformwechsels 103

Rüdiger Voigt:
Souveränität und Krieg
Alle Staaten sind gleich, aber mache sind gleicher 127

3. TEIL: SOUVERÄNITÄT IN DER KRITIK

Walter Pauly/Gunter Heiß:
Kritische Skizzen zu Staat, Verfassung und Souveränität 149

Gerhard Scheit:
Mohammed und Leviathan
Der Beitrag des Islam zur Dekonstruktion der Souveränität 179

Autoren 199

VORWORT

Souveränität ist ein Thema, das erst allmählich wieder ins Blickfeld der Rechts- und Sozialwissenschaften gerät. Lange Zeit wurde Souveränität als eine Art „Unwort“ verstanden, dass man am besten durch Nichtbeachtung strafte. Vor der Wiedervereinigung kam in Deutschland hinzu, dass man sich gern über den Status eines teilsouveränen Staates hinwegtäuschte. Die Europaeuphorie ließ viele Deutsche glauben, dass an die Stelle des souveränen Nationalstaates ein „kosmopolitisches Europa“ (Ulrich Beck) treten könnte, in dem die Einzelstaaten mehr die Rolle deutscher Bundesländer oder amerikanischer Bundesstaaten spielen würden.

Die sogenannte Griechenland-Krise, die tatsächlich eine Krise der Europäischen Union ist, hat zu einem schmerzhaften Erwachen geführt. Nicht nur Griechenland hatte sich durch Tricksereien die Aufnahme in die Währungsunion der Mitgliedstaaten der Europäischen Union (Eurozone) erschlichen, das ganze Projekt war von vornherein auf Illusionen gegründet. Eine dieser Illusionen war die, dass ein Staat wie Deutschland auf seine Souveränität verzichten könne, ohne dass für seine Bürgerinnen und Bürger schwerer Schaden entstehen würde. Denn nur im souveränen Staat werden die modernen Ambivalenzen von Recht *und* Macht, von Freiheit *und* Gewalt, von Legitimation *und* Macht vereint. Wer Freiheit will, der braucht Souveränität.

Mit dem vorliegenden Sammelband, der an der Schnittstelle zwischen Ideengeschichte und Politischer Theorie angesiedelt ist, wollen wir einen kritischen Diskurs über wissenschaftliche, politische und gesellschaftliche Interpretationen von Souveränität anstoßen. Dabei soll die historische Dimension in die Analyse ideengeschichtlicher Überlegungen zur Souveränitätsfrage integriert werden, um die Ideengeschichte zu einer Politischen Theorie als kritischer Gegenwartsdiagnostik umzuformen.

In drei Teilen analysieren HistorikerInnen, Rechts- und PolitikwissenschaftlerInnen die unterschiedlichen Aspekte, Ebenen und Perspektiven von Souveränität. Dabei gehen sie folgenden Themenkomplexen nach: (1) Souveränität im historischen Kontext, (2) Souveränität und Ausnahmezustand, (3) Souveränität in der Kritik. Die Antworten auf die spannenden Fragen der Souveränitätsdiskussion werden – wie zu erwarten war – unterschiedlich beantwortet. Darin sehen wir allerdings keinen Nachteil, sondern empfehlen vielmehr, dies als Ausgangspunkt für die weitere Diskussion zu nehmen, die uns gerade im Zeichen der permanenten Systemkrise als umso dringlicher erscheint.

Gießen/Siegen, im Mai 2010

Samuel Salzborn — Rüdiger Voigt

EINLEITUNG

SOUVERÄNITÄT

Theoretische und ideengeschichtliche Reflexionen

Samuel Salzborn/Rüdiger Voigt

Seitdem Jean Bodin im Jahre 1576 in seinen *Sechs Büchern über den Staat* die Souveränität als höchste Gewalt (summa potestas) des Monarchen beschrieben hatte,[1] ist Souveränität einer der umstrittensten Begriffe in Politik- und Rechtswissenschaft.[2] Kein Wunder, denn es geht dabei um nichts Geringeres als um das, was den Staat ausmacht, also um den Gehalt von Staatlichkeit. Im Verlauf der letzten 500 Jahre ist die Souveränität gelobt und getadelt worden, sie wurde für unerlässlich oder für überaus schädlich erklärt, ihr wurde freiheitsverbürgende, aber auch freiheitsverhindernde Bedeutung zugeschrieben. Nahezu alle bedeutenden Staatstheoretiker haben sich mit ihr auseinandergesetzt. Nicht zuletzt wegen des scheinbar unaufhaltsamen Prozesses der europäischen Integration ist sie heute wieder überaus aktuell. Denn es besteht die Gefahr, dass zwischen den schwächer werdenden Mitgliedstaaten und den stärker werdenden europäischen Bürokratien die Souveränität gleichsam zerrieben wird. Ein neuer, demokratisch legitimierter Souverän, die „Vereinigten Staaten von Europa", ist nicht in Sicht. Damit droht dann allerdings auch die Grundvoraussetzung für jegliche Art menschlicher Freiheit abhanden zu kommen, nämlich ein mit dem Gewaltmonopol ausgestatteter Souverän als Garant dieser Freiheit.

Zu Beginn des 21. Jahrhunderts wird die nationalstaatliche Souveränität aus einer Vielzahl von Richtungen in Frage gestellt. Die politische und ökonomische Globalisierung wird zwar gemeinhin als Ursache für dieses Souveränitätsvakuum anerkannt,[3] strukturelle und kritische Analysen für den Umgang mit dieser weltpolitisch neuen Situation und dem fortschreitenden Untergang der westfälischen Weltordnung aus theoretischer Perspektive sind aber rar.[4] Gerade aus politisch-theoretischer Perspektive erscheint es aber dringend notwendig, über Chancen und Risiken dieses Auflösungsprozesses zu reflektieren und abzuwägen, wo das Souveränitätsvakuum zu einer konstruktiven, diskursiven Neujustierung der Arena des Politischen führen und wo es wiederum das Versprechen der Moderne auf Freiheit, Gleichheit und Solidarität nachhaltig aus den Angeln heben könnte.[5]

Dabei dürfte das weitgehende Schweigen zur nationalstaatlichen Souveränitätsfrage damit zu tun haben, dass Kritiker wie Befürworter der modernen Souveränitätsvorstellungen im Prozess der Globalisierung beide gleichermaßen die Am-

1 *Bodin* 1981/1986.
2 *Haltern* 2007, S. 1.
3 Vgl. *Sassen* 1996, 2006.
4 Vgl. *Verkuil* 2007; *Voigt* 2009.
5 Vgl. *Stetter* 2008, S. 99ff.

bivalenzen aus dem Auge verloren haben, die der modernen Souveränitätsvorstellung inhärent sind. Vor allem Kritiker sehen die Auflösung klassischer Souveränitätsvorstellungen als Chance für die Freiheit, die allerdings historisch und theoretisch stets nur stabil im Kontext zentralisierter Macht etabliert wurde. Die staatliche Omnipotenz, die sich im Globalisierungsprozess auf eine Vielzahl anderer Akteure wie beispielsweise NGOs oder internationale Terroristen verlagert, konnte zugleich aber auch immer nur als *legitime* physische Gewaltsamkeit (Max Weber) existieren, solange sie mit der Freiheit des Individuums Hand in Hand ging.

Der Sieg der (diskursiven) Freiheit, den die Einen sehen, und der Sieg der (physischen) Gewalt, den die Anderen bejubeln, ist in Wahrheit jeweils die Kehrseite ein und desselben Prozesses: der substanziellen Infragestellung von Souveränität, der Auflösung der modernen Ambivalenzen von Recht *und* Macht, von Freiheit *und* Gewalt, die in ihrer Einheit im souveränen Nationalstaat verwirklicht werden. Wird der souveräne Staat in die eine oder in die andere Richtung in Frage gestellt oder aufgelöst, zerstört dies unweigerlich auch den anderen Pol der Ambivalenz. Wer Freiheit will, braucht Souveränität; umgekehrt bedarf derjenige, der das Machtpotenzial von Souveränität fordert, der nur durch sie herstellbaren Legitimation.

Auch wenn die nationalstaatliche Ordnung der vorherigen Jahrhunderte weiterhin existiert, ja wir – wie im Falle Südosteuropas oder Westasiens – sogar unmittelbar Zeugen der Entstehung neuer Nationalstaaten und nationalistischer Bewegungen werden, ändert sich die Rolle und die Kompetenz des Nationalstaates nachhaltig.[6] Nicht nur die Nationalitätenkämpfe auf dem Balkan, sondern auch die blutigen Auseinandersetzungen im subsaharischen Afrika lassen es als fraglich erscheinen, ob diese Nationalstaaten wirklich noch den Kern der souveränen Weltordnung darstellen, wie sie mit dem Westfälischen Frieden Gestalt gewann. Mit Max Weber gesprochen: Das Monopol physischer Gewaltsamkeit scheint nicht mehr in erster Linie an den Nationalstaat gebunden zu sein.[7] Und, mehr noch: die von Georg Jellinek formulierte grundlegende Drei-Elemente-Lehre scheint in Frage zu stehen:[8] Der moderne Staat, basierend auf Staatsvolk, Staatsgebiet und Staatsgewalt beginnt nachhaltig zu erodieren.

Im frühen 19. Jahrhundert entstanden die heutigen, westlichen Staaten aus einer doppelten Vereinheitlichung: der Souveränität nach Innen und der Souveränität nach außen, wenn man so will mit einem doppelten Potenzial von Souveränität, der inneren Souveränität, verstanden als Volkssouveränität und der äußeren Souveränität, verstanden als staatliche, völkerrechtliche Souveränität. Und dieses Idealbild der doppelten Souveränität ist heute in der Globalisierung auch doppelt in Frage gestellt: denn die meisten Staaten der Welt sind nicht im Sinne dieser Definition souverän nach innen, da dort nicht die Volkssouveränität die Grundlage für das Handeln der Regierungen gibt. Einfacher gesagt: Die Mehrheit der Staaten

6 Vgl. *Voigt* 2005, S. 14ff.
7 Vgl. *Weber* 1980, S. 29 u. 516.
8 Vgl. *Jellinek* 1914.

der Welt sind keine Demokratien. Und wenn man sich die langwierigen Anerkennungskämpfe exemplarisch nur auf dem Balkan ansieht, stellt man auch hinsichtlich der äußeren Souveränität fest: was lange auf bilateraler und multilateraler Basis funktionierte, ist heute keine Selbstverständlichkeit mehr, da oft genug andere Nationalstaaten solchen neu entstehenden Staaten die Anerkennung verweigern.

In nicht wenigen Fällen werden die Kernelemente nationalstaatlicher Souveränität heute verlagert und verschoben, wenn sie nicht bereits im Kern erstickt sind oder gar nicht mehr zur Konstituierung politischer Ordnungen im – um mit Martin Albrow zu sprechen[9] – nachnationalen Zeitalter herangezogen werden. Ins Rampenlicht treten dann Organisationen, die mit der Forderung nach demokratischer Partizipation und repräsentativer Willensbildung strukturell überfordert sind, da sie aus dem nationalen Zeitalter stammen und notwendigerweise nicht neuen strukturellen Herausforderungen gewachsen sein können, ohne ihre Strukturen zu ändern.[10] Insofern hat die oftmals zu beobachtende Hilflosigkeit, mit der Erklärungen der UNO, der EU oder der NATO in Krisen- und Konfliktsituationen erscheinen, auch mit der Sache selbst zu tun: Internationale oder europäische Institutionen, die als supranational angelegt waren und sind, können nicht auf einmal postnational agieren – es entspricht schlichtweg nicht ihren organisatorischen Fähigkeiten.

Das Kernproblem eines vorschnellen Abschieds vom nationalen Staat liegt in der dadurch begründen Aufhebung seiner Ambivalenz begründet – denn diejenige politische Ordnungseinheit, die wir Staat nennen, hat sich in einem mehrere Jahrhunderte langen Prozess als Ordnungsrahmen herausgebildet,[11] der durch die Verknüpfung zweier Momente charakterisiert werden kann: die stets widersprüchliche und umkämpfte, aber dennoch für den Staat unerlässliche Einheit von Souveränität und Freiheit. Der moderne Staat basiert in seiner Herrschaftsordnung auf genau diesen zwei Elementen: auf Souveränität und Freiheit (oder: Gewalt und Gesetz), die beide gleichermaßen konstitutiv wie zugleich widersprüchlich sind.[12] Heute nun besteht die Gefahr der Aufhebung dieser Einheit durch die Globalisierung, da unklar ist, an welchem *realen, nicht-diskursiven* Ort Freiheit gesichert werden soll, wenn Souveränität in ihrer bisherigen, an den Staat gebundenen Form nicht mehr existiert. In der Entsouveränisierung und einem vorschnellen Abschied vom Staat liegen dabei vor allem drei Gefahren: die Gefahr der Entdemokratisierung von Politik, die Gefahr der Essentialisierung des Sozialen und die Gefahr der Delegitimierung politischer Entscheidungen.

Aus theoretischer Perspektive liegt die *Gefahr der Entdemokratisierung* in einer Auflösung des politischen und rechtlichen Rahmens, den der souveräne Nationalstaat garantiert: das bürgerliche Recht mit seinem allgemeinen und gleichen Charakter (der nicht nur trotz, sondern auch wegen der in ihm liegenden Ambiva-

9 Vgl. *Albrow* 1996.
10 Vgl. *Hurrelmann* u.a. 2008.
11 Vgl. *Haltern* 2007; *Roth* 2003.
12 Vgl. *Neumann* 1986; *Salzborn* 2009.

lenz der historischen Etablierung von politischer Freiheit zur Sicherung der ökonomischen Freiheit besteht), bedarf eines souveränen Monopols von Gewaltsamkeit, das bei Suspendierung von demokratischen Rechten in der Lage ist, diese Suspendierung zu sanktionieren und damit Freiheit zu sichern. Die gegenwärtig vollzogene Privatisierung und Entstaatlichung organisierter Gewaltanwendung und die Verlagerung der Kriegführung in Räume begrenzter Staatlichkeit mit asymmetrischer Struktur bewirkt hingegen das Gegenteil:[13] die Beschneidung von Freiheit.

Zu einem fundamentaldemokratischen Anspruch muss eine klare Definition dessen gehören, was als demokratisch zu gelten hat und was nicht – und damit eine eindeutige politische Grenzziehung, die aber – da sie politisch und nicht essentiell ist – auch Revisionen zulässt. Chantal Mouffe hat in diesem Kontext vor einer „kosmopolitische Illusion" gewarnt, die durch die Aufhebung klarer Kategorien des Politischen und damit auch der staatlichen Souveränität grundiert wird.[14] Der Kern des Politischen liegt für Mouffe dabei in der Anerkennung von politischen Differenzen und Interessenkonflikten, die antagonistisch sind. Das Politische wird begriffen als in seinen konzeptionellen Grundlagen von Interessen bedingten Konflikten bestimmt, die mit klaren Freund-Feind-Unterscheidungen einhergehen. Insofern wird die terminologische Differenzierung von Carl Schmitt aufgegriffen,[15] die Interessenkonflikte aber nicht – wie bei Carl Schmitt – mit einem subtil ethnisierenden Gesellschaftsbegriff unterlegt, vielmehr geht Chantal Mouffe davon aus, dass das Politische durch den für die menschliche Gesellschaft konstitutiven Antagonismus bestimmt ist, der sich entlang von Interessen organisiert und stets konflikthaft sein muss. Der Ort, der die Reglements für diese Interessenkonflikte festlegt, ist der souveräne Staat. Wenn dessen Souveränität eingeschränkt wird oder wegfällt, obsiegt im Interessenkonflikt zwingend der physisch Stärkere; das Ausagieren politischer Konflikte wird dann nicht eine Frage von Argumenten, sondern von Macht – in Verlust gerät dabei die Freiheit und mit ihr Möglichkeiten der demokratischen Partizipation.

Die in diesem Zusammenhang von einigen Philosophen herbeigesehnte deliberative Weltgesellschaft kann dabei nur die Utopie einer kleinen, hoch gebildeten, finanziell unabhängigen und kosmopolitisch agierenden Elite sein; den Hungernden im Kongo, den Kindersoldaten in Burma, den Landminenopfern in Angola, den verlassenen Kindern in Indien, den Zwangsprostituierten in der Ukraine, den Textilarbeiterinnen in Bangladesch, den Genitalverstümmelten in Somalia oder den Homosexuellen im Iran nützt eine solche kosmopolitische Illusion wenig. Denn diese Utopie geht nicht nur vollständig an der sozialen Realität ihres Lebens vorbei, sondern sie wäre sogar der sichere Garant für ihren Tod: Was die von *elementarer* sozialer, ökonomischer und politischer Not betroffenen Menschen zu allererst brauchen, ist nicht ein freier Diskurs, sondern die grundlegende

13 Vgl. *Münkler* 2002, S. 7ff.
14 Vgl. *Mouffe* 2007.
15 Vgl. *Schmitt* 1963.

Sicherung ihres nackten Lebens und damit ihrer physischen Freiheit durch eine souveräne, demokratische Zentralgewalt.

Staatliche Souveränität garantiert als äußere Souveränität die Unverbrüchlichkeit des Staatsterritoriums und macht damit die dauerhafte Gewähr von Freiheitsrechten überhaupt erst möglich. In ethnopolitischen Konflikten werden diese territorialen Souveränitätsaspekte suspendiert, ethnoregionale Bewegungen heben mit ihrem Kampf gegen die demokratische Souveränität zugleich auch die Freiheit auf,[16] was auf das Zentrum der *Gefahr der Ethnisierung bzw. Essentialisierung* verweist:

> Mit der zunehmenden Ethnisierung sozialer Beziehungen korrespondiert eine ‚Kulturalisierung' der Politik, die nicht mehr auf materielle Interessen zurückgeführt wird, sondern sich auf die Wahrung kollektiver Identitäten reduziert, was letztlich zu einer Entpolitisierung gesellschaftlicher Konflikte führt.[17]

Soziale und politische Konflikte werden dabei naturalisiert und in einen ethnischen Entstehungszusammenhang gerückt. Indem Ethnizität als essentielle Kategorie gedacht wird und zum höchsten Gut des „menschlichen Wesens" avanciert, besteht das politische Ziel in einer vollständigen sozialen und politischen Segregation von Menschen entlang ethnischer Kriterien sowie in der Schaffung separierter Ethnoregionen.

Die Gefahr dieser Essentialisierung des Sozialen besteht darin, dass auf allen gesellschaftlichen und politischen Ebenen ethnische Parallelstrukturen geschaffen werden, die zu einer sozialen Segmentierung innerhalb der jeweiligen nationalen Gesellschaft führen. Politische Konflikte und soziale Missstände werden dabei nicht mehr als solche wahrgenommen, sondern deren Ursachen in ethnischen Differenzen vermutet. Zugleich bietet die vorpolitische Flucht ins Essentielle für die Individuen aber auch den Schein von sozialer Sicherheit und gemeinschaftlicher Verlässlichkeit, da die emotionale Dimension gestärkt und das Deprivationsgefühl auf diese Weise kurzfristig kompensiert wird.

Damit einher geht eine zunehmende *Delegitimierung von Politik*. Wesentliche Grundlage für diesen Delegitimierungsprozess auf staatstheoretischer Ebene ist der postdemokratische Wandel von politischem System und politischer Kultur.[18] Colin Crouch hat diesen beschrieben als ein systemisches Fortexistieren der demokratischen Institutionen, die aber vom *demos* aufgrund von Legitimationskrisen nicht mehr in Anspruch genommen werden, so dass sich Entscheidungsprozesse in einen Macht dominierten Raum jenseits des Rechts verlagern.[19] Neben politischen Akteuren treten dabei vor allem (medien-)ökonomische Kräfte auf die Agenda, die dieses Souveränitätsvakuum für eigene Zwecke nutzen und damit politische Freiheit einschränken, wobei soziale Leistungen in individuell zu bezah-

16 Vgl. *Salzborn* 2005.
17 *Butterwegge* 1997, S. 174.
18 Vgl. *Crouch* 2008.
19 Vgl. *Hirsch/Voigt* 2009.

lende Arbeit verwandelt werden, die sich nicht mehr jede/r leisten kann. Zugleich führt dieser Prozess der Aufhebung staatlicher Kompetenz auch zu einer Abwendung der Bürger von der Politik und einem wachsenden Desinteresse an politischen Prozessen überhaupt.

Insofern stellt die weltpolitische Entwicklung am Beginn des 21. Jahrhunderts die Souveränität auch aus beiden Richtungen in Frage: sowohl mit Blick auf ihre völkerrechtliche, wie auf ihre innerstaatliche Dimension, wobei beides im Kern ein Angriff auf die Freiheit ist. Die Idee des vorliegenden Sammelbandes ist es, intervenierend in diesen Zustand des Souveränitätsvakuums einzugreifen und konzeptionelle Perspektiven zu entwickeln, um einen kritischen Diskurs über wissenschaftliche, politische und gesellschaftliche Interpretationen auf substanzieller Grundlage beginnen zu können. Unser Band will theoriengeschichtliche Impulse liefern, um vor einem vorschnellen Abgesang auf die Souveränität zu warnen und dafür das ideengeschichtliche Arsenal der Souveränitätsforschung möglichst weiträumig ausschöpfen. Dieser Band ist an der konstruktiven Schnittstelle zwischen Ideengeschichte und Politischer Theorie angesiedelt, an der politisch-theoretische Entwürfe nicht nur als variable Bausteine für konzeptionelle Überlegungen verwendet werden sollen. Vielmehr soll in der Analyse ideengeschichtlicher Überlegungen zur Souveränitätsfrage die historische Dimension in die Analyse integriert werden und somit systematisch nach Perspektiven, aber auch nach Limitierungen für eine gegenwartsbezogene Analyse des Souveränitätsdilemmas gesucht werden.

LITERATUR

Albrow, Martin, 1996: The Global Age. State and Society Beyond Modernity, Cambridge.

Bodin, Jean, 1981/1986: Sechs Bücher über den Staat. (1576) Übers. u. mit Anm. vers. v. Bernd Wimmer, ed. P.C. Mayer-Tasch, Bd. 1, München 1981; Bd. 2, München 1986.

Butterwegge, Christoph, 1997: Ethnisierungsprozesse, Mediendiskurse und politische Rechtstendenzen, in: Ders. (Hg.): NS-Vergangenheit, Antisemitismus und Nationalismus in Deutschland, Baden-Baden.

Cohen, Jean L., 2007: Demokratie, Menschenrechte und Souveränität im Zeitalter der Globalisierung neu denken, in: Zeitschrift für Menschenrechte, H. 2.

Crouch, Colin, 2008: Postdemokratie (zuerst: 2003 ital. u.d.T. „Postdemocrazia"), Frankfurt a.M.

Haltern, Ulrich, 2007: Was bedeutet Souveränität?, Tübingen.

Hirsch, Michael/Rüdiger Voigt (Hg.), 2009: Der Staat in der Postdemokratie. Staat, Politik, Demokratie und Recht im neueren französischen Denken, Stuttgart.

Hurrelmann, Achim/Stephan Leibfried/Kerstin Martens/Peter Mayer (Hg.), 2008: Zerfasert der Nationalstaat? Die Internationalisierung politischer Verantwortung, Frankfurt a.M./New York.

Jellinek, Georg, 1914: Allgemeine Staatslehre (zuerst: 1900), 3. Aufl. Berlin.

Mouffe, Chantal, 2007: Über das Politische. Wider die kosmopolitische Illusion, Frankfurt a.M. (zuerst: 2005 engl. u.d.T. „On the Political").

Münkler, Herfried, 2002: Die neuen Kriege, Berlin.

Neumann, Franz L., 1986: The Rule of Law. Political Theory and the Legal System in Modern Society. With a Foreword by Martin Jay and an Introduction by Matthias Ruete, Heidelberg/Dover.

Roth, Klaus, 2003: Genealogie des Staates. Prämissen des neuzeitlichen Politikdenkens, Berlin.
Salzborn, Samuel (Hg.), 2009: Kritische Theorie des Staates. Staat und Recht bei Franz L. Neumann, Baden-Baden.
Salzborn, Samuel, 2005: Ethnisierung der Politik. Theorie und Geschichte des Volksgruppenrechts in Europa, Frankfurt a.M./New York.
Sassen, Saskia, 1996: Losing Control? Sovereignty in an Age of Globalization, New York.
Sassen, Saskia, 2006: Territory – Authority – Rights. From Medieval to Global Assemblages, Princeton/Oxford.
Schmitt, Carl, 1963: Der Begriff des Politischen. Text von 1932 mit einem Vorwort und drei Corollarien, Berlin.
Schuppert, Gunnar Folke, 2003: Staatswissenschaft, Baden-Baden.
Stetter, Stephan, 2008: Entgrenzung in der der Weltgesellschaft. Eine Bedrohung für die Demokratie?, in: André Brodocz/Marcus Llanque/Gary S. Schaal (Hg.): Bedrohungen der Demokratie, Wiesbaden.
Verkuil, Paul R., 2007: Outsourcing Sovereignty. Why Privatization of Government Functions threatens Democracy and what we can do about it, New York.
Voigt, Rüdiger, 2005: Weltordnungspolitik, Wiesbaden.
Voigt, Rüdiger, 2009: Der Januskopf des Staates. Warum wir auf den Staat nicht verzichten können, Stuttgart.
Weber, Max, 1980: Wirtschaft und Gesellschaft. Grundriss der verstehenden Soziologie, 5. rev. Auflage bes. v. Johannes Winckelmann (zuerst: 1921), Tübingen.

1. TEIL

SOUVERÄNITÄT IM HISTORISCHEN KONTEXT

DIE WENDE ZUM STAAT – VON GREGOR VII. BIS HOBBES

Klaus Roth

Die Idee des nach innen wie außen souveränen, aus ständischer Herrschaft und geistlicher Bevormundung emanzipierten, durch Bürokratie und stehendes Heer institutionell konsolidierten Staates, der auf einem fest umgrenzten Territorium das „Monopol legitimen physischen Zwanges“ bzw. der „Gewaltsamkeit“ innehat,[1] mit Hilfe von Polizei und Verwaltung den innerstaatlichen Frieden sichert und seine Beziehungen zu anderen Staaten in Krieg und Frieden rechtlich regelt, ohne eine übergeordnete Entscheidungs- und Befehlsinstanz zu akzeptieren – diese Vorstellung gab dem neuzeitlichen Politikdenken in Europa Orientierung und Halt. Sie fand ihre klassische Begründung zwar erst in der frühen Neuzeit, bei Jean Bodin (1576) und Thomas Hobbes (1651), wurde aber vorbereitet in den hoch- und spätmittelalterlichen Kämpfen zwischen weltlicher und geistlicher Gewalt sowie zwischen den rivalisierenden Kräften innerhalb beider Machtkreise (1). Sie erhielt neue Impulse durch die Reformation und die durch sie provozierten konfessionellen Bürgerkriege, die im 16. und 17. Jahrhundert in blutigen Wellen über Europa hinwegschwappten (2). In der Folgezeit avancierte sie zur zentralen politischen Idee der frühen Neuzeit.

1. RELIGION UND SOUVERÄNITÄT IM HOCH- UND SPÄTMITTELALTER

Das europäische Staatensystem entstand in der Zeit vom 11. bis zum 17. Jahrhundert durch Ausgrenzung der einzelnen Territorien aus dem übergeordneten Bezugssystem des mittelalterlichen Reiches *(sacrum imperium),* durch Konzentration und Zentralisation der politischen Entscheidungs- und herrschaftlichen Zwangsgewalt in Händen von absoluten Monarchen und/oder Parlamenten, die alle Machtmittel monopolisierten und so die Freisetzung der unpolitischen *bürgerlichen Gesellschaft* durch Entmachtung der alten Herrschaftsträger bewirkten. Seine Besonderheit liegt in der Befreiung der weltlichen Herrschaft aus der geistlich-religiösen Kuratel, in der Verdichtung der territorialen Herrschaftsbeziehungen und in der Abstraktion der Herrschaftsbefugnisse von ihren Trägern (Ämter- oder Anstaltsstaat). Diese Entwicklung begann im Hochmittelalter, wurde forciert im Spätmittelalter und musste gegen den Widerstand derjenigen Kräfte durchgesetzt werden, die für die Erhaltung der alten oder die Etablierung einer alternativen Ordnung kämpften (Kirche, Reich, Feudalaristokratie, Städte).

Die Idee des souveränen Staates ist Resultat des Zerfalls der überkommenen Reichsidee, die das christliche Politikdenken seit der Spätantike geleitet hatte.[2]

1 Vgl. *Weber* 1972[5], S. 29, 516ff., 821ff., passim.
2 Vgl. *Roth* 2003, S. 306ff.

Die Hoffnung, dass durch das harmonische Mit- und Gegeneinander von Kaiser- und Papsttum – als Glieder der universalen *Ekklesia* – die ganze Menschheit zum christlichen Glauben bekehrt, die Welt befriedet und eine „gute", d.h. gottgerechte Ordnung errichtet werden könne,[3] zerbrach nicht erst mit der Reformation des 16. Jahrhunderts, sondern bereits im Investiturstreit (1075–1122). Die Reformation hat nur vollendet, was mit ihm begonnen hatte. Das christliche Reich geriet in eine schwere Krise, die zur Suche nach alternativen Ordnungsformen führte. Mit der Papstrevolution des späten 11. Jahrhunderts[4] begann ein nicht enden wollender, bis in die frühe Neuzeit andauernder Kampf zwischen Imperium/Regnum und Sacerdotium, weltlicher und geistlicher Gewalt, der zum Katalysator der Ausdifferenzierung des europäischen Staatensystems und der Trennung von Religion und Politik wurde.[5] Das Reformpapsttum des hohen Mittelalters wurde so – wider Willen – zum Geburtshelfer des modernen Staates.[6] Durch den Rückzug der Kirche aus dem umfassenden Herrschaftsverband des Reiches verlor die Reichsidee ihre Legitimität, und die neuzeitliche Staatsidee wurde auf den Weg gebracht. Indem die Kirche aus der universalen, die einzelnen Königreiche *(regna)* übergreifenden Einheit der *Ekklesia* ausbrach, verlor das Reich *(imperium)* seine Schutzfunktion *(defensor ecclesiae)* und hörte auf, Universalmonarchie und integrierende Instanz Europas zu sein. Die kaiserliche Macht und Autorität begann zu wanken. Die auseinanderstrebenden Territorien verselbständigten sich, ein Pluralismus der Mächte trat an die Stelle des alten Universalismus.[7]

Für die Gestaltung des Verhältnisses von Religion und Politik gab und gibt es idealtypisch drei mögliche Alternativen: Cäsaropapismus, Hierokratie und Gewaltenteilung. Der erste meint die freiwillige oder erzwungene Unterordnung der Religion unter die weltliche Politik, die zweite die bewusste Einflussnahme der Kirchenführer und ihr Versuch, die Geschicke der Reiche oder Staaten entscheidend mitzubestimmen oder gar selbst in die Hand zu nehmen. Die dritte schließlich zielt auf die Trennung beider Sphären. Alle drei Möglichkeiten wurden innerhalb des Christentums ausprobiert und ansatzweise durchexerziert. In der Spätantike und im frühen Mittelalter hatte das kirchliche Streben nach Suprematie nur geringe Chancen. Nicht nur im Osten, sondern auch im Westen nutzten die weltlichen Machthaber die Kirche zur Stabilisierung und Legitimation ihrer Macht. Auch im frühen Mittelalter wurden die geistlichen Würdenträger von ihnen kontrolliert. Schon die Karolinger, besonders aber die Ottonen und Salier instrumentalisierten

3 Zum mittelalterlichen Ordnungsdenken vgl. *Böckenförde* 2002; *Bosl* 1993 a u. b; *Carlyle/Carlyle* 1962[4]; *Dempf* 1962[3]; *Kantorowicz* 1990; *Kerner* (Hg.) 1982; *Mertens* 1987, S. 198ff.; *Miethke* 1991; *Ottmann* 2004; *Post* 1964; *Struve* 1993; *Walther* 1976.

4 Zum Begriff „Papstrevolution" siehe *Rosenstock-Huessy* 1951 und *Berman* 1991, S. 85ff.

5 Vgl. zum Folgenden auch *Berges* 1938; *Berman* 1991, S. 144ff.; *Böckenförde* 1967; *Le Goff* 1965; *Kölmel* 1970; *Mayer* 1959; *Miethke* 1991; *Roth* 2002 u. 2003, S. 383ff. (mit weiteren Literaturhinweisen).

6 Siehe auch *Roth* 2006.

7 Vgl. dazu auch *Anderson* 1979; *Engel* 1971; *Hassinger* 1964[2]; *Kienast* 1935/36 u. 1974/75[2]; *Mitteis* 1962[7]; *Strayer* 1975.

die christliche Religion für ihre Interessen. Otto der Große (936–973) schuf sich als Stütze seiner Herrschaft ein neuartiges *Reichskirchensystem.*[8] Der Kaiser hielt beide Schwerter in seinen Händen und vereinigte die weltliche und geistliche Amtsgewalt in seiner Person. Er setzte nach Belieben Bischöfe ein, von denen er Loyalität erwartete, verlieh ihnen Grafenrechte und schenkte ihnen Grundbesitz. Er räumte den Kirchenführern Privilegien ein, zog sie zu Verwaltungsgeschäften in den Stammesherzogtümern heran und forcierte so den innerkirchlichen Feudalisierungsprozess. Die „Verweltlichung" des Klerus war damit programmiert. Ottos Nachfolger schritten auf den von ihm eingeschlagenen Wegen fort und intensivierten das Reichskirchensystem.[9] Die Geistlichen dankten ihnen ihre neue Stellung, indem sie die monarchische Gewalt als gottgewollt legitimierten und in ihrem Kampf gegen ihre aristokratischen Widersacher unterstützten.

Gegen die Verfilzung von geistlicher und weltlicher Sphäre, gegen Korruption und Nepotismus wandten sich seit dem 10. Jahrhundert neue Armuts- und Protestbewegungen, die den Kirchenbesitz und die kirchliche Machtentfaltung anprangerten. Führend waren hierbei die Reformer aus dem Kloster in Cluny, die sich bereits im 10. Jahrhundert gegen die verderblichen Folgen der „Säkularisierung" und „Instrumentalisierung" der Religion für ökonomische Zwecke gewandt hatten und schließlich im späten 11. Jahrhundert mit Papst Gregor VII. (1073–1085) den Kaiser als den Schutzherrn der Ekklesia selbst attackierten. Sie wollten zwar das Reich nicht liquidieren, sondern stabilisieren, trugen aber doch zu seinem Niedergang bei. Dass Gregor VII. wusste oder ahnte, welch folgenreiche Entwicklung er in Gang setzte, als er 1075 den *Dictatus Papae* redigierte und 1076 den Bann über Heinrich IV. verhängte, darf ausgeschlossen werden. Er zerschlug den mittelalterlichen Kosmos, die religiös-politische Einheitswelt des *orbis christianus.* Sein Ziel war die Reform der Kirche, die Entflechtung von geistlichen Ämtern und weltlicher Macht, die Eindämmung der feudalen und lokalen Einflüsse und der mit ihnen verknüpften Korruption. Die Reform, die sich zur Revolution steigerte, zielte zunächst nur auf die Beseitigung der Simonie und des Nikolaitismus, des Ämterschachers und der Priesterehe, d.h. der innerkirchlichen Pfründen- und Vetternwirtschaft. Im Verlauf des Konflikts verhärteten sich jedoch die Fronten. Der Kampf kulminierte schließlich in der Forderung des Papstes nach Suprematie, nach Überordnung der geistlichen über die weltliche Gewalt. Der alte Hierokratiegedanke erlebte eine Renaissance und wurde zur Idee der papalistischen Weltherrschaft gesteigert. Gregor VII. postulierte im *Dictatus Papae* das Recht des Papstes, den Kaiser abzusetzen (XII.) und „den Gläubigen von dem einem Ungerechten gemachten Treueid (zu) entbinden" (XXVII.).[10] Damit war als Ziel die *plenitudo potestatis* formuliert.

8 Vgl. *Santifaller* 1964².

9 Vgl. *Schulze* 1994.

10 Zitiert nach *Le Goff* 1965, S. 90f. Vgl. auch *Laudage* 1989, S. 56ff.; *Miethke/Bühler* 1988, S. 61ff.

Die römische Kirche beanspruchte somit die Suprematie sowohl über alle anderen Kirchen als auch über Fürsten und Kaiser. Der Papst forderte das Recht der Letztentscheidung. Er wollte der oberste Gesetzgeber, Vollstrecker und Rechtsprecher sein, folglich die Funktionen der Legislative, Exekutive und Judikative in seiner Hand vereinen. Damit musste er den Widerstand seiner Gegner provozieren. Noch weiter als Gregor VII. ging sein Mitstreiter Manegold von Lautenbach, der in einer an Gebhard von Salzburg adressierten Schrift *(Liber ad Gebehardum,* ca. 1085) die Entsakralisierung des Königtums auf die Spitze trieb, indem er den König mit einem Schweinehirten verglich, der mit Schimpf und Schande aus seinem Amt vertrieben werden kann, wenn er seine Pflichten nicht sachgemäß erfüllt.[11] Seine Aufgabe sei die Wahrung des Friedens und der Gerechtigkeit, die Sorge um das Seelenheil komme hingegen dem Papst und den Klerikern zu, die damit weiterreichende Aufgaben erfüllen und folglich höhere Dignität beanspruchen können. Indem Manegold das Königtum auf rein weltliche Verwaltungsfunktionen beschränkte und auf einen Vertrag *(pactum)* zwischen Herrscher und Untertanen zurückführte, schien erstmals von fern der Gedanke der *Volkssouveränität* anzuklingen, der allerdings nicht im Zentrum seiner Überlegungen und seines Interesses lag und eher pejorativ als konstruktiv gemeint war. Sein Anliegen war die Verteidigung Gregors VII. und die Untermauerung des päpstlichen Suprematieanspruchs. Während der Papst sein Amt von Petrus und damit von Christus erhalten hat, ist der König bloßer Beauftragter des Volkes, d.h. der Fürsten, und kann – wie von Gregor praktiziert – bei schlechter Amtsführung vom geistlichen Oberhaupt wieder abgesetzt werden.

Der Investiturstreit provozierte eine wahre Flut an Streitschriften und Stellungnahmen, die einen ersten Höhepunkt der politischen Philosophie des Mittelalters brachten.[12] Er führte zu einer Politisierung auf breiter Front. Während der Papst literarische Unterstützung durch seine Anhänger fand, die sein Vorgehen rechtfertigten und den Primat des Apostolischen Stuhles in Kirche wie Reich zu begründen suchten,[13] formierte sich gegen ihn und seine Fürsprecher die Front ihrer Gegner. In diesen Auseinandersetzungen wurde die Idee der Souveränität geboren.[14] Es war abzusehen, dass sich die Repräsentanten der weltlichen Gewalt mit dieser depravierenden Positionszuweisung nicht abfinden würden. Sie waren gezwungen, die päpstlichen Machtansprüche abzuwehren und ihre eigenen Vorstellungen und Kompetenzen darzulegen. Die Entsakralisierung und Säkularisierung der Königsidee wurde nicht unwidersprochen hingenommen. Die Anhänger des Kaisers konterten vielmehr die päpstliche Attacke und reagierten in der Fol-

11 *Manegold von Lautenbach,* Ad Gebehardum Liber, c. 30, S. 365.

12 Zum Charakter der Streitschriften vgl. *Mirbt* 1894, S. 4ff., 611ff. Zu ihrer Verbreitung ebd., S. 95ff. Zu ihrem Leserkreis: S. 121ff. Vgl. auch die Zusammenstellung der wichtigsten Streitschriften und der jüngeren Sekundärliteratur bei *Struve* 1993, S. 240ff.

13 Vgl. dazu *Dempf* 1962[3], S. 190ff.; *Erdmann* 1935, S. 220ff.; *Mirbt* 1894, bes. S. 17ff., 147ff., 226ff.; *Struve* 1993, S. 225ff.

14 Vgl. *Calasso* 1957[3]; *Erdmann* 1936; v. d. *Heydte* 1952; *Onory* 1951; *Reinhard* 1999; *Walther* 1976.

gezeit mit einer Remythisierung des Kaisertums.[15] Andererseits gab es innerkirchlichen Widerstand gegen die päpstliche Machtkonzentration. Auf Seiten Heinrichs IV. und zugleich der episkopalistischen Opposition kämpfte ein Normannischer Anonymus, der um 1100 die cäsaropapistische Gegenposition zur hierokratisch-papalistischen bezog, indem er die Oberhoheit des Kaisers in Religion und Politik begründete.[16] Er entwickelte die Lehre von den zwei Körpern des Königs, wonach sein „politischer" (*body politics*) von seinem „natürlichen Leib" (*body natural*) zu unterscheiden sei. Der König müsse folglich als eine doppelte Person (*gemina persona*) gesehen werden, deren eine aus der „Natur", deren andere aus der „Gnade" komme.[17]

Der Konflikt zwischen beiden Machtsphären wurde 1122 durch Kaiser Heinrich V. und Papst Calixt II. im Wormser Konkordat vorläufig beigelegt, indem erstmals in der Geschichte des Okzidents eine offizielle Trennung von Sacerdotium und Imperium oder Regnum festgelegt wurde. Die weltlichen Herrscher sollten sich fortan aus kirchlichen Angelegenheiten heraushalten und weder in Glaubensfragen noch in Organisationsfragen der Kirche mitreden. Dies bedeutete jedoch nicht, dass sich die geistlichen Oberhäupter in der Folge aus den weltlichen Dingen heraushielten, sie erstrebten im Gegenteil auch künftig die Suprematie und somit die Letztentscheidung *in temporalibus*. Die von Gregor VII. formulierte Position blieb die dominante Haltung der Päpste von Alexander III. (1159–1181) über Innocenz III. (1198–1216), Gregor IX. (1227–1241) und Innocenz IV. (1243–1254) bis hin zu Bonifaz VIII. (1294–1303), der den Hierokratiegedanken in der Bulle *Unam Sanctam* (1302) radikalisierte.[18]

Die Zeit des westlichen Cäsaropapismus war vorbei. Das alte ottonisch-Salische Reichskirchensystem ließ sich nicht restituieren. Das harmonische Miteinander von Kaiser und Papst in der einen umfassenden Ekklesia unter dem Schutz und der Leitung des ersteren war einer offenen Konfrontation gewichen. Der Zug der Zeit ging in Richtung Gewaltenteilung, die Ivo von Chartres (1040–1112) durch die Unterscheidung der *spiritualia* von den *temporalia* – ungewollt – antizipierte und theoretisch legitimierte.[19] Er wandte sich zugleich gegen die universale Herrschaft und begünstigte territoriale Lösungen.[20] Schon bei Hugo von Fleury († ca. 1120) zeichnete sich die allmähliche Trennung und Verselbständigung des *regnum Francorum* gegenüber dem Imperium deutlich ab,[21] die dann in der Zeit Philipps des Schönen (1285–1314) unzweideutig postuliert und praktiziert wurde. Auch in anderen Regionen Europas strebten die Regenten nach innerer

15 Vgl. bes. *Koch* 1972.
16 Vgl. *Die Texte des Normannischen Anonymus.*
17 Vgl. *Dempf* 1962³, S. 199ff.; *Kantorowicz* 1990, S. 64ff.; *Miethke* 1991, S. 63ff.; *Struve* 1993, S. 231ff.; *Ullmann* 1960, S. 570ff.
18 Vgl. *Hauck* 1905; *Miethke* 1978; *ders./Bühler* 1988; *Tierney* 1972; *Ullmann* 1960; *Walther* 1976; *Watt* 1965.
19 Vgl. *Bosl* 1993 a, S. 184; *Carlyle/Carlyle* 1962⁴, Bd. 4, S. 97ff.; *Struve* 1993, S. 232f.
20 Vgl. *Berges* 1938, S. 71ff.; *Heer* 1949; *Holtzmann* 1939.
21 Vgl. *Kienast* 1974/75², Bd. 2, S. 378ff.; *Koch* 1972, S. 50f., 88ff.; *Onory* 1951, S. 15.

und äußerer Souveränität. So formulierte der englische Kanzler John of Salisbury im *Policraticus* (1159) die englisch-französische Gegenposition zum staufischen Imperialismus sowie die kirchlich-papalistische Antithese zum normannischen Cäsaropapismus.[22] Er kritisierte die Auswüchse des Feudalismus und das lasterhafte Leben an den weltlichen und geistlichen Höfen und konzipierte auf der Basis humanistischer Überlegungen einen Fürstenspiegel, in dem er mit Hilfe des Organismusmodells eine rein rationale und „natürliche", aus kirchlich-religiösen Banden emanzipierte politische und soziale Ordnung konstruierte.[23] Manchen Autoren gilt er deshalb als der erste Klassiker der modernen Staatstheorie oder gar als Begründer der westlichen Politikwissenschaft.[24]

Einen weiteren Höhepunkt und eine dramatische Zuspitzung erreichte der Konflikt zur Zeit der Staufer, insbesondere in der Auseinandersetzung zwischen Friedrich II. (1212–1250) und den Päpsten Innocenz III., Gregor IX. und Innocenz IV. Während Friedrich I. Barbarossa und sein Sohn Heinrich VI. den früheren Päpsten Paroli boten, hinterließ der plötzliche Tod Heinrichs VI. am 28. September 1197 ein Machtvakuum, das die alten Rivalen der Staufer zu nutzen suchten. Papsttum, Könige, Fürsten und Städte pochten auf ihre Eigenrechte. Die Vakanz des Throns rief die Welfen auf den Plan und eröffnete ein neues Kapitel im staufisch-welfischen Streit um die Führungsrolle im Reich. Da Heinrichs Sohn Roger-Friedrich, gerade drei Jahre alt war, bestimmte seine Mutter Konstanze, die im darauffolgenden Jahr starb, auf dem Sterbebett Papst Innocenz III. zum Lehnsherrn über Sizilien und zum Vormund des Knaben. Dieser nutzte die Gunst der Stunde und baute seine eigene Machtsphäre systematisch aus. Er reklamierte den Titel des *vicarius Christi* für sich und beanspruchte die oberste Befehlsgewalt innerhalb der Ekklesia sowie das Recht der Eignungsprüfung für das von den deutschen Fürsten gewählte weltliche Oberhaupt. Zugleich billigte er dem französischen König Philipp II. Augustus (1179/80–1223) in der Bulle *Per venerabilem* (1202) das Recht zu, keinen Höheren in weltlichen Dingen anzuerkennen. Dieser konnte folglich für sich in Anspruch nehmen, selbst *Princeps* in seinem Reich und nur dem Papst in geistlichen Angelegenheiten unterworfen und rechenschaftspflichtig zu sein – ein Privileg, das später auch von anderen westlichen Monarchen reklamiert werden konnte.

Innocenz steigerte seine Ansprüche im Umgang mit den anderen Herrschaftsträgern, die durch die innerdeutschen Querelen ermutigt wurden, ihre schon früher beanspruchte Selbständigkeit und Unabhängigkeit zu behaupten. Im Lehnstreit zwischen Johann Ohneland von England (1199–1216) und Philipp II. Augustus von Frankreich um die Besitzungen des Hauses Anjou reklamierte er aufgrund seiner geistlichen Jurisdiktionsgewalt über alle Christen auch Gerichtskompetenz in weltlichen Streitfällen. Gegen den Willen Johanns ernannte er 1206 Stephan

22 Vgl. *Ioannis Saresberiensis* episcopi Carnotensis Policratici (1159).

23 Vgl. *Berges* 1938, S. 40ff., 289ff.; *Carlyle/Carlyle* 1962[4], Bd. 4, S. 330ff.; *Kerner* 1977; *Miethke* 1991, S. 71ff.; *Post* 1964, S. 259ff.

24 Vgl. *Heer* 1949, S. 290ff.; *Berman* 1991, S. 443ff.

Langton zum Erzbischof von Canterbury und belegte den englischen König, der sich widersetzte, mit dem Kirchenbann. Er zwang ihn 1209 durch ein Absetzungsurteil gänzlich in die Knie und nötigte ihn, sein Land als Lehen der päpstlichen Protektion zu unterstellen. Als Friedrich II. unter der päpstlichen Obhut herangewachsen und mündig geworden war, unterstützte Innocenz seine Wahl zum deutschen und zum König Siziliens – unter der Voraussetzung, dass Sizilien nicht dem Reich zugeschlagen und die päpstlichen Machtbezirke nicht angetastet werden. Auch der neue König entwickelte sich aber zum entschiedenen Widersacher des Papstes. Den „Endkampf“ zwischen Imperium und Sacerdotium hatte Friedrich mit Gregor IX., der ihn zweimal exkommunizierte, sowie mit Innocenz IV. auszufechten, der ihn auf dem Ersten Konzil von Lyon (1245) wegen Meineids, Beleidigung der Kirche und Häresie für abgesetzt erklärte und zur Wahl eines neuen Königs aufrief. Damit war aber die kaisertreue Publizistik auf den Plan gerufen, die in der Folge einen Propagandakrieg von bislang unbekannter Intensität entfachte.[25]

Während Friedrich II. als Kaiser mit seiner Imperiumspolitik letztlich scheiterte, war er als König von Sizilien recht erfolgreich. Musste er im Reich die Macht mit den weltlichen und geistlichen Fürsten und vor allem mit den Päpsten teilen und ausbalancieren, so konnte er sich in seinem Königreich als unumschränkter und absoluter Herrscher etablieren, der keine Rücksicht auf andere Gewalten zu nehmen brauchte. Er konnte dabei an die Vorgaben seiner normannischen Vorfahren anknüpfen und den Herrschafts- und Verwaltungsapparat systematisch ausbauen, den sein Großvater mütterlicherseits, König Roger II. (1105–1154), durch Übernahme und Einbindung der alten sowie durch die Einführung neuer Institutionen (Kanzlei, Schatzamt, königlicher Gerichtshof aus Berufsjuristen usw.) geschaffen hatte. Friedrich II., der sich als Kaiser (1220–1250) um die Verwirklichung eines christlichen Universalreiches bemühte und dessen Auflösung noch einmal hinauszuzögern suchte, schuf in seinem Königreich Sizilien den ersten wirklich autonomen Staat, indem er den geistlichen und weltlichen Adel unterwarf und die von seinen normannischen Vorfahren begonnene Verwaltungszentralisation fortsetzte. Er konzentrierte die Macht in seinen Händen und installierte einen straff organisierten, mit geschulten Juristen besetzten Beamtenapparat, der von seinen engsten Vertrauten kontrolliert und geleitet wurde. Damit war der erste Schritt und entscheidende Durchbruch in Richtung Staatlichkeit und absoluter Monarchie getan. Friedrichs Staat wurde zum Vorbild späterer Monarchen, v.a. Philipps des Schönen von Frankreich. Er konnte deshalb als „Modellstaat“ apostrophiert werden.[26]

Der Tod Friedrichs II. im Jahr 1250 leitete den Untergang der Hohenstaufen und damit des mittelalterlichen Kaisertums ein. Das Papsttum war alleine auf dem Feld übrig geblieben. Es wandte sich dem französischen König zu, der zum mächtigsten Herrscher im Abendland geworden war. Papst Bonifaz VIII. hoffte, den

25 Vgl. *Dempf* 1962³, S. 317ff.; *Töpfer* 1964, S. 154ff.
26 *Marongiù* 1963.

französischen König dominieren zu können. Er führte die päpstliche Machtanmaßung auf ihren Höhepunkt, indem er in der Bulle *Unam Sanctam* (1302) unumwunden die Suprematie der spirituellen Gewalt postuliert. Beide Schwerter sollten in der Hand der Kirche liegen, wobei das geistliche vom Papst, das weltliche aber von den Königen und Kriegern geführt werden sollte, jedoch unter Anleitung und unter der Oberaufsicht der Kirche.[27] Bonifaz hat den Anspruch allerdings überdehnt. Er steigerte den hierokratischen Weltherrschaftsanspruch des Apostolischen Stuhles in einer bislang unbekannten Weise und drohte dem französischen König Philipp dem Schönen mit Exkommunikation, weshalb dessen Siegelbewahrer Guillaume de Nogaret den Papst am 7. September 1303 zu Anagni gefangen setzte, um ihn durch einen Ketzerprozess des Amtes zu entheben. Bonifaz VIII. starb an den Folgen dieses Gewaltaktes. So war die Bulle *Unam Sanctam* zugleich der große Wendepunkt. Der König von Frankreich hatte gewonnen. Er konnte in der Folge das Papsttum dominieren und 1309 zum Umzug nach Avignon zwingen. Es begann die „babylonische Gefangenschaft" der Kirche in Avignon (1309–1377), die bis zum großen „abendländischen Schisma" (1378–1409) währte.

Seit dem hohen Mittelalter tobte der Kampf zwischen Imperium und Sacerdotium, Kaiser- und Papsttum, Reich und Kirche. Das nicht enden wollende Machtgerangel der beiden universalen Mächte ermutigte das Unabhängigkeitsbestreben der partikularen Kräfte (westeuropäische Monarchien, aufstrebende Städte), die sich selbst zu regieren und zu verwalten gedachten, keinen Höheren in weltlichen Dingen anerkannten *(superiorem in temporalibus non recognoscens)* und sich selbst als „Kaiser" in ihren Reichen verstanden *(rex in regno suo imperator est; civitas sibi princeps).*[28] Die Verselbständigung der westlichen Monarchien gegenüber Kaiser- und Papsttum wurde begleitet bzw. beschleunigt durch die Konzentration und Zentralisation der Macht in ihrem Inneren.[29] Die Könige und Fürsten institutionalisierten straff organisierte Bürokratien, die sie in die Lage versetzten, die Gesamtheit ihrer Untertanen zu kontrollieren und fiskalisch zu schikanieren. Sie hatten sich dabei allerdings gegen den Hochadel ihrer Länder zu behaupten, der seinen eigenen Machtbereich auf Kosten der Krone zu sichern und auszudehnen gedachte. Der unterschiedliche Verlauf und Ausgang dieses Kampfes entschied über die konkrete Form des werdenden Staates, d.h. darüber, wer der Souverän sein sollte, ob absolute Monarchien oder von den Baronen dominierte Oligarchien oder ob „Mischverfassungen" *(king in parliament)* entstanden.[30]

Grundlegende Bedeutung für die Entstehung der Souveränitätsidee und die Emanzipation des Politikdenkens erlangte die im späten 11. Jahrhundert einset-

27 Vgl. den lateinischen Text mit deutscher Übersetzung bei *Miethke/Bühler* 1988, S. 121–124.

28 Zur Entstehung und Entwicklung dieser Formeln vgl. *Onory* 1951, S. 227ff.; *Calasso* 1957^3; *v. d. Heydte* 1952, S. 36f., 59ff., 82ff.; *Kämpf* 1935, S. 23ff.; *Post* 1964, S. 453ff.; *Walther* 1976, S. 65ff.

29 Vgl. *Hassinger* 1964^2; *Mitteis* 1962^7; *Strayer* 1975.

30 Zum Verlauf und zu den Ergebnissen dieser Auseinandersetzungen vgl. *Reinhard* 1999, S. 47ff., 125ff.

zende Rezeption des römischen Rechts und die in der Mitte des 13. Jahrhunderts beginnende Aristoteles-Rezeption. Mit Hilfe des römischen Rechts ließ sich der Anstaltscharakter der Kirche wie des werdenden Staates begründen. Der Aristotelismus vermittelte darüber hinaus ein neues, weltimmanentes Selbstverständnis. Die natürliche Ordnung erlangte Eigenbedeutung innerhalb der Gnadenordnung. Die menschlichen Gemeinschaften – von der Familie über die Nachbarschaft, das Dorf und die Stadt bis hin zur Provinz und zum Königreich – wurden nun – neben der Kirche – als „natürliche" Einheiten eigenen Rechts konzipiert. Die Rechtsgründe der weltlichen Herrschaft wurden seither nicht nur bei Gott, sondern auch bei den Beherrschten gesucht, ihre Legitimation im Wohl und Willen der Bürgerschaft gefunden. Die Herrscher repräsentierten nicht mehr nur das Göttliche auf Erden, sondern auch ihre Untertanen.

Die Aristoteles-Rezeption ermöglichte unterschiedliche bzw. widersprüchliche politische Optionen.[31] Während Dante Alighieri in seiner *Monarchia* (nach 1316) noch einmal die Kaiseridee aufleben ließ, und Aegidius Romanus in seinem *Tractatus de ecclesiastica potestate* (1302) noch einmal den päpstlichen Weltherrschaftsanspruch proklamierte, begründete Jean Quidort von Paris († 1306) am Hof Philipps IV. (des Schönen) von Frankreich mit rationalen, d.h. aristotelischen Argumenten sowie mit Bibel-Zitaten die Eigenbedeutung der weltlichen Gewalt und ihre Unabhängigkeit von der geistlichen. Weniger stringent und konsistent, doch dafür um so wirksamer war die Verteidigung der französischen Monarchie gegen Papst- und Kaisertum bei Pierre Dubois († nach 1321), der in seiner *Summaria brevis* (1300) die Hegemonie des französischen Königs im Abendland proklamierte und in seiner Schrift *De recuperatione terre sancte* (1305/7) den Kreuzzugsgedanken reaktualisierte und ein politisch geeintes Europa und einen Fürstenbund imaginierte.[32] In Italien dagegen begründete Marsilius von Padua (ca. 1275/80–ca. 1342) die Autonomie der oberitalienischen Städte. Anlässlich des neuerlichen Konflikts zwischen Kaiser- und Papsttum, den Ludwig der Bayer (1314–1346) mit Johannes XXII. (1316–1334) auszufechten hatte, forderte Marsilius mit Hilfe aristotelischer und christlicher Mittel, rationalistischer Argumentation und Bibel-Zitaten, die Notwendigkeit einer strikten Scheidung der geistlichen und weltlichen Sphäre und entlarvte das Streben der römischen Bischöfe nach Suprematie und Weltherrschaft *(plenitudo potestatis)* als Ursache des Unfriedens und des ewigen Streits. Sollen Frieden und Gerechtigkeit unter den Menschen obwalten, so ist die *Herrschaft des Gesetzes* nötig, das vom Volk *(populus seu civium universitas)* bzw. seinem bedeutendsten Teil *(pars valencior)* erlassen wird und auch die weltlichen Machthaber und die Inhaber der geistlichen Ämter bindet.[33] Marsilius wurde so zum Vordenker des neuzeitlichen Staates, indem er die Politik aus der religiösen Umklammerung löste, die Regenten auf das

31 Vgl. *Bielefeldt* 1987.

32 Siehe dazu *Dempf* 1962[3], S. 416ff.; *Kämpf* 1935, bes. S. 97ff.; *Scholz* 1903, S. 375ff.

33 *Marsilius von Padua* 1324, I 18,3; I 19; II. Siehe dazu *Roth* 2003, S. 549ff. (mit weiteren Literaturhinweisen).

Gemeinwohl verpflichtete und die Legitimität der Herrschaft in ihrer Rückbindung an den Willen der Bürgerschaft suchte.

Der erwachende Etatismus trug letztlich den Sieg über den hierokratischen Papalismus und den imperialen Cäsaropapismus davon. Nach dem Ende der Auseinandersetzungen war die Pluralität der westlichen Monarchien auch im Bewusstsein der Juristen und Philosophen fest verankert.[34] Die *Christianitas* bildete nur noch die Summe divergierender, mit- und gegeneinander agierender Dynastien und Völkerschaften, die zwar noch den Glauben an den Gekreuzigten und einige aus ihm deduzierte ethische Maximen teilten, ansonsten aber vor allem widerstreitende Interessen verfolgten. Der französische Staat hatte sich endgültig aus der Klammer von Imperium und Sacerdotium befreit. Das Königtum hatte den Klerus mit seiner päpstlichen Spitze unterworfen und den weltlichen Adel und die Städte in die Verwaltung eingebunden. Das Politische gewann eine neue Qualität, die Politische Philosophie erlebte einen gewaltigen Aufschwung und befreite sich aus der Gängelung durch die Theologie. Transpersonale Staatsvorstellungen entstanden, das Amt des Regenten wurde bedeutsamer als die Person des Herrschers.[35] Wichtigstes Resultat der hoch- und spätmittelalterlichen Auseinandersetzungen war aber die juristische Verfestigung der Amtskirche zu einer durch das kanonische Recht getragenen monarchischen Anstalt, die ihrerseits die ihr nachfolgende Verrechtlichung der weltlichen Gewalt animierte. Regnum und Sacerdotium verwandelten sich in juristisch verfasste Körperschaften, die sich – wie schon in früheren Zeiten – gegenseitig imitierten.[36]

2. RELIGION UND SOUVERÄNITÄT IN DER FRÜHEN NEUZEIT

Der christliche Glaube erlangte in der Zeit der Reformation und Gegenreformation noch einmal zentrale Bedeutung für die Staatenbildung. Anstatt die Separation beider Sphären herbeizuführen, wurde die von Luther, Zwingli und Calvin ausgelöste Reformation zunächst zum Anlass einer neuen Amalgamierung und zum Ferment und Katalysator der künftigen Politik, der Freund-Feind-Unterscheidung und der Gemeinschaftsbildung. Infolge der Kirchenspaltung wurde Europa im 16. und 17. Jahrhundert durch endlos scheinende konfessionelle Bürgerkriege erschüttert, die den Kontinent in Atem hielten und ungeheure Opfer forderten. Sie fanden ihren traurigen Höhe- und Kulminationspunkt im Dreißigjährigen Krieg, der noch kein Staatenkrieg, sondern ein Staatsbildungskrieg war.[37] Durch ihn gewann das System der europäischen Staaten seine Konturen und seine endgültige Gestalt.

34 Vgl. *Anderson* 1979; *Kämpf* 1935; *Wyduckel* 1979.
35 Vgl. *Kantorowicz* 1990.
36 Vgl. *Schramm* 1947.
37 Vgl. *Burkhardt* 1992, S. 26.

Die Begründung des neuzeitlichen Staates war eine europäische Koproduktion,[38] wobei sich die deutschen Denker erst mit zeitlichem Rückstand auf die neue Ordnungsform besannen. Sie hielten zumeist fest an der alten Reichsidee. Im 16. Jahrhundert fehlten in Deutschland eigenständige politische Reflexionen fast vollständig. Erst im 17. Jahrhundert belebte sich die wissenschaftliche Beschäftigung mit der Politik.[39] Dagegen erlebte das Politikdenken in Italien, Frankreich, Spanien und in den Niederlanden im 16. Jahrhundert eine erste Blüte. Italiener entwickelten die Lehre von der *Staatsraison* (Niccolò Machiavelli, Francesco Guicciardini, Giovanni Botero u.a.), Franzosen die *Souveränitätstheorie* (Jean Bodin) und die Lehre des *Widerstandsrechts* gegen tyrannische Herrscher (Monarchomachen), Spanier begründeten das neuzeitliche *Völkerrecht* (Francisco de Vitoria, Schule von Salamanca, Francisco Suárez), Niederländer bekräftigten den *Machtstaatsgedanken* durch Rekurs auf Tacitus und eine neostoizistische Rechts- und Morallehre (Justus Lipsius). Seine ausgereifte und daher „klassische" Begründung fand der Staat schließlich im *Leviathan* des Engländers Thomas Hobbes, der in der Mitte des 17. Jahrhunderts die theoretischen Vorarbeiten seiner Vorgänger zusammenfasste und die erste umfassende, mit den Mitteln der neuzeitlichen Wissenschaft *(more geometrico)* begründete, in sich stringente und konsistente Staatstheorie entwickelte, die alle bislang verstreut vorliegenden Elemente integrierte und deshalb zum Ausgangs- und Bezugspunkt aller auf ihn folgenden Staatstheorien wurde.

Entscheidende Impulse kamen zunächst aus Italien, das durch Parteikämpfe zerrissen und von fremden Mächten (Habsburger, Frankreich, Aragon) bedroht war. Die Sehnsucht nach Frieden, nach Einigkeit und Freiheit Italiens veranlasste die dortigen Humanisten zu radikalen Reflexionen über die Conditio Humana und trieb sie auf die Suche nach alternativen Formen der politischen Organisation, die sie in der glorreichen Vergangenheit, d.h. in der altrömischen Geschichte vorgebildet fanden. Hatten die humanistischen Denker der Frührenaissance in Florenz seit dem späten 14. Jahrhundert die Autonomie der Stadtrepublik und die bürgerliche Selbstverwaltung beschworen, so erzwang der andauernde Städtekrieg und die drohende Fremdherrschaft andere Organisationsformen. Die Hoffnung richtete sich auf einen mächtigen und zupackenden Fürsten, der die rivalisierenden Mächte unterwirft, die Einheit Italiens gewaltsam herstellt, um so die künftige Rückkehr in die Republik zu ermöglichen. Diese Option begründete Niccolò Machiavelli (1469–1527), der im *Principe* (1513), in den *Discorsi* (1513–1522) sowie in seiner Geschichte der Stadt Florenz (1520–1525) eine schonungslose Analyse der geschichtlichen Lage versuchte. Mit ihm begann die empirisch-analytische, nicht- oder anti-normativistische Politikbetrachtung. Einziger verbleibender Zweck des Politischen sollte die Sicherung des Friedens, die Freiheit Italiens und seine staatliche Einheit sein. Alle Mittel waren recht, die diesem obersten Ziel dienen konnten. Um den Frieden herzustellen und den allgemeinen Sittenverfall aufzuhalten,

38 Vgl. zum folgenden *Roth* 2003, S. 624ff. (mit ausführlichen Literaturhinweisen).

39 Vgl. *Stolleis* 1988; *Stolleis* (Hg.) 1987².

war Machiavelli bereit, dem Fürsten die nötigen Zugeständnisse zu machen, ihn aus der Bindung an Recht und Gesetz zu entlassen und alleine auf seine Tüchtigkeit *(virtù)* und Vernunft *(ragione)* zu vertrauen, durch die er die ehernen Geschichtsmächte *necessità* und *fortuna* bezwingt.

Machiavelli verfügte noch nicht über eine elaborierte Staatstheorie. Diese wurde erst von Jean Bodin und Thomas Hobbes entwickelt. Dennoch hat er wichtige Vorarbeit geleistet, indem er die Vorgaben der christlichen Tradition beiseite räumte und einen ungetrübten Blick auf die politischen Verhältnisse richtete. Die durch ihn aufgeworfene Frage war, ob sich der Fürst über die geltende Moral und die Gesetze erheben und gegebenenfalls Unrecht tun darf, wenn es dem Staate nützt – zu zeigen, dass er es darf, ja muss, wenn die Sicherheit gefährdet ist, war sein zentrales Anliegen gewesen.[40] Der Herrscher darf Verträge brechen, braucht sein Wort nicht zu halten, kann Arkanpolitik betreiben und die Öffentlichkeit hinters Licht führen, darf unter Umständen ganze Menschengruppen ausrotten: er darf – in einem Wort – *alles,* wenn es der Selbstbehauptung des Staates dient. Machiavelli spekulierte nicht mehr über die *gute Ordnung,* sondern untersuchte die notwendigen Aktivitäten und Institutionen, die für die Selbsterhaltung des Gemeinwesens erforderlich sind. Dadurch wurde er zum Begründer der *Staatsraison,* die zum Leitstern der frühneuzeitlichen Politik avancierte.[41] Zwar stießen Machiavellis Vorschläge bei seinen Zeitgenossen und Nachfolgern zumeist auf Empörung, doch wurden sie von den Mächtigen in Europa auch ohne Kenntnis seiner Werke umgesetzt. Der Florentiner Jurist hat folglich nur das Geheimnis jener Politik verraten, die von den europäischen Dynastien praktiziert wurde. Indem er sich um eine Lösung der italienischen Probleme bemühte, wurde er zum Theoretiker der sich formierenden Staaten Westeuropas, d.h. zum Vordenker der Entwicklungen in England, Frankreich, Spanien und Portugal. Während nämlich in Deutschland und Italien die staatliche Einigung erst im 19. Jahrhundert gelang, schritten die westlichen Monarchien auf diesem Weg zügig voran.

Hauptverantwortlich für den Niedergang und die Zersplitterung Italiens zeichnen nach Machiavelli die römische Kirche und die Priester, die stets nur ihre eigenen Interessen verfolgten.[42] Der kluge Fürst, Lorenzo de' Medici, den Machiavelli aufforderte, in Italien die Macht zu ergreifen und es „von den Barbaren zu befreien",[43] sollte die Religion in Dienst nehmen und reformieren, da diese das einigende Band oder den Kitt bildet, der die Gesellschaft zusammenhält. Auf alle Fälle sollte er die Einmischung der Kirche in weltliche Angelegenheiten verhindern. Zu vergleichbaren Resultaten gelangte – von einem anderen Ausgangspunkt und von ganz anderen Interessen getrieben – Machiavellis Zeitgenosse Martin Luther (1483–1546), der die Kritik an der Papstkirche radikalisierte und die Religion aus dem christlichen Glauben heraus erneuern wollte. Im Rückgriff auf den

40 Vgl. *Machiavelli* 1513, Kap. 8.
41 Vgl. *Luhmann* 1989; *Meinecke* 1929[3]; *Münkler* 1987; *Schnur* 1975; *Stolleis* 1990.
42 *Machiavelli* 1513–1522, I, 12, S. 49.
43 Vgl. *Machiavelli* 1513–1522, 16. Kapitel, S. 106ff.

Römerbrief des Apostels Paulus sowie auf die Gnadenlehre Augustins und seine Unterscheidung zweier Bürgerschaften, der *civitas Dei* und der *civitas terrena,* begründete er die Notwendigkeit einer prinzipiellen Trennung von Religion und Politik, um die „Bürgerschaft Gottes“, d.h. die Kirche, aus dem Griff der weltlichen Herrscher wie des Papstes zu befreien. Dafür sollte umgekehrt die weltliche Politik dem Zugriff des Klerus entzogen sein.[44]

Die Reformation bildet eine entscheidende Zäsur in der europäischen Geschichte. Durch sie wurde die Hoffnung auf ein weltumspannendes christliches Reich endgültig zu Grabe getragen. Diese fand zwar weiterhin Verfechter – bis hin zu den katholischen Gegenrevolutionären des 19. Jahrhunderts (de Bonald, de Maistre, Donoso Cortès) –, hatte aber keine Realisierungschance mehr. Folge der Reformation war die Spaltung der christlichen Kirche. Der Protestantismus trennte sich vom Katholizismus und entwickelte neue Formen der Kirchenverwaltung, des Glaubens und der Liturgie. Die sich formierenden und differenzierenden Landeskirchen wurden von den Mächtigen Europas zur Stabilisierung ihrer Herrschaft und zur Legitimation ihrer dynastischen Interessen instrumentalisiert. Das jeweilige Glaubensbekenntnis diente zur Rechtfertigung der Machtentfaltung und der Verfolgung Andersgläubiger, die sich dem Diktat der Herrschenden nicht beugen wollten. Im Gefolge der Reformation erlebte Europa im 16. und 17. Jahrhundert eine Welle blutiger religiöser Bürgerkriege, in denen sich die Christen gegenseitig abschlachteten. Dies wurde zur wichtigsten Erfahrungsgrundlage der frühneuzeitlichen Staatstheoretiker und forcierte die Suche nach einer friedensstiftenden Macht.

Im Deutschen Reich wurde der Kampf zwischen den feindlichen Lagern 1555 im Augsburger Religionsfrieden durch einen Kompromiss gelöst, demzufolge die Kirche – gemäß der Formel *cuius regio, eius religio* – dem jeweiligen Landesherrn unterstehen sollte. Die Grenzen zwischen den verschiedenen Konfessionen waren jedoch noch lange Zeit fließend. Sie lagen erst 1648 fest. In Italien und auf der Iberischen Halbinsel wurden reformatorische Ansätze gewaltsam unterdrückt. In Frankreich „reformierte“ sich die katholische Kirche intern, ohne ihre Strukturen zu verändern. Dafür wurden hier die Protestanten besonders rücksichtslos verfolgt in den sog. Hugenottenkriegen (1562–1598), die ihren Höhepunkt in der *Bartholomäusnacht* von 1572 fanden, als Katharina von Medici Tausende von Hugenotten ermorden ließ. Unter diesem Eindruck begründete Jean Bodin (1529/30–1596) die Notwendigkeit einer souveränen, vom Monarchen geleiteten, jedoch von seiner Person unabhängigen Staatsgewalt, die über den streitenden Ständen und Konfessionen angesiedelt und in der Lage ist, die innere Rivalität auszuschalten.[45]

Bodins Lehre wurde zum Paradigma für die künftigen Theoretiker und Praktiker der absoluten Monarchie. Als Elemente des Staates sah er die Familie, die Souveränität und die gemeinsamen, d.h. öffentlichen Angelegenheiten. Den von

44 Vgl. bes. *Luther* 1523.
45 Vgl. dazu *Dennert* 1964; *Quaritsch* 1970, S. 243ff.; *Walther* 1976, S. 261ff.

den Alten geprägten Begriff der Glückseligkeit hingegen hielt er für entbehrlich. Das „eigentliche Fundament und der Angelpunkt des staatlichen Aufbaus eines Gemeinwesens“ sei die *Souveränität.* „Von ihr hängen alle Magistrate, Gesetze und Verordnungen ab. Sie ist das einzige Bindeglied der Familien, Korporationen und Kollegien und aller Individuen zu einem vollständigen Staatskörper“.[46] Das Hauptmerkmal der Souveränität bestehe darin, „der Gesamtheit und den einzelnen Gesetze vorschreiben zu können und zwar, so ist hinzuzufügen, ohne auf die Zustimmung eines Höheren, oder Gleichberechtigten oder gar Niedrigeren angewiesen zu sein“.[47] Dieses Hoheitsrecht umfasse alle weiteren Souveränitätsmerkmale, als da seien: über Krieg und Frieden zu entscheiden, die letztinstanzliche Entscheidung über die Urteile aller Magistrate, das Recht zur Ernennung der wichtigsten Staatsbeamten,[48] das Recht zur Steuererhebung, das Recht der Münzwertfestsetzung, das Recht der höchstrichterlichen Entscheidungsgewalt und die Befugnis, Verurteilten in Abweichung von ergangenen Urteilen oder der Strenge des Gesetzes Gnade zu gewähren.[49] Die souveräne Gewalt sei *unteilbar* und *zeitlich unbegrenzt,* woraus folgt, dass sie alleine beim Volk oder aber beim Fürsten liegen kann, der niemandem außer Gott Rechenschaft schuldig ist.[50] Eine Teilung der Gewalten ist für Bodin undenkbar, da sie zum Verlust der Souveränität führen würde.

Eine weitere Präzisierung erhielt der Staatsbegriff durch das neue Völkerrecht. Anlässlich der Konflikte und Verwicklungen, die die Eroberung Amerikas mit sich brachte, reflektierten die spanischen Spätscholastiker Francisco de Vitoria (1492/93–1546), Francisco Suárez (1548–1617) u.a. über die Grundlagen des geltenden Völkerrechts und gelangten dabei zu der Erkenntnis, dass das *ius gentium* in Wahrheit ein *ius inter gentes,* ein Recht zwischen den Völkern, sei. Dadurch wurde der Gedanke der äußeren Souveränität nahegelegt, d.h. die Einsicht, dass die Staaten ihre Beziehungen zueinander selbst diplomatisch auszuhandeln haben, ohne einen Höheren um Rat und Entscheidung angehen zu können. Kaiser- und Papsttum waren damit als politische Instanzen obsolet geworden.

Der Prozess der Staatswerdung, der durch die hochmittelalterlichen Kämpfe eingeleitet und durch die spätmittelalterlichen Entwicklungen vorangetrieben worden war, fand im Westfälischen Frieden von 1648 seinen Abschluss. Wichtigstes Herrschaftsinstrument neben den staatlichen Bürokratien wurden die stehenden Heere, die nach dem Dreißigjährigen Krieg institutionalisiert wurden. Offen war zunächst, ob sich die Könige und Landesfürsten oder ob sich die Parlamente und Stände durchsetzen würden. Idealtypisch lassen sich drei Formen der sich etablierenden staatlichen Herrschaft unterscheiden:[51] (1) absolutistische Systeme, (2) libertäre Systeme, (3) Adels- und Ständerepubliken. Den ersten Typus

46 *Bodin* 1576, I, S. 110.
47 *Bodin* 1576, S. 292.
48 *Bodin* 1576, S. 298.
49 *Bodin* 1576, S. 301, 306.
50 *Bodin* 1576, S. 205ff.
51 Vgl. zum Folgenden *van Dülmen,* S. 12, 167ff., 350ff.

realisierte Frankreich, den zweiten England, den dritten Polen. Letzterer hielt jedoch der ökonomischen und politischen Expansion nicht stand. In Frankreich gelang es Ludwig XIV. (1643–1715), die Fronde zu unterwerfen und ein straffes Regiment zu errichten. In England hingegen scheiterten die absolutistischen Bestrebungen der ersten beiden Stuarts, Jakobs I. (1603–1625) und Karls I. (1625–1649). Das Parlament widersetzte sich und trug letztlich den Sieg davon. Karl I. wurde 1649 geköpft, England wurde vorübergehend zur Republik.

Die Erschütterungen des englischen Bürgerkrieges trieben Thomas Hobbes aus Malmesbury (1588–1679) auf die Suche nach möglichen Wegen zum Frieden. Die einzige Möglichkeit, den Krieg Aller gegen Alle *(bellum omnium contra omnes)* zu beenden, sah Hobbes in der Schaffung einer starken und souveränen Staatsgewalt, die in der Lage ist, den inneren Frieden gewaltsam herzustellen. Ihre Aufgabe musste es sein, die beiden zentralen Konfliktherde und Kriegsursachen auszuschalten: (1) die konfessionellen Bürgerkriege und das Streben der Papstkirche und der Geistlichkeit nach Suprematie; (2) das permanente Machtgerangel zwischen Krone und Parlament, d.h. das stete Bemühen der Barone, ihren Machtbereich auf Kosten der Zentralgewalt auszudehnen. Erforderlich zur Sicherung des Friedens ist nach Hobbes ein Regiment, in dem der weltliche Herrscher die geistlichen Würdenträger kontrolliert und über die Rechtmäßigkeit ihres Verhaltens wacht. Er hat – entsprechend den Regelungen des Augsburger Religionsfriedens von 1555 *(cuius regio, eius religio)* bzw. der Usancen im Anglikanismus – festzulegen, welches Glaubensbekenntnis als Staatsreligion gilt. Anstatt die Politik zu dominieren und ihre Richtlinien zu bestimmen, hat die Geistlichkeit in ihren Dienst zu treten und sich dem Ziel der Friedenssicherung unterzuordnen. Entscheidend ist für Hobbes zunächst nicht die Frage nach der konkreten Staatsform (Monarchie, Republik), sondern die Auszeichnung des Staates als Subjekt des Politischen. Welche konkrete Staatsform auch immer von den Völkern institutionalisiert wird, ausschlaggebend ist, dass im Staat die alten Feudalstände und die Kirche politisch neutralisiert, d.h. eingebunden und/oder entmachtet sind. Sie spielen keine Rolle bei seiner Gründung, Erhaltung und Entfaltung. Diese ist Ergebnis freier und gleicher Individuen, die ihre Repräsentanten mit der Regierung betrauen. Damit hat Hobbes die Ergebnisse der Amerikanischen und Französischen Revolution antizipiert. Sein Staat ist Repräsentativstaat, der das Ständewesen nivelliert und den theokratischen Bestrebungen des Klerus ein Ende setzt.

Hobbes begründete den Staat mit Hilfe des hypothetischen Konstrukts des *Gesellschaftsvertrages,* d.h. durch Rekurs auf einen virtuellen Bund *(covenant)* aller mit allen, durch den sich jeder Einzelne zum Urheber der staatlichen Aktivitäten macht, ohne an der politischen Willensbildung zu partizipieren. Die Staatswerdung der Gesellschaft erfolgt somit durch die Selbstbegrenzung der Individuen, die auf einen Teil ihrer Freiheit verzichten und einem Einzelnen (Monarch) oder einer Versammlung von Menschen (Parlament) das Recht übertragen, sie zu regieren und zu repräsentieren. Der Souverän – ob König oder Parlament – ist ausgestattet mit der Machtvollkommenheit, doch hat er diese für das Wohlergehen seiner Untertanen einzusetzen:

> Die *Aufgabe* des Souveräns, ob Monarch oder Versammlung, ergibt sich aus dem Zweck, zu dem er mit der souveränen Gewalt betraut wurde, nämlich der Sorge für die *Sicherheit des Volkes* ... Mit ‚Sicherheit' ist hier aber nicht die bloße Erhaltung des Lebens gemeint, sondern auch alle anderen Annehmlichkeiten des Lebens, die sich jedermann durch rechtmäßige Arbeit ohne Gefahr oder Schaden für den Staat erwirbt.[52]

Alle staatliche Gewalt geht vom Volke aus. Sie kehrt nur dann zu ihm zurück, wenn der Souverän seine Aufgabe nicht erfüllt und die innere Sicherheit nicht gewährt. Dann nämlich löst sich der Staat auf und die Gesellschaft fällt in den „Naturzustand" zurück, in dem das Recht des Stärkeren und mit ihm Anarchie und Chaos herrschen, da jeder Einzelne das natürliche Recht besitzt, sich selbst zu erhalten und gegen seine Konkurrenten zu behaupten. Diese Konstruktion wurde zum Ausgangspunkt und Paradigma aller künftigen Staatstheorien. Die Lehre vom Naturzustand und vom Gesellschaftsvertrag bestimmte das politische Denken des 17. und 18. Jahrhunderts und erlebte im späten 20. Jahrhundert eine Wiedergeburt. Sie führte nicht zwingend zum staatlichen Absolutismus, sondern konnte auch liberal, republikanisch oder demokratisch interpretiert werden. Diese Varianten wurden in der Folgezeit erprobt. Die Staatsdiskussion nach Hobbes kreiste um die Frage nach der konkreten *Staatsform.* Allerdings dauerte der Kampf für und wider den Staat an und wurde noch einmal forciert. Er war und blieb Bestandteil der neuen Ordnungsform und sollte sie ständig begleiten und stimulieren. Durch ihn entstand jene Dynamik, die den Ausbau, die Stabilisierung und den mehrfachen Formwandel des Staates bewirkte.

Begriff und Realität des Staates ermöglichten es, die Einheit und Differenz der europäischen Völker zu denken, die Politik aus der geistlich-religiösen Klammer, die einzelnen Territorien aus dem Herrschaftsbereich von Kirche und Reich und ihre politischen Systeme aus den Zwängen der alten Feudalstände zu befreien. Er erlaubte es, die allmähliche Entfeudalisierung der Gesellschaft zu denken (und zu vollziehen) und half schließlich dem Bürgertum, jenes Zentralproblem zu lösen, das seit der Freisetzung der unpolitischen bürgerlichen Gesellschaft akut war: die Frage nämlich, wie aus einer Menge von Privateigentümern eine Gemeinschaft von Staatsbürgern werden kann, wie der egoistische, besitzindividualistisch orientierte *Bourgeois* sich als gemeinwohlorientierter *Citoyen* verhalten kann. Der Staat sollte den zentrifugalen Kräften der Gesellschaft entgegenwirken und ihre Integration leisten. Ihm fiel die Aufgabe zu, die ökonomischen und rechtlichen, sozialen und politischen, nationalen und internationalen, religiösen und kulturellen Konflikte der Gesellschaften zu bewältigen. Er bildete den Rahmen für die Entwicklung von Kapitalismus und moderner Kultur, war flexibel genug und ließ sich in unterschiedlichen Formen ausgestalten, durch widersprüchliche Zweckbestimmungen konkretisieren und mit mannigfachen Inhalten füllen. Er überdauerte die moderne Transformation vom absolutistischen Fürsten- zum gewaltenteiligen Verfassungsstaat, vom monarchischen Macht- zum bürgerlichen Rechtsstaat, vom Stände- zum Repräsentativstaat und zur parlamentarischen Demokratie, vom libe-

52 *Hobbes* 1651, Kap. 30, S. 255.

ralen Nachtwächter- zum Interventions- und Wohlfahrtsstaat. Das europäische Staatensystem der Neuzeit erwies sich als ein tragfähiges Fundament der Integration und Interaktion sowie der geschichtlichen Entwicklung der Völker. Aufgabe und Zweck des Staates war die Schaffung von Rechtssicherheit durch Institutionalisierung ordentlicher Gerichte, die Unterdrückung der innerterritorialen Machtkonkurrenz und der Fehden, die Abschottung der einzelnen Territorien gegeneinander und die Entfaltung des europäischen Völkerrechts. Er erwies sich als adäquater politischer Rahmen für die Entwicklung des okzidentalen Rationalismus und der kapitalistischen Produktionsweise.

LITERATUR

a) Monographien:

Aegidius Romanus, 1302: Tractatus de ecclesiastica potestate. Hg. v. R. Scholz, Leipzig 1929 (ND Aalen 1961).

Anderson, Perry, 1979: Die Entstehung des absolutistischen Staates, Frankfurt a.M.

Berges, Wilhelm, 1938: Die Fürstenspiegel des hohen und späten Mittelalters, Stuttgart (ND 1952).

Berman, Harold J., 1991: Recht und Revolution, Frankfurt/M (engl. 1983).

Böckenförde, Ernst-Wolfgang, 2002: Geschichte der Rechts- und Staatsphilosophie. Antike und Mittelalter, Tübingen.

Bodin, Jean, 1576: Sechs Bücher über den Staat. Dt. v. B. Wimmer. Hg. v. P. C. Mayer-Tasch. 2 Bde., München 1981, 1989.

Burkhardt, Johannes, 1992: Der Dreißigjährige Krieg, Frankfurt a.M.

Calasso, Francesco, 1957[3]: I Glossatori e la Teoria della Sovranità, Milano.

Carlyle, R. W./Carlyle, A. J., 1962[4]: A History of mediaeval political Theory in the West. 6 Bde., Edinburgh, London.

Dante Alighieri, 1989: Monarchia. Studienausgabe. Lat./Dt. Eingeleitet, übersetzt und kommentiert von R. Imbach und Ch. Flüeler, Stuttgart.

Dempf, Alois, 1962[3]: Sacrum Imperium, Darmstadt.

Dennert, Jürgen, 1964: Ursprung und Begriff der Souveränität, Stuttgart.

Die Texte des Normannischen Anonymus. Hg. v. K. Pellens, Wiesbaden 1966.

Dubois, Pierre, 1300: Summaria brevis et compendiosa doctrina felicis expeditionis et abreviationis guerrarum ac litium regni Francorum. Hg. v. H. Kämpf, Leipzig, Berlin 1936.

Dubois, Pierre, 1305/7: De recuperatione terre sancte. Traité de politique générale. Hg. v. Ch.-V. Langlois, Paris 1891.

Dülmen, Richard van, 1982: Entstehung des frühneuzeitlichen Europa 1550–1648, Frankfurt a.M.

Erdmann, Carl, 1935: Die Entstehung des Kreuzzugsgedankens, Stuttgart (ND Darmstadt 1972).

Hassinger, Erich, 1964[2]: Das Werden des neuzeitlichen Europa 1300–1600, Braunschweig.

Hauck, Albert, 1905: Der Gedanke der päpstlichen Weltherrschaft bis auf Bonifaz VIII., Leipzig.

Heer, Friedrich, 1949: Aufgang Europas, Wien, Zürich.

Heydte, Friedrich August Freiherr von der, 1952: Die Geburtsstunde des souveränen Staates, Regensburg.

Hobbes, Thomas, 1651: Leviathan oder Stoff, Form und Gewalt eines bürgerlichen und kirchlichen Staates. Dt. v. W. Euchner. Hg. v. I. Fetscher. Frankfurta.M, Berlin, Wien 1976.

Ioannis Saresberiensis episcopi Carnotensis Policratici sive de nugis curialium et vestigiis philosophorum libri VIII. Hg. v. C. C. J. Webb. 2 Bde., Oxford 1909 (ND Frankfurt a.M 1965).

Johannes Quidort von Paris, 1969: Über königliche und päpstliche Gewalt. Textkritische Edition mit deutscher Übersetzung von F. Bleienstein, Stuttgart.

Kämpf, Hellmut, 1935: Pierre Dubois und die geistigen Grundlagen des französischen Nationalbewusstseins um 1300, Leipzig, Berlin (ND Hildesheim 1972).
Kantorowicz, Ernst H., 1990: Die zwei Körper des Königs, München.
Kerner, Max, 1977: Johannes von Salisbury und die logische Struktur seines Policraticus, Wiesbaden.
Kienast, Walther, 1974/75²: Deutschland und Frankreich in der Kaiserzeit (900–1270). 3 Bde., Stuttgart.
Koch, Gottfried, 1972: Auf dem Wege zum Sacrum Imperium, Wien, Köln, Graz.
Kölmel, Wilhelm, 1970: Regimen Christianum, Berlin.
Le Goff, Jacques, 1965: Das Hochmittelalter, Frankfurt/M.
Machiavelli, Niccolò, 1513: Der Fürst (Il Principe). Übersetzt und hg. v. R. Zorn, Stuttgart 1972⁴.
Machiavelli, Niccolò, 1513-22: Discorsi. Deutsche Gesamtausgabe. Übersetzt, eingeleitet und erläutert von R. Zorn, Stuttgart 1977².
Marsilius von Padua, 1324: Der Verteidiger des Friedens (Defensor pacis). Stuttgart 1971.
Meinecke, Friedrich, 1929³: Die Idee der Staatsräson in der neueren Geschichte, München, Berlin.
Miethke, Jürgen/Bühler, Arnold, 1988: Kaiser und Papst im Konflikt, Düsseldorf.
Mirbt, Carl, 1894: Die Publizistik im Zeitalter Gregors VII., Leipzig.
Mitteis, Heinrich, 1962⁷: Der Staat des hohen Mittelalters, Weimar.
Münkler, Herfried, 1987: Im Namen des Staates, Frankfurt a.M.
Onory, Sergio Mochi, 1951: Fonti canonistiche dell'idea moderna dello Stato. Imperium spirituale – iurisdictio divisa – sovranità, Mailand.
Ottmann, Henning, 2004*:* Geschichte des politischen Denkens. 4 Bde., Bd. 2/2: Mittelalter, Stuttgart.
Post, Gaines, 1964: Studies in Medieval Legal Thought, Princeton.
Quaritsch, Helmut, 1970: Staat und Souveränität. Bd. 1: Die Grundlagen, Frankfurt a.M.
Quaritsch, Helmut, 1986: Souveränität, Berlin.
Reinhard, Wolfgang, 1999: Geschichte der Staatsgewalt, München.
Rosenstock-Huessy, Eugen, 1951: Die europäischen Revolutionen und der Charakter der Nationen, Stuttgart.
Roth, Klaus, 2003: Genealogie des Staates, Berlin.
Santifaller, Leo, 1964²*:* Zur Geschichte des ottonisch-salischen Reichskirchensystems, Graz, Wien, Köln.
Scholz, Richard, 1903: Die Publizistik zur Zeit Philipps des Schönen und Bonifaz' VIII., Stuttgart (ND Amsterdam 1969).
Schulze, Hans K., 1994: Hegemoniales Kaisertum. Ottonen und Salier, Berlin.
Stolleis, Michael, 1988: Geschichte des öffentlichen Rechts in Deutschland. Bd. 1, München.
Stolleis, Michael, 1990: Staat und Staatsräson in der frühen Neuzeit, Frankfurt a.M.
Strayer, Joseph R., 1975: Die mittelalterlichen Grundlagen des modernen Staates, Köln, Wien.
Tierney, Brian, 1972: Origins of Papal Infallibility 1150–1350, Leiden.
Töpfer, Bernhard, 1964: Das kommende Reich des Friedens, Berlin.
Ullmann, Walter, 1960: Die Machtstellung des Papsttums im Mittelalter, Graz, Wien, Köln.
Walther, Helmut G., 1976: Imperiales Königtum, Konziliarismus und Volkssouveränität, München.
Watt, John A., 1965: The Theory of Papal Monarchy in the Thirteenth Century, London.
Weber, Max 1972⁵*:* Wirtschaft und Gesellschaft. Studienausgabe, Tübingen.
Wyduckel, Dieter, 1979: Princeps legibus solutus, Berlin.

b) Sammelbände:
Fetscher, Iring/Münkler, Herfried (Hg.), 1985–93: Pipers Handbuch der politischen Ideen. 5 Bde., München, Zürich.
Kerner, Max (Hg.), 1982: Ideologie und Herrschaft im Mittelalter, Darmstadt.
Laudage, Johannes (Hg.), 1989: Der Investiturstreit. Quellen und Materialien, Köln, Wien.

Schnur, Roman, (Hg.) 1975: Staatsräson. Studien zur Geschichte eines politischen Begriffs, Berlin.
Stolleis, Michael (Hg.), 1987²: Staatsdenker im 17. und 18. Jahrhundert. Reichspublizistik, Politik, Naturrecht, Frankfurt a.M.
Tilly, Charles (Hg.), 1975: The Formation of the National States in Western Europe, Princeton.

c) Veröffentlichungen in einem Sammelband:
Böckenförde, Ernst-Wolfgang, 1967: Die Entstehung des Staates als Vorgang der Säkularisation, in ders., 1976: Staat, Gesellschaft, Freiheit, Frankfurt a.M, S. 42–64.
Borst, Arno, 1988: Der Streit um das weltliche und das geistliche Schwert, in ders.: Barbaren, Ketzer und Artisten, München, Zürich, S. 99–122.
Bosl, Karl, 1993 a: Der theologisch-theozentrische Grund des mittelalterlichen Weltbildes und seiner Ordnungsidee, in: Fetscher/Münkler Bd. 2, S. 175–188.
Bosl, Karl, 1993 b: Reformorden, Ketzer und religiöse Bewegungen in der hochmittelalterlichen Gesellschaft. Ebd., S. 243–309.
Engel, Josef, 1971: Von der spätmittelalterlichen respublica christiana zum Mächte-Europa der Neuzeit, in: Th. Schieder (Hg.), 1971: Handbuch der europäischen Geschichte. Bd. 3, Stuttgart, S. 1–447.
Erdmann, Carl, 1936: Die Anfänge der staatlichen Propaganda im Investiturstreit, in: Kerner (Hg.) 1982, S. 101–123.
Luhmann, Niklas, 1989: Staat und Staatsräson im Übergang von traditionaler Herrschaft zu moderner Politik, in ders.: Gesellschaftsstruktur und Semantik. Bd. 3, Frankfurt a.M, S. 65–148.
Luther, Martin, 1523: Von weltlicher Obrigkeit, wie weit man ihr Gehorsam schuldig sei. In ders.: Werke. Kritische Gesamtausgabe. Weimar 1882 ff. Bd. 11, S. 245–280.
Manegold von Lautenbach, 1891: Ad Gebehardum Liber. Hg. v. K. Francke. MGH. Libelli de lite. Bd. 1, Hannover, S. 300–430.
Marongiù, Antonio, 1963: Ein „Modellstaat" im italienischen Mittelalter: Das normannisch-staufische Reich in Sizilien, in: G. G. Wolf (Hg.), 1982²: Stupor Mundi, Darmstadt, S. 325–348.
Mertens, Dieter, 1987: Geschichte der politischen Ideen im Mittelalter, in: H. Fenske/D. Mertens/W. Reinhard/K. Rosen: Geschichte der politischen Ideen. Von Homer bis zur Gegenwart, Frankfurt a.M, S. 141–238.
Miethke, Jürgen, 1991: Politische Theorien im Mittelalter, in: H.-J. Lieber (Hg.): Politische Theorien von der Antike bis zur Gegenwart, Bonn, S. 47–156.
Peterson, Erik, 1935: Der Monotheismus als politisches Problem, in ders., Theologische Traktate, München 1951, S. 45–147.
Roth, Klaus, 2002: Der Staat als Zentrum des neuzeitlichen Politikdenkens, in: G. Breit/P. Massing (Hg.): Der Staat, Schwalbach/Ts., S. 9–27.
Roth, Klaus, 2006: Ordnungskrise von Kirche und Reich und die Genese des modernen Staates, in: M. Brocker/T. Stein (Hg.): Christentum und Demokratie, Darmstadt, S. 79–96.
Schramm, Percy Ernst, 1947: Sacerdotium und Regnum im Austausch ihrer Vorrechte, in ders.: Kaiser, Könige und Päpste. Bd. IV,1, Stuttgart 1970, S. 57–102.
Struve, Tilman, 1993: Regnum und Sacerdotium, in: Fetscher/Münkler Bd. 2, S. 189–242.

d) Zeitschriftenartikel:
Bielefeldt, Heiner, 1987: Von der päpstlichen Universalherrschaft zur autonomen Bürgerrepublik. Aegidius Romanus, Johannes Quidort von Paris, Dante Alighieri und Marsilius von Padua im Vergleich, in: Zeitschrift für Rechtsgeschichte. Kanonistische Abteilung 72, S. 70–130.
Holtzmann, Robert, 1939: Der Weltherrschaftsgedanke des mittelalterlichen Kaisertums und die Souveränität der europäischen Staaten, in: Historische Zeitschrift 159, S. 251–264.
Kienast, Walther, 1935/36: Die Anfänge des europäischen Staatensystems im späteren Mittelalter, in: Historische Zeitschrift 153, S. 229–271.
Mayer, Theodor, 1959: Papsttum und Kaisertum im hohen Mittelalter. Werden, Wesen und Auflösung einer Weltordnung. Ein kritischer Überblick, in: Historische Zeitschrift 187, S. 1–53.

AMBIVALENZEN UND WIDERSPRÜCHE

Jean Bodins Souveränitätskonzept im historischen Kontext

Claudia Opitz-Belakhal

Jean Bodin (1530–1598) gilt als einer der wichtigsten Staatstheoretiker der frühen Neuzeit. Er hatte als humanistisch gebildeter Rechtsgelehrter nicht zuletzt auch die Schriften der antiken Theoretiker intensiv studiert, nutzte aber auch die zu seiner Zeit im Umlauf befindliche Geschichtsschreibung wie vor allem auch seine persönlichen Erfahrungen als Informationsquellen und reiches Anschauungsmaterial für seine staatstheoretischen, naturkundlichen und schließlich auch dämonologischen Werke.

Bodins aus der Sicht der politischen Theoriegeschichte wichtigstes Werk ist zweifellos die umfangreiche Studie über den Staat (*Six livres de la République*), die 1576 erstmals in französischer Sprache publiziert und rasch in viele weitere Sprachen übersetzt und in ganz Europa verbreitet wurde. Diese *Sechs Bücher über den Staat* behandeln, so schreibt Bodin einleitend, die Souveränität (also die höchste Autorität) im Staat und bei seinen einzelnen Gliedern.[1] Daran schließen sich Überlegungen zu den einzelnen Staatsformen, Betrachtungen über Ursprung, Wachstum, Blüte, Wandel, Niedergang und Ruin von Staaten sowie zu verschiedenen Problemen und Fragen an, die mit der politischen Herrschaft verbunden sind – etwa die Faktoren, die zu Aufständen und politischen Konflikten führen, oder die Frage, ob und unter welchen Bedingungen ein Tyrann gestürzt werden dürfe, und schließlich, welches die günstigsten Bedingungen zur Einsetzung eines neuen Herrschers nach dem Tod des Souveräns seien.

In kritischer Replik auf antike Vorgänger, insbesondere auf Aristoteles' *Politik*, aber auch auf etliche spätere Autoren (nicht zuletzt Niccolò Machiavellis Schriften) entwickelt Bodin seine Staatstheorie, um, wie er im Vorwort sagt, das Schiff der französischen Monarchie, das in schwere Stürme geraten ist und zu zerbrechen droht, retten zu helfen. Das Werk ist also nicht nur ein gelehrtes Meisterstück eines ambitionierten Humanisten, sondern – ähnlich wie etwa auch Niccoló Macchiavellis *Principe* oder Thomas Hobbes' *Leviathan* ein Stück gelebte politische Intervention, als Reaktion auf Veränderungen der politischen Ver-

1 „…j'ay traité dans cet œuvre, commençant par la famille et continuant par ordre à la souveraineté, discourant de chacun membre de la republique à savoir du Prince souverain, et de toutes sortes de Républiques; puis de Senat, des Officiers, Magistrats: des corps et Colleges, estats et communautez, de la pussaince et debvoir d'un chacun; après j'ay remarqué l'origine , accroissemant, l'estat fleurissant, changement, decadence et ruine des Republiques avec plusieurs questions politiques, qui me semblent necessaires d'estre bien entendues. Et pour la conclusion de l'œuvre j'ay touché la justice destributive, commutative et harmonique, monstrant laquelle des trois est propre à l'estat bien ordonné."[*Bodin* 1583, Préface o.S.]

hältnisse, die nicht nur von Bodin als bedrohlich empfunden wurden: Frankreich stand, nach den Schrecken der Bartholomäusnacht und dem Versagen der Vertreter der französischen Krone als Mittler zwischen den durch die Reformation hervorgerufenen konkurrierenden Kräften, vor einer politischen Zerreissprobe.

Bereits mit dem unerwarteten Tod Heinrichs II. Ende 1559 hatte die Krise der französischen Krone begonnen. Der Thronfolger, Franz II., war damals erst 15 Jahre alt und starb bereits drei Monate nach seinem Vater. So folgte ihm sein neunjähriger Bruder Karl (IX.) auf den Thron; de facto übernahm allerdings seine Mutter, Katharina von Medici, die Regentschaft. Bis zu Karls Tod 1574 hatte sie maßgeblichen Einfluss auf die französische Politik.[2]

Die Situation war indes für die Regentin schwierig zu meistern; es bildeten sich Cliquen und Parteiungen, die von nun an für einige Jahrzehnte die Szenerie beherrschten. Eine besonders unruhige Kraft waren die zum Calvinismus übergetretenen Adligen, die einerseits Verfolgungen und Repressionen fürchteten und andererseits die Reformation weitertragen wollten. Daneben spielten auch ambitionierte katholische Adlige ihr Machtspiel – vor allem die dem Thron nahestehenden Lothringer Herzöge, die Guise. Die geschwächte Stellung der königlichen Macht zeigte sich auch darin, dass sich jetzt die Versammlungen der Generalstände wieder häuften.

Im Jahr 1562 wurde auf Initiative der Königin ein Toleranzedikt (Edikt von Amboise) erlassen, das erstmals in Frankreich die öffentliche Ausübung des protestantischen Kultes gestattete und die Abhaltung reformierter Synoden zuließ. Das Edikt blieb allerdings nur kurz in Kraft; de facto wurde es von der katholischen Fraktion boykottiert, die am 1. März 1562 in Vassy in der Champagne ein Massaker an Protestanten anzettelte und damit die „Religions-“ bzw. „Bürgerkriege“ einleiteten, die erst mit dem 1598 von Heinrich IV. erwirkten Edikt von Nantes (1598) ihr Ende fanden.

Auch konnte in den letzten Regierungsjahren Karls IX. und seiner Mutter, Katharina von Medici, die katholische Partei ihre militärische Wirksamkeit massiv verstärken. Sie stand unter spanischem Einfluss, der bis in die neunziger Jahre die französische Politik massiv mitbestimmte. Dem spanischen König Philip II. ging es dabei einmal um die Re-Etablierung des katholischen Glaubens. Zum anderen war er an einem Eingrenzen des französischen Expansionsstrebens vor allem in Italien bemüht. Auf der anderen Seite unterstützten deutsche Fürsten, die der Reformation zuneigten, die Hugenotten durch Hilfstruppen.

In dieser ausgesprochen schwierigen und bedrohlichen Lage entstand im Umfeld des französischen Hofes eine dritte, wenngleich schwache Kraft: die sog. „politiques“, die auf eine Stärkung der inneren Kohäsionskräfte setzten und insbesondere den Konfessionskonflikt beenden wollten. Ihre Strategie bestand letztlich in der Provokation nationaler, anti-spanischer Tendenzen in der Bevölkerung und

2 Vgl. hierzu und im folgenden *Hinrichs* (Hg.) 2006, S. 148–163.

in der Stärkung der Monarchie als unanfechtbarer politischer Höchstinstanz. Zu ihnen zählt traditionell Bodin mit seinen „Sechs Büchern über den Staat".[3]

Ich möchte im Folgenden Bodins Souveränitätskonzept im Lichte dieses historischen Kontextes beleuchten und, ausgehend vom Gesamtkonzept des Bandes, insbesondere nach dem Stellenwert von Herrschaftslegitimation, Gewalt(-eindämmung), Recht(-sstaatlichkeit) und schließlich Freiheit(-sgarantien) suchen. Dabei werden jeweils Ambivalenzen, vor allem aber auch Widersprüche und Problemstellungen zutage treten, die auch für heutige Debatten von Bedeutung sind – nicht zuletzt die Maskulinisierung der staatlichen Gewaltträger und der Rückgriff auf misogyne Argumentationsweisen zur Stärkung von Souverän und Zentralgewalt gegenüber konkurrierenden Kräften.

1. STAATLICHKEIT ALS SOUVERÄNITÄT

> République est un droit gouvernement de plusieurs mesnages et de ce qui leur est commun, avec puissance souveraine. (Buch 1, 1. Seite)

Mit diesen Worten eröffnet Bodin sein umfassendes Werk über den Staat. Diese knappe Definition, deren Explikation Bodin dann auf vielen hundert Seiten folgen lässt, hat der Forschung schon viel zu denken gegeben – nicht zuletzt, weil sich die hier von Bodin versammelten Begriffe im Laufe der folgenden vierhundert Jahre teilweise massiv verändert und mit neuen Bedeutungen gefüllt haben – und dies umso mehr, wenn sie in andere Sprachen übersetzt und damit auch in andere soziale und kulturelle Räume transferiert wurden.

So ist schon der Begriff *gouvernement*, Regierung, in der Moderne weit weniger umfassend als er das zu Bodins Zeiten in Frankreich gewesen ist. Er hat sich gewissermaßen „demokratisiert" gegenüber dem frühneuzeitlichen – oder jedenfalls dem Begriff bei Bodin –, der umfassend ist, der Staatlichkeit per se bedeutet insofern, als Regierung nicht als Teil einer politischen Sphäre re-präsentiert ist, die durch Gewaltenteilung charakterisiert ist.[4]

Nicht weniger problematisch ist der Bedeutungsgehalt des *droit gouvernement,* das ebenso legitime wie gerechte/rechtsförmige Herrschaft heißen kann. Er steht im Gegensatz zu der Herrschaft, die *„les troupes des voleurs et pirates (bzw. corsaires)*" (d.h. Räuber- und Piratenbanden) ausüben, mit denen man weder verhandeln, noch Handel treiben noch sich verbünden darf. Auch wenn Wimmer Recht hat mit seiner Bemerkung, dass der Begriff „legitime Herrschaft" allzu sehr eine Zustimmung des Volkes bzw. der Beherrschten zur Form des Regimes und der Person des Fürsten suggeriert,[5] so wird hier von Bodin ein grundlegender, jedoch eher „von oben", also von der Herrscherseite her definierter Unterschied

3 Vgl. dazu *Fenske* u.a. 1987, S. 296–300; s. auch *Jouanna* 1996, S. 57–78.

4 Zur Komplexität und zum Wandel des Begriffs „gouvernement" seit Bodin s. auch die Anmerkungen von Bernd Wimmer, in: *Bodin* 1981, v.a. Anm. 12, S. 575–577.

5 Ebd. S. 576.

zwischen legitimer und illegitimer Herrschaft konstituiert, der in der Verbindlichkeit der Rechtsordnung, im Recht auf Gehorsam und Verpflichtung auf Schutz und Verzicht auf Willkür gegenüber den „sujets libres", den Untertanen, besteht.

Ein Staat besteht des Weiteren aus dem, was allen gemeinsam ist – also dem, was nicht dem Einzelnen als privater Besitz – Bodin spricht hier allerdings eher von familiärem oder Haushaltsbesitz (*ménage*) – gehört, sondern das, was darüber hinausgeht. So ist weder eine Großfamilie (er spricht von einem Mann mit fünfhundert Frauen und entsprechend vielen Kinder), noch ein Bündnis von Körperschaften (etwa ein religiöser Orden) ein Staat, denn es mangelt beiden am Gemeingut und –interesse.

Das herausragende Kennzeichen des Staates aber, so Bodin weiter, sei die Souveränität, verstanden als die einzig legitime absolute Gewalt („la puissance absolue et perpétuelle d'une République"; *République*, 1.Buch, 8.Kapitel).[6] Ohne diese absolute Gewalt ist eine dauerhafte Ordnung des Gemeinwesens undenkbar. Die Souveränität ist friedens- und einheitsstiftend – eine Forderung, die in Zeiten des religiös motivierten Bürgerkriegs, wie sie während der Abfassung der *République* bestanden, eine besonders aktuelle Dimension erhielt. Ein starker Monarch sollte zwischen die Kriegsparteien treten, sie neutralisieren und damit dem Königreich wieder Ordnung und Frieden bringen können. Bei seinen Entscheidungen sei der Inhaber der obersten Gewalt nicht an die Entscheidungen anderer Gewaltinhaber (zu Bodins Zeiten etwa der Kaiser oder der Papst, aber auch die großen Adelsfamilien oder die *Parlements*) gebunden[7], sondern lediglich an

6 In der Einleitung fasst er diesen Gedanken in die Metapher des Schiffes, das zwar aus Holz bestehe, aber erst durch seine durchdachte Form zu einem wirklich nützlichen Werk(-zeug) werde: „Mais tout ainsi que le navire n'est plus que bois, sans forme de vaisseau...; aussi la République sans puissance souveraine, qui unit tous les membres et parties d'icelle, et tous les mesnages et collèges en un corps, n'est plus Republique."(Les six livres, S. 12). Zum Bild des Schiffes als Metapher für den Staat (aber z.B. auch für die christliche Gemeinschaft) vgl. *Yarden* 1971, bes. S. 47, Fußnote 11.

7 Zwar bemüht sich Bodin an verschiedenen Stellen, die Unabhängigkeit etwa der französischen Monarchie vom Kaiser oder vom Papst deutlich zu machen, jedoch steht bei ihm eindeutig die Souveränität des Monarchen gegenüber seinen Untertanen im Mittelpunkt des Interesses; die externen Kräfte und Mächte sind offensichtlich – schon rein quantitativ – nicht Bodins Hauptproblem, was angesichts der Bürgerkriegssituation durchaus nachvollziehbar ist. Immerhin verweist er aber in seiner Einleitung auch auf externe Kräfte, die dem französischen „Staatsschiff" bedrohlich nahe gekommen seien und seinen Untergang herbeiführen könnten, falls nicht alle auf dem Schiff zusammenstünden, „puisque tous ensemble courent un mesme danger: ce qu'il ne faut pas entendre des ennemis qui sont en terre ferme, prenans un singulier plaisir au naufrage de nostre republique pour courir au bris". Einst hätte nämlich das ganze „Empire d'Allemagne, les Royaumes de Hongrie, d'Espagne et d'Italie, et tout le pourpris des Gaules iusqu'au Rhin" unter seinem Gesetz gestanden (zu Zeiten Karls des Großen?), heute jedoch wäre das französische Königtum zusammengeschmolzen auf einen kleinen Rest („ores qu'il est reduit au petit pied, ce peu qui reste est exposé en proye par les siens mesmes, et au danger d'estre froissé et brisé entre les roches perilleuses, si on ne met peine de ietter les ancres sacrees, afin d'aborder, après l'orage, au port du salut, qui nous est monstré u Ciel…". Nationale Anklänge sind dabei nicht zu überhören. Auch die Wahl der Volkssprache

die Gesetze Gottes und das „natürliche Sittengesetz“, mit anderen Worten, die Tradition, die etwa festhält, dass der Souverän kein uneingeschränktes Zugriffsrecht auf den Besitz und das Leben seiner Untertanen habe, die keine Sklaven seien, sondern *sujets libres* – freie Untertanen. Der Souverän besitzt hingegen die uneingeschränkte Macht, Gesetze zu geben und aufzuheben.

> Diese Befugnis zu Erlaß und Aufhebung von Gesetzen umfasst sämtliche anderen Hoheitsrechte und Souveränitätsmerkmale. Genau genommen könnte man daher sagen, dass sie das einzige Souveränitätsmerkmal ist, weshalb sie eben alle anderen in sich einschließt, als da sind, das Recht über Krieg und Frieden zu entscheiden, die Entscheidung letzter Instanz über die Urteile aller Magistrate, das Recht zur Erneuerung und Absetzung der höchsten Beamten, das Recht, den Untertanen Steuern und Abgaben aufzuerlegen oder sie davon zu befreien, das Recht von der Härte des Gesetzes durch Gnadenakte oder Dispense abzuweichen, die Befugnis, über die Bezeichnung der Währung [...] zu bestimmen und das Recht, von Untertanen [...] uneingeschränkte Treue zu verlangen.[8]

Alle gesetzgeberischen Akte hängen nur vom Willen des Souveräns ab; Kirche, Klerus und Magistraten wird jede Beteiligung an der Gesetzgebung wie aber auch an der Einsetzung des Fürsten, der allein durch dynastische Erbfolge – nach Bodin also durch „göttliches Recht“ – in seine Position gelangen soll, abgesprochen. Umgekehrt aber besitzt der Souverän nicht das Recht, die Souveränität zu schwächen; wie der staatliche Grundbesitz ist sie auf ewig unveräußerlich[9] und es ist „von Rechts wegen des Todes, wer sich die dem souveränen Fürsten vorbehaltenen Rechte anmaßt“.[10] Der Fürst muss also eifersüchtig über seine Souveränität wachen und darf hier auch keine Zugeständnisse an eigene Vasallen oder fremde Potentaten dulden:

> So wenig wie dieser unser allmächtiger Gott einen ebensolchen zweiten Gott schaffen könnte, weil er unendlich ist und notwendigerweise nicht zwei Unendlichkeiten gleichzeitig nebeneinander bestehen können, kann auch ein Fürst, den wir als das Ebenbild Gottes definiert ha-

deutet in diese Richtung: „ C’est pourquoy de ma part […] j’ay entrepris le discours de la République et en lange populaire, tant pour ce que les sources de la langue Latine sont presque taries, et qui seicheront du tout si la barbarie causée par les guerres civiles continue, que pour estre mieux entendu de tous François naturels: je dy ceux qui ont désir et vouloir perpetuel de voir l’estat de ce Royaume en sa premiere splendeur, florissant encores en armes et en loix. “ (alles in der Preface o.S.)

8 *Bodin* 1981, 1. Buch, Kap. 10, Bd. I, S. 294.

9 „[...] genauso wie ein Kranz aufhört, ein solcher zu sein, wenn man ihn auflöst oder seiner Blumenzier entblößt, verliert auch die Souveränität ihre Pracht, wenn man den geringsten Einbruch in sie zulässt.[...] Aus dem gleichen Grund ist es allgemeine Meinung, dass die königlichen Prärogativen unabtretbar und und unveräußerlich sind und auch durch noch so langen Zeitablauf nicht verwirkt werden können.“ (Sechs Bücher, Bd. 1, S. 287). Ausnahmen sind jedoch bei Absenz des Fürsten, etwa wegen Kriegszügen oder Gefangenschaft, Geisteskrankheit oder Minderjährigkeit die Bestellung von RegentInnen. oder anderen VertreterInnen (Ebd., S. 308).

10 Sechs Bücher, Bd. 1, S. 318.

> ben, einen Untertanen zu Seinesgleichen machen, ohne seiner eigenen Macht ein Ende zu bereiten.[11]

In der Funktion des Monarchen als unabhängiger, gleichsam „schiedsrichterlicher“ Position über den Konfessionen ist letztlich auch das Plädoyer Bodins für religiöse Toleranz begründet. Seiner Auffassung nach hängt die staatliche Ordnung zwar unmittelbar von den Gesetzen Gottes ab, nicht aber von einer bestimmten Religion bzw. Konfession. Die einzigen für die staatliche Souveränität wie aber auch für die Schöpfungsordnung gefährlichen Wesen sind, so zeigt Bodin vor allem in seiner *Démonomanie des sorciers*, Agnostiker und Apostaten, also Teufelsanbeter und Hexen.[12] Alle anderen, auch wenn sie sich nicht einer einzigen, wahren Religion zurechnen, sind im Sinne der fürstlichen Souveränität und Neutralität gleich zu behandeln.

2. SOUVERÄNITÄT UND DEMOKRATIE

Bodin kennt dabei zwar, in Anlehnung an Aristoteles, drei Staatsformen, nämlich Monarchie, Aristokratie und Demokratie. Eine Monarchie bestehe dort, wo ein einzelner Träger der Souveränität ist, eine Aristokratie, dort, wo eine Minderheit des Volkes (als Körperschaft) souverän ist, und eine Demokratie dort, wo die Mehrheit des Volkes (als Körperschaft) die Souveränität innehat. Diese drei Staatsformen sind für Bodin zwar die einzig denkbaren; Mischformen (etwa im Sinne einer konstitutionellen Monarchie) lehnt er – auch als Reaktion auf die damals entwickelte Theorie der protestantischen „Monarchomachen“, die die französische Monarchie als Wahlmonarchie betrachteten und dies aus der Geschichte seit den „Frankogalliern“ der Antike und der Königswahl im Mittelalter herzuleiten suchten – als widersinnig ab.[13] Seiner Meinung nach stellt aber die Monarchie die stabilste und „nützlichste“ Staatsform dar und ist deshalb allen anderen vorzuziehen.

Laut Bodin ist die Demokratie „jene Staatsform, bei der die Mehrheit des Volkes insgesamt dem Rest als Gesamtheit und jedem Einzelnen des ganzen Volkes in Souveränität gebietet.“[14], also die Mehrheit die Souveränität „über die Minderheit als Ganzes“ souveräne Befehls- und Herrschaftsgewalt ausübt – „wobei es nicht darauf ankommt, ob diese Mehrheit nach Köpfen, nach Stämmen,

11 Sechs Bücher, Bd. 1, S. 318.

12 *Bodin* 1580.

13 Solche „monarchomachischen“ Staatsvorstellungen entwickelten u.a. die Hugenotten Théodor Bèze oder François Hotman in Reaktion auf die von der Krone geduldeten, vielleicht sogar initierten Gräuel der „Bartholomäusnacht“. Bèze etwa schreibt in seiner Abhandlung über das (Wahl-)Recht der Magistraten („Du Droit des Magistrats“), die ebenfalls 1576 erschien, die französischen Könige seien schon seit den Merowingern immer von den Ständevertretern des Reichs gewählt worden. Bodin versuchte diese Deutung durch historische Quellenzitate, wie aber vor allem auch strukturell zu widerlegen.

14 Sechs Bücher, 2. Buch, Kap. 7, Bd. 1, S. 392.

nach Klassen, Pfarreien oder Gemeinden ermittelt wird,“[15] während umgekehrt die Aristokratie diejenige Staatsform ist, in der die Minderheit über die Mehrheit herrscht. Dabei unterscheidet Bodin spitzfindig Staatsform von Regierungsweise und kommt auf diesem Weg zu der Erkenntnis, dass es keine gemischten Staatsformen geben kann (s.o.), sehr wohl aber die Kombination von Staatsform und Regierungsweise – etwa eine „aristokratisch verwaltete Demokratie“, wie in Rom, oder eine „demokratisch regierte Aristokratie“. Die stabilste aller Herrschaftsformen ist Bodins Meinung nach die Monarchie, die durch eine Verbindung mit der demokratischen Regierungsform, d.h. wenn der Fürst die Souveränität innehat, aber Ämter und Pfründen an alle Untertanen ohne Ansehen von Reichtum, Stand, Adel etc. vergibt, an Stabilität nur noch gewinnen kann.[16] Die Demokratie allein jedoch erscheint ihm, ähnlich wie die Aristokratie, in sich zur Instabilität verurteilt, denn:

> Man mag sich zwar den Verband mehrerer Regierender oder eines [ganzen] Volkes als Inhaber der Souveränität vorstellen können. Ohne ein Oberhaupt mit souveräner Gewalt, das sie alle miteinander eint [...] gebricht es ihr jedoch an ihrem eigentlichen Inhalt und Träger. Wenn die Herrschenden oder die verschiedenen Stämme des Volkes, wie es häufig vorkommt, uneinig sind, bleibt es einfach nicht aus, dass es zu Handgreiflichkeiten und Gewaltanwendung, ja, zum Krieg aller gegen alle kommt.[17]

Und er kommt zu dem Schluss:

> Das wichtigste Merkmal eines Staates, nämlich die Souveränität, existiert, wenn man es genau nimmt, einzig und allein in der Monarchie, nur dort kann sie von Dauer sein. Denn in einem Staat kann nur ein einziger souverän sein.[18]

15 Sechs Bücher, 2. Buch, Kap. 7, Bd. 1, S. 396, wobei Bodin auch hier anderer Auffassung ist als Aristoteles, der (laut Bodin) sagt, „man dürfe nicht der allgemeinen Meinung folgen, derzufolge ein Staat dann eine Demokratie sei, wenn die Mehrheit des Volkes die Souveränität innehabe“ und der vor allem darauf besteht, das nur dort, wo die armen Bürger die Souveränität in Besitz haben, eine Demokratie herrsche, während die Aristokratie durch die Herrschaft der Reichen charakterisiert werde. Gerade bezüglich der Definition demokratischer wie aristokratischer Souveränität und Staatlichkeit greift Bodin Aristoteles direkt an und versucht zu zeigen, dass jener im Irrtum sei: „Aristoteles stellt auf diese Weise die von allen Völkern, ja selbst den Gesetzgebern und Philosophen geteilte Meinung auf den Kopf, eine [...] Auffassung, die sich aber in der Staatlehre seit eh und je durchgesetzt hat und durchsetzen wird.“(ebd. S. 396)

16 Sechs Bücher, 2. Buch, Kap. 7, Bd. 1, S. 398.

17 Sechs Bücher, 4. Buch, Kap. 4, Bd. 2, S. 415, siehe auch weiter: „Die Aristokratie und die Demokratie bergen aber noch viel größere Gefahren [als die Tyrannei] in sich. [...]Die vom Wettlauf um die Ämter in Aristokratien und Demokratien hervorgerufenen Aufstände, Parteiungen und Bürgerkriege sind eine regelmäßige, ja beinahe dauernde Erscheinung und fallen manchmal heftiger aus als der Kampf um die Macht in der Monarchie, in der Aufstände um Ämter oder um die Herrschaft allenfalls nach dem Ableben des Fürsten und auch dann nur höchst selten vorkommen.“ (ebd. S. 414)

18 Sechs Bücher, 4. Buch, Kap. 4, Bd. 2, S. 414. Zum (negativen) Gleichheitskonzept bei Bodin und seinen ZeitgenossInnen vgl. *Opitz-Belakhal* 2004, S. 307–329.

3. FREIHEIT, SKLAVEREI UND DIE GRENZEN DER SOUVERÄNITÄT

Bodins Bemühen, alle Formen demokratisch-aristokratischer Herrschaft zu diskreditieren und die starke, einheitsstiftende Monarchie zur einzig richtigen Form souveräner Herrschaft zu konturieren, zeigt sich insbesondere an seinem Kapitel über die Sklaverei, dem fünften des ersten Bandes, dem damit eine grundlegende Funktion für Bodins Staatskonzept zukommt.

Anders als für seine antiken Vorbilder ist für Bodin die Beziehung Herr-Sklave keine Begründung für eine legitime (politische) Herrschaft. Vielmehr wendet sich Bodin im 5. Kapitel des I. Buches der *République* vehement sowohl gegen die bei Aristoteles vorfindliche Akzeptanz und das Argument der „Nützlichkeit" der Sklaverei, wie aber auch gegen die Sklaverei als solche, die er als „widernatürlich" und (deshalb) gefährlich für die innere Sicherheit und Ordnung des Staatswesens betrachtet. Die entscheidenden Fragen, die sich für Bodin mit der Sklaverei verbinden, sind zum einen, ob die Sklaverei natürlich und nützlich sei bzw. sein könnte. Die zweite ist die, welche Gewalt der Herr über die Sklaven ausüben kann. Eine dritte Frage, die sich aus dem größeren politischen Kontext ergibt, ist schließlich die nach dem Verhältnis von Staatsgewalt und Sklaverei, da es zumindest in mancher Hinsicht so scheint, als sei die Staatsgewalt lediglich eine direkte Erweiterung der Sklaverei, da sie ja durch die Möglichkeit des souveränen Fürsten, über Leben und Tod der Untertanen zu bestimmen, jener in vieler Hinsicht ähnlich erscheint.

Zur ersten Frage stehen sich, nach Bodin, im Wesentlichen zwei Meinungen gegenüber: Einerseits diejenige des Aristoteles, der davon ausgeht, dass es „von Natur aus" Unterschiede zwischen den Menschen gibt dergestalt, dass einige zum Befehlen geboren sind, andere zum Gehorchen, wie etwa die Sklaven. Auf der anderen Seite betonen die (christlichen) Rechtsgelehren (*iurisconsultes*), die Sklaverei sei widernatürlich, auch wenn sie in zahlreichen Gesetzen, Testamenten, Rechtsgeschäften usw. immer wieder neu festgeschrieben, legitimiert und realisiert wurde. Bodin schlägt sich hier klar auf die Seite jener *iurisconsultes*, die die Sklaverei als widernatürliches Unrecht verdammen, obgleich, wie Bodin unterstreicht, die Dauerhaftigkeit („seit der Sintflut") und weite Verbreitung der Sklaverei eher dafür spräche, dass es sich hier um eine ebenso „natürliche" wie vernünftige Einrichtung handle.[19] Diese kritische Haltung Bodins steht letztlich in direktem Gegensatz zu seinen Argumentationsmustern in den vorangehenden Teilkapiteln, wo er die eheherrliche und die väterliche Gewalt (und deren Verfall seit dem Ende des Römischen Reiches) abhandelt und wo er mit der langen Dauer und universellen Gültigkeit dieser Gewalten gleichzeitig die fürstliche Souveränität legitimiert und naturalisiert[20].

Bodin verlässt bezüglich der Sklaverei tatsächlich seine sonstigen Argumentationswege. Was also bezweckt er mit dieser Debatte? In der Figur der Sklaverei

19 Sechs Bücher, 1. Buch, Kap. 5, Bd. 1, S. 141f.
20 Vgl. dazu *Opitz-Belakhal* 2006, Kap. 2.

wird zunächst und vor allem die illegitime Herrschaft verurteilt, die sich bei Bodin nicht allein auf das Recht des Stärkeren, sondern vor allem auf die tyrannische Beherrschung der Schwächeren grundet. Hier folgt Bodin der Haltung der monarchiekritischen französischen politischen Literatur des 16. Jahrhunderts, die betont, dass Sklaverei sich nicht mit der französischen Freiheitsliebe vereinbaren ließe. Aus der Verbreitung der Sklaverei folgt nämlich, so Bodin, notwendiger Weise die Verbreitung von Tyrannei, Grausamkeit und Menschenverachtung, die in den versklavten Menschen wiederum den Hang zu Aufstand und Rache entfacht, wodurch auch die Sklavenhalter selbst und ihre Staatswesen in Furcht und Schrecken gehalten werden. Resultiert aus der „natürlichen Freiheit" der Menschen demnach für Bodin auch ein Recht auf Widerstand? Sind die Sklaven im Recht, wenn sie sich gegen ihre tyrannischen Herren auflehnen? Bodin füllt zwar zahlreiche Seiten der *République* mit der Schilderung solcher Aufstände. In gewisser Weise sind Aufstände bei Bodin geradezu eine Art Messgröße für herrscherliche Fehlleistungen und politische Misswirtschaft. Allerdings äußert sich Bodin an keiner Stelle positiv über solche Aufstände, und noch viel weniger rechtfertigt er sie. Vielmehr gipfelt seine Darstellung in der Überzeugung, „nichts demütigt und verdirbt eine großherzige Gesinnung so sehr wie Knechtschaft und nichts schadet dem Anspruch, anderen zu gebieten mehr, als Sklave gewesen zu sein."[21] Seine Darstellungsweise drängt insofern die Erkenntnis auf, dass es eine Beendigung der Sklaverei nur „von oben" geben kann und darf, aber niemals von Seiten der Sklaven selbst.

Etwas Anderes ist dagegen – zumindest auf den ersten Blick – der Widerstand, den die *sujets libres,* die Untertanen, einem Tyrannen entgegensetzen, also einem, „der sich eigenmächtig, ohne sich auf eine Wahl, ein Erbfolgerecht, auf einen Losentscheid, auf einen rechtmäßigen Krieg oder besondere Berufung Gottes berufen zu können, zum souveränen Fürsten aufgeschwungen hat." Diesen zu töten, hält er mit den antiken Philosophen und Gesetzgebern für legitim. Doch sollte hier, nach Bodins Auffassung, eher die vorsichtige Gesetzgebung Solons dominieren, die „ausdrücklich Gewaltanwendung und die Tötung desjenigen, der nach der Souveränität zu greifen versucht, [verbietet], ehe ihm nicht der Prozeß gemacht und ein Urteil gesprochen war."[22] Ein absolutes Verbot des „Tyrannenmordes" spricht Bodin allerdings in dem Fall aus, dass es sich um einen legitimen Fürsten handelt, der – verleitet durch schlechte Leidenschaften – zum Tyrannen degeneriert. Einen solchen zu strafen sei allein Aufgabe und Werk Gottes, keinesfalls aber der Untertanen, die durch einen Fürstenmord ebenso schwere Strafe auf sich laden würden wie durch einen Vatermord, der, nach Bodin, das schlimmste aller todeswürdigen Verbrechen darstellt. Lediglich einen fremden Fürsten – und damit einen „Ranggleichen" – „ziert es in hohem Maße [...] zu den Waffen zu greifen,

21 Ebd., Bd. 1, S. 156.
22 Ebd., 2. Buch, Kap. 5, Bd. 1, S. 362.

um ein ganzes Volk aus der ungerechten Schreckensherrschaft eines Tyrannen zu befreien."[23]

Dieses absolute Verbot des Sturzes eines legitimen Herrschers bedeutet gleichzeitig auch eine direkte und gewichtige Zurückweisung hugenottischer (und später ligistischer) Theorien des „Tyrannenmordes", die in den Jahren nach der Bartholomäusnacht an Bedeutung und damit auch an Bedrohlichkeit zunahmen. Sie führt aber auch dazu, dass sich *de facto* weder *sujets libres*, noch Sklaven ihres Fürsten bzw. Herrn gewaltsam oder durch andere Mittel entledigen dürfen. Sklaven und *sujets libres* werden damit, jedenfalls im Fall des tyrannischen Machtmissbrauchs des Fürsten, praktisch ununterscheidbar. Dass Bodin sich dennoch so vehement gegen die Sklaverei ausspricht, lässt sich infolgedessen vor allem als Mittel lesen, um den legitimen „absoluten" Fürsten – in Bodins Terminologie: den monarchischen Alleinherrscher – vom Despoten bzw. Tyrannen und Sklavenhalter trennscharf zu unterscheiden und damit seinem Plädoyer für die uneingeschränkte fürstliche Souveränität mehr Durchschlagskraft zu verleihen.[24] Dafür nimmt Bodin offensichtlich auch Widersprüche in seiner Argumentationsweise in Kauf – etwa denjenigen, den Freiheitswillen des Menschen, der stärker sei als jegliche Unterdrückung, so dass „selbst Studenten und Frauen nach dem Ruhm gestrebt haben, den Tyrannen getötet zu haben"[25] , zunächst hervorzuheben, um ihn dann im Weiteren zu den fatalsten Kräften der Bedrohung für die souveräne Monarchie zu stilisieren.

Gerade dieser Freiheitswille, dieser Drang, den (vermeintlichen) Tyrannen zu stürzen, war es ja, der in Frankreich die politische Debatte dominierte und nicht nur aus Bodins Sicht den inneren Frieden bedrohte.

Hiergegen verordnet Bodin äußerste Härte und absolutes Bestehen auf der Unteilbarkeit der Souveränität – es seien „Strenge, die für den Fürsten unentbehrlich ist, oder Leibwachen und Festungen oder gar die Absolutheit aus der Not geborener Befehle" besser als „jene freundlichen Bitten des Tyrannen, die dennoch unwiderstehlichen Zwang bedeuten". Der „gute Fürst" wird hier als derjenige gezeichnet, der mit harter Hand Ordnung und inneren Frieden schafft, als „Tyrann" hingegen derjenige, der bereit ist, mit den Aufrührern zu verhandeln – ganz so wie

23 Ebd., S. 363.

24 „Soviel also zu den bemerkenswertesten Unterschieden zwischen König und Tyrann, die unschwer ins Auge fallen, wenn man die beiden Extreme des besonders gerechten Königs und des besonders grausamen Tyrannen einander gegenüberstellt."(Sechs Bücher, 2. Buch, Kap. 4, Bd. 1, S. 357).

25 Sechs Bücher, 2. Buch, Kap. 4, Bd. 1, S. 354. Bodin selbst nennt das Beispiel von Thebe, die ihren Gemahl Alexander, den Tyrannen der Pheräer, ums Leben gebracht hatte; viel berühmter war jedoch die biblische Judith, den den feindlichen Kriegsherrn Holofernes als tyrannische Bedrohung für ihr Volkes ermordete. Dieser Freiheitsdrang ist indes bei Bodin nichts Positives, sondern kennzeichnend für anarchische Strömungen etwa auch „des Volkes", das vom Souverän unbedingt gezügelt werden muss: „Denn es liegt im Wesen des Volkes, nach voller ungezügelter Freiheit zu streben und ohne Rücksicht auf Adel, Wissen oder Tugendhaftigkeit, Gleichheit an Besitz, Ehre, Lohn und Strafe zu verlangen." (ebd. S. 399)

die französische Regentin und ihr Sohn, die sich mit den Hugenotten auf den Vertrag von Amboise eingelassen hatten.[26]

4. SOUVERÄNISIERUNG ALS PATRIARCHALISIERUNG

Wenn also der souveräne Monarch sich gar nicht so leicht vom Tyrannen unterscheiden lässt, so braucht es Verfahren, um seine Herrschaft zu legitimieren, und das heißt im Blick auf die diskursive Herstellung von Souveränität, die Bodin anstrebt, sie legitim erscheinen zu lassen.

Mit der Annäherung von monarchischer Einherrschaft und patriarchaler Hausherrschaft verfolgt Bodin eben diese Souveränisierung des Monarchen gleich zu Beginn seiner Schrift, d.h. im zweiten und dritten Kapitel des ersten Buches. Hierdurch kann die fürstliche Souveränität gleichsam naturalisiert werden. Der Ausgangspunkt von Bodins Darlegungen zu Staatlichkeit und Souveränität ist nämlich die Familie bzw. die Haushaltung (*mesnage*): „*République est un droit gouvernement de plusieurs mesnages et de ce qui leur est commun, avec puissance souveraine.*“[27] Mit dieser Definition widerspricht Bodin explizit der Definition der „Polis“ als Staatsform von antiken Autoren wie vor allem Aristoteles und Xenophon, der seiner Meinung nach drei entscheidende Kriterien fehlen, nämlich der Bezug auf die Familie, die Souveränität und das Gemeineigentum – womit die spezifischen Aspekte umrissen sind, die Bodins Definition des Staatswesens ausmachen. Die Familie, bzw. die Haushaltung (beide Dimensionen sind im Begriff der *mesnage* enthalten), ist dabei ein analog zum Staat zu denkendes Gebilde, eine Einheit, die sich, wie das Staatswesen, aus Untergebenen und Befehlenden zusammensetzt und die über Besitz verfügt: „*Mesnage est un droit gouvernement de plusieurs subiects, sous l'obeissance d'un chef de famille, et de ce qui leur est propre.*“[28]

Dass dabei die Geschlechterbeziehungen eine zentrale Rolle spielen, liegt auf der Hand:

> Da aber die Haushaltungen, die Korporationen, Kollegien und Staaten, ja die ganze Menschheit allesamt zugrunde gingen, würde diese sich nicht in der Ehe fortpflanzen, so folgt daraus

26 Diese werden indes bei Bodin nicht direkt kritisiert. Auch Michel de Montaigne, ein Zeitgenosse Bodins, sah diese Verhandlungsbereitschaft der Krone mit großer Skepsis. In seinem Essay über die Gewissensfreiheit, spricht er von „guten Absichten“, die „wenn sie ohne Mäßigung durchgesetzt werden, die Menschen zu sehr fehlerhaften Handlungen verleiten.“ Er hatte dabei allerdings mindestens so sehr die katholischen Ligisten mit ihrer Gewaltbereitschaft im Auge wie die schwache Monarchie oder die selbstbewussten Hugenotten. (*Montaigne* 1983, S. 171–175.

27 *Bodin* 1583, 1. Buch, Kap. 1, S. 1.

28 *Bodin* 1583, 1. Buch, Kap. 1, S. 10.

> logisch, dass die Familie nicht vollständig ist ohne die Frau, die deshalb auch ‚Hausmutter' genannt wird. [29]

Die Familie bzw. die Haushaltung, ist nach Bodin des weiteren „*la vraye source et origine de toute République et membre principale d'icelle*" und stellt darüber hinaus auch ein Vorbild für den Staat dar, der damit ebenso geschlechterhierarchisch gedacht werden muss wie die Familie. Dieser engen Verbindung von familiärer Geschlechterordnung und staatlicher Ordnung entspricht, dass Bodin an verschiedenen Stellen explizit, wenn auch knapp auf die Zugehörigkeit des weiblichen Geschlechts zur *République*, zum Staatswesen, eingeht. Es gibt für ihn keinen Zweifel, dass auch Frauen „Bürgerinnen" sind, wenn auch mit minderem Recht als jene ausschließlich männlichen *citoyens*, die Bodin – etwas widersprüchlich, als *suiets libres*, freie Untertanen bezeichnet, welche allein Zugang zu den niederen und höheren Ämtern im Staat haben (bzw. haben sollen). Die Minderstellung der Frauen im Staatswesen rührt daher, dass sie bereits innerhalb der Familie dem Haushaltsvorstand (*chef de menage*) untergeordnet sind – und dass sie den Männern „von Natur aus" unterlegen sind. Die eheliche Hierarchie ist das erste Herrschaftsverhältnis, das Gott verfügt hat, und es enthält eine Befehlsgewalt in zweierlei Hinsicht:

> Zum einen bedeutet sie ganz wörtlich die Gewalt des Ehemannes, zum anderen, und dies ist ihr sittlicher Sinn [*sens morale*], bedeutet sie Gewalt der Seele über den Leib, der Vernunft über die Begierde. Für diese gebraucht die Heilige Schrift fast immer den Ausdruck ‚das Weib'. [30]

Bodin interessiert sich allerdings explizit nur für die rechtlich-politische Dimension der *puissance maritale*, d.h. die Herrschaft des Ehemanns über seine Frau, „*qui est la source et l'origine de toute société humaine*" und überlässt die moralische Dimension, wie er sagt, den Theologen und Moralisten. Die Ehe ist demnach der Ursprung jeglicher menschlichen Gesellschaft, während die Familie bzw. die Haushaltung der Ursprung des Staates ist. Eheliche Hierarchie und damit die Unterordnung der Frau unter den Mann ist insofern, nach Bodin, die Grundbedingung jeglicher Vergesellschaftung des Menschen. Diese Behauptung begründet Bodin im Weiteren mit der Feststellung, dass sie nicht nur durch die Gesetze Gottes und der Natur etabliert ist (die die Frauen schwächer und schamhafter gemacht habe als die Männer und damit ungeeignet für die „öffentliche" Ausübung von Herrschaft), sondern auch damit, dass die Herrschaft des Mannes über die (Ehe-) Frau gleichsam ein Naturgesetz sei, denn es sei bei allen Völkern verbreitet („*la puissance des maris sur les femmes a esté génerale à tous les peuples*"). Die eheherrliche Machtstellung wird also auch vom universellen positiven Recht etabliert,

29 Sechs Bücher, 1. Buch, Kap. 2, Bd. 1, S. 108. Gleichzeitig bemüht Bodin aber auch die Generationenbeziehungen, um die Naturalisierung von Hierarchie und Souveränität voranzutreiben; in der Figur des Vater-Fürsten findet diese hier höchste Ausprägung. Vgl. dazu *Opitz-Belakhal* 2006, bes. Kap. 3.

30 Sechs Bücher, 1. Buch, Kap. 2, Bd. 1, S. 115f.

und zwar vor allem aus Vernunftgründen, denn „hätte sie mehrere Oberhäupter, würden gegensätzliche Führungsansprüche auftreten und dann wäre die Familie ständiger Unruhe ausgesetzt."[31]

Ist es insofern schon in der Familie ebenso vernünftig wie unumgänglich, einen einzelnen Herrscher (*chef de ménage*) zu etablieren, wie viel mehr muss das dann, so Bodin, für das Staatswesen insgesamt gelten. Bodin bemüht sich im Weiteren zu zeigen, dass es nicht reicht, einen souveränen Fürsten zum Lenker der Schicksale von Familien und Staaten zu erheben, sondern dass dieser Fürst notwendigerweise männlichen Geschlechts sein muss – ein Grundsatz, der im 16. Jahrhundert sowohl in der Theorie, wie vor allem in der Praxis ins Wanken geraten war. Dies war maßgeblich dadurch bedingt, dass das mittelalterliche Feudalsystem sukzessive ausgehöhlt worden war und es dadurch zu einer Appropriierung von feudalem Landbesitz und Herrschaftsansprüchen durch die großen Adelsfamilien gekommen war, was eine Stärkung der Erb- wie der Herrschaftsansprüche auch der weiblichen Familienmitglieder mit sich gebracht hatte. In Frankreich war die Übernahme der Krone durch eine Königstochter zu Beginn des 14. Jahrhunderts nur durch Gewalt verhindert worden. In vielen anderen europäischen Fürstentümern konnten sich solche Thronansprüche von Frauen aber durchsetzen – so etwa in Aragon, in Schottland und in England.

Auch Bodin berichtet im sechsten Buch der *République* detailliert von dieser Entwicklung, jedoch in kritischem Ton, der seine Missbilligung über diese „Fehlentwicklung" nicht verhehlt. Denn aus ihr ergibt sich, nach Ansicht Bodins, eine allgegenwärtige Bedrohung der Souveränität in halb Europa. Die Gynäkokratie nämlich stehe im klaren Widerspruch zu den Gesetzen der Natur, „die dem männlichen Geschlecht und nicht etwa der Frau die Gaben der Stärke, der Klugheit, des Kämpfens und des Befehlens verliehen hat." Und auch das Gesetz Gottes sage ausdrücklich, „das Weib solle dem Manne untertan sein und zwar nicht bloß was das Regieren von Königreichen und Kaiserreichen anbelangt, sondern auch in jeder einzelnen Familie, und es droht seinen Feinden gleichsam wie mit einem fürchterlichen Fluch, ihnen Frauen zu Herrschern zu geben."[32]

Man kann diese gegenüber weiblichen Regenten so feindseligen Äußerungen Bodins als zumindest indirekte Stellungnahme gegen die äußerst unbeliebte französische Regentin Katharina von Medici verstehen, die allgemein als Anstifterin zum Massenmord an den französischen Hugenotten während der „Bartholomäusnacht" galt. Auch Bodin selbst war nur mit Glück dem Massaker entkommen. Und tatsächlich finden sich solche explizit misogynen Äußerungen im Zusammenhang von Staatlichkeit und Geschlechterordnung noch nicht in seiner Schrift *Methodus ad facilem historiarum cognitionem* von 1565[33]. Dort wird zwar ebenfalls, wie dann in der *République*, für eine rein männliche Thronfolge argumen-

31 Sechs Bücher, 1. Buch, Kap. 2, Bd. 1, S. 119.

32 Sechs Bücher, 6. Buch, Kap. 5, Bd. 2, S. 449.

33 *Bodin* 1566.

tiert – aber das „frauenfeindliche" Gegenstück, der explizite Ausschluss von Frauen als Thronerbinnen – fehlt hier.

Doch gibt es noch einen weiteren Grund für diese misogyne Tendenz in Bodins Staatstheorie, und dieser liegt in der Abwehr monarchomachischer Argumente in der zeitgenössischen politischen Debatte, und insbesondere in der Abwehr vertragstheoretischer Überlegungen begründet.[34] Bodin beginnt nämlich seine Ausführungen über die hierarchischen Über- und Unterordnungen im Staat mit der Problematik der „ehelichen Gewalt" (Buch 1, 3. Kapitel), die er unter die Generalfrage stellt „ob es sich empfiehlt, das Gesetz über die Verstoßung der Ehefrau neu in Kraft zu setzen" – eine Frage, die zunächst irritiert und die die entscheidenden, viel diskutierten Probleme der Zeitgenossen mit der Institution Ehe weitgehend auszublenden scheint, als da wären: Ehe als Sakrament, Gültigkeit klandestiner Ehen, Priesterzölibat usw. Lediglich zur Frage der Zulässigkeit von Ehescheidungen scheint Bodins Abhandlung etwas beizutragen, wenn auch in einer eigenartigen argumentativen „Schieflage", nämlich unter dem Stichwort „Verstoßung der Ehefrau".

Bodins Perspektivierung der Eheproblematik in der *Republique* ist, wie er selbst betont, durch und durch politisch motiviert. Sie zielt mit ihrer starken Ausrichtung auf die römische Rechtstradition zweifellos auf den Vertragscharakter der Ehe und damit auf die Frage, welche Pflichten und Rechte beide Parteien innerhalb dieser Vertragssituation haben. Allerdings macht Bodin schon einleitend deutlich, dass dieser Vertrag eine Abmachung zwischen Ungleichen ist, da die Frau ja dem Mann vom Gesetz Gottes her unterworfen ist und auch die Natur sie nicht gleich wie den Mann geschaffen hat. Infolgedessen liegen die Gewaltmittel einseitig beim Mann, der deshalb in längst vergangenen Zeiten das Recht hatte, seine Frau zu töten oder töten zu lassen, wenn sie ungehorsam war oder sich gegen ihn verging. Diese eheherrliche Gewalt wurde im Laufe der Jahrhunderte abgemildert (laut Bodin auch durch unlautere Mittel), so dass es dem Ehemann nunmehr gerade noch erlaubt ist, seine Frau bei Ehebruch zu töten. Ansonsten steht ihm ein gemäßigtes Züchtigungsrecht zu, denn die Ehefrau sei keine Sklavin, sondern Gefährtin.[35]

Die asymmetrische Stellung der Ehepartner im Hinblick auf den Ehevertrag hat besonders deshalb in der *République* eine vorrangige Bedeutung, weil hier das Zustandekommen der menschlichen Gemeinschaft schlechthin expliziert werden kann, wie schon aus Bodins Einleitungssätzen zu diesem Kapitel hervorgeht. Tatsächlich wird die Ehe als Vertrag zwar durch eine gegenseitige Einverständniserklärung der beiden Brautleute etabliert, rechtskräftig wird dieser aber erst dann, wenn die Ehefrau in das Haus – und damit in die Gewalt – des Ehemannes einge-

34 Dies hat die bisherige Forschung nicht gesehen, weil sie diesen ersten, grundlegenden Teil der République offenbar für weniger wichtig hielt als die folgenden Kapitel und deshalb bei ihren Analysen kaum berücksichtigte (s. z.B. auch Mayer-Tasch, der schreibt: „Die Lehre vom Herrschaftsvertrag übergeht Bodin [...] mit schlichtem Schweigen." (*Mayer-Tasch* 2000, S. 28).

35 Vgl. dazu auch *Opitz-Belakhal* 2006, bes. Kap. 2.

zogen ist, wodurch alle sonstigen Rechtsansprüche (etwa die des Vaters) erlöschen. Letzteres impliziert, dass die Ehefrau auch keine Möglichkeit hat, sich (in legitimer Weise) gegen ihren Mann zur Wehr zu setzten oder gar die Ehe aus eigenem Willen wieder zu lösen. Die zunächst seltsam anmutende Formulierung in der Überschrift dieses Kapitels verweist somit auf die Grundidee Bodins (die dann später auch bei anderen Naturrechtlern, etwa bei Locke wieder auftaucht), dass sich die Ehefrau durch diesen Vertrag aller Rechte begeben hat – und es allein in der Entscheidungsgewalt und im Ermessen des Ehemannes liegt, wie lange und unter welchen Bedingungen dieser die Ehe zu führen gedenkt.

Nicht zufällig handelt Bodin die Ehe-Herrschaft und damit die „Ordnung der Geschlechter" an dieser prominenten Stelle seiner Staatslehre und unter dieser Fragestellung ab. Nimmt man seine vehement geäußerte Überzeugung wörtlich, die Ehe (und, davon ausgehend, die Familie) sei „*la vraye source et origine de toute république*", dann ist dieses Kapitel weniger als Beitrag zur Ehedebatte der Reformationszeit als vielmehr als eindeutige Stellungnahme zum heftig geführten Disput über den Ursprung und die Verfassung der französischen Monarchie zu verstehen. Bodins Schrift fungiert nämlich gerade hier als direkte Zurückweisung der Argumente der hugenottischen Oppositionellen und ihrer Vordenker, der „Monarchomachen", die die aus der Antike überkommene Vorstellung der Polis als „Gesellschaft von Gleichen" aufgriffen und weiterentwickelten dergestalt, dass das Volk dem Fürsten seine Souveränität (d.h. oberste Herrschaftsgewalt) erst übertragen habe und sie ihm infolgedessen auch wieder abnehmen könne. Hier war Bodin aber völlig anderer Meinung, denn derjenige Fürst, „der vom Volk die absolute Gewalt bis an sein Lebensende übertragen erhalten hat", stünde im ständigen Widerstreit mit dem Volk und sei also nicht souverän, da „die Souveränität zum Spielball zwischen zwei Parteien würde und bald der Fürst, bald das Volk sie innehätte. Dies aber wäre in hohem Maße widersinnig, mit absoluter Souveränität völlig unvereinbar und obendrein wider die Gesetze und den gesunden Menschenverstand."[36]

Soll ein solcher gesetzes- und vernunftwidriger Zustand vermieden werden, dann muss sich das Volk

> seiner souveränen Gewalt zu seinen [d.h. des Fürsten, C.O.] Gunsten begeben, seine ganze Macht, Autorität, Vorrangstellung und sämtliche Hoheitsrechte sind [dann] auf ihn und [sozusagen] in ihn hinein übertragen, also ganz wie wenn jemand sein gesamtes Eigentum mitsamt dem Besitz verschenken würde.[37]

Es entsteht somit eine Vertrags-Beziehung, die exakt derjenigen gleicht, die Ehemann und Ehefrau verbindet. Diese Analogie führt Bodin umgekehrt dazu, das Bild von Ehemann und Ehefrau in metaphorischer Weise auf die politischen Verhältnisse zu übertragen. So bezeichnet Bodin an einer Stelle die Stände ganz direkt als „Ehefrau" des souveränen Fürsten, die ganz ebenso wie eine Ehefrau we-

36 Sechs Bücher, Bd. 1, Kap. 10, Bd. 1, S. 292.
37 Sechs Bücher, Bd. 1, Kap. 10, Bd. 1, S. 292.

der das Recht hat, den Fürsten zu nominieren, noch sich aus der fürstlichen Souveränität durch „Scheidung“ zu lösen.[38]

Dies impliziert letztlich eine geschlechtliche Markierung („*gendering*“) der politischen Herrschaft dergestalt, dass der herrschende Fürst männlich gedacht wird, die zum Gehorsam verpflichteten Untertanen dagegen erhalten gewissermaßen eine weibliche Einfärbung. Doch bleibt diese „Einfärbung“ keineswegs auf die metaphorische Ebene beschränkt. Vielmehr hat diese geschlechtliche Markierung bzw. Verbildlichung von politischen Positionen und Funktionen direkte Folgen für die „Ordnung der Geschlechter“ und die Position von Frauen und Männern im Staat. Vor allem vertritt Bodin hinsichtlich der Beteiligung von Frauen an jedweder Herrschaftsfunktion eine ausgesprochen harte Linie – und dies nicht nur, weil es in Frankreich schon seit mehreren Generationen üblich war, Frauen via *Loi salique* von der Thronfolge auszuschließen, sondern auch, um sein Bild vom souveränen, durchsetzungsfähigen und durch und durch männlichen Fürsten umso überzeugender herauszuarbeiten.[39]

Auch zementiert Bodin als Mittel zur Überwindung der Staatskrise Vorstellungen einer stark hierarchischen ehelichen und gesellschaftlichen Ordnung, die in deutlichem Kontrast zu den Ideen „frauenfreundlicher“ Humanisten und Vordenker der ersten Jahrhunderthälfte, wie etwa Agrippa von Nettesheim, Erasmus von Rotterdam oder Montaigne, aber auch zu seinem eigenen, wenige Jahre zuvor im *Methodus* geäußerten Ehe- und Gesellschaftsideal stehen.

4. ZUSAMMENFASSUNG UND FAZIT

Nicht weniger als bei den Zeitgenossen stieß Bodin mit seinem Werk bei den Nachgeborenen auf ein geteiltes Echo. Das von Bodin erstmals in expliziter Weise ausformulierte Konzept der „Souveränität“ wirkt in der politischen Theoriegeschichte zweifellos bis heute weiter. Es ist zu einer grundlegenden begrifflichen Formation auch des modernen Staatsdenkens verdichtet worden.

Die Forschung zur politischen Theorie- und Ideengeschichte ist sich mittlerweile klar darüber, dass es nicht wirklich einen epistemologischen Bruch gegeben hat zwischen „vormodernen“ und „modernen“ Theorien; und selbst für die politische Praxis ist in vieler Hinsicht eher von Kontinuitäten denn von Brüchen auszugehen, jedenfalls soweit es den hier interessierenden Zeitraum zwischen dem 16.

38 Hobbes kann im „Leviathan“ an diese Überlegungen anschließen, entkleidet sie jedoch ihrer ständestaatlichen Implikationen.

39 Auch hier produziert Bodin im Übrigen einen gravierenden Widerspruch, indem er mit Blick auf die zahlreichen Beispiele von weiblicher souveräner Herrschaft, die die von ihm konzipierte richtige Ordnung der Geschlechter in Frage zu stellen drohten, den mit seinen früheren Aussagen kaum vereinbaren Satz prägte: „Die öffentliche Gewalt, so steht es im Gesetz, hat nämlich nicht das Geringste zu tun mit der häuslichen Gewalt.“(Sechs Bücher, 6. Buch, Kap. 5, Bd. 2, S. 450). Tatsächlich entstand – vor allem in der englischen Monarchie unter Elisabeth I. – aus diesem Problem eine deutliche Dynamik zur Ablösung von Amt und Person, vgl. dazu *Opitz-Belakhal* 2005, S. 228–241.

und dem 21. Jahrhundert angeht. Wenn man auch nicht mit Walter Lippmann einig sein muss, der 1929 klarsichtig schrieb, jeder moderne Staat sei in dem Sinn absolut, als dass durch Verfassungsänderungen jede Art von Vorbehalten gegenüber den Rechten der Bürger bzw. der „politischen Subjekte" potentiell aufgehoben werden könnten, so muss man doch Foucault zustimmen, der die griffige Formel prägte: „Im politischen Denken und in der politischen Analyse ist der Kopf des Königs noch immer nicht gerollt."[40]

Dies gilt für die Lektüre Jean Bodins allemal. Vertreter einer „klassischen", linear argumentierenden Ideengeschichte sehen in Bodin seit langem schon und auch weiterhin einen frühen Vertreter einer „modernen" naturrechtlichen Argumentationsweise und feiern ihn gleichsam als Erfinder des Souveränitätskonzepts, wobei die „Modernität" Bodins aus dieser Perspektive heraus gerne überzeichnet wird gegenüber seinen als rückwärtsgewandt, unverständlich oder schockierend fanatisch empfundenen Ausführungen etwa in der *Démonomanie des sorciers*, wo er zu einer kompromisslosen Verfolgung der Hexen auffordert. Dagegen stellen stärker historistisch-kontextorientiert ausgerichtete Autoren eher die noch nicht überwundenen, „mittelalterlichen" Vorstellungen und Überzeugungen Bodins (etwa bezüglich der Bedeutung des göttlichen Rechts und der Personalisierung der Souveränität im Fürsten) und die daraus resultierende Widersprüchlichkeit mancher seiner Aussagen heraus.[41]

Innerhalb der Geschlechterforschung hat sich neuerdings – in kritischer Abkehr von klassischen ideengeschichtlichen Deutungen und in Anlehnung an die Überlegungen Foucaults – ein eher negatives Bild Bodins etabliert: Das Bild nämlich eines misogynen Verteidigers männlicher Herrschaftsansprüche und eines Vordenkers einer „geteilten Moderne", die männliche Gleichheit mit weiblicher Nachordnung und Unmündigkeit aufgrund „natürlicher Schwächen" ohne weiteres zur Deckung zu bringen wusste.[42]

Auch diese Vorstellung ist mit den Erstgenannten indes weit weniger inkompatibel als es zunächst erscheint: Hier schlagen sich vor allem zwei unterschiedliche Konzepte dessen nieder, was mit „Moderne" gemeint sein könnte: Geht die erstere Position („Bodin als Vordenker der Moderne") von der „großen Erzählung" der modernen (National-)Staatsbildung aus, betont die zweite eher die Kosten und Widersprüche dieses Prozesses, der ihrer Auffassung nach insbesondere zu Lasten der Frauen, der Nicht-EuropäerInnen und der Besitzlosen ging. In dieser Perspektive erscheint Bodin mit seiner Kritik an weiblicher Souveränität und seinem Pochen auf weibliche Unterordnung zu Gunsten eines geordneten und befriedeten souveränen Staatswesens, und nicht zuletzt mit seinem Plädoyer für eine unnachsichtigeund nicht zuletzt mit seinem Plädoyer für eine unnachsichtige He-

40 *Lippmann* 1929; *Foucault* 1977, S. 110.

41 Vgl. zur Wirkungsgeschichte *Mayer-Tasch* 2000, sowie *Franklin* 1973 oder *Goyard-Fabre* 1986.

42 So z.B. *Conti-Odorisio* 1993, oder *Fauré* 1985.

xenverfolgung erneut als klarer „Modernisierer“, wenn auch dieses Mal mit negativen Vorzeichen.

„Souveränität“ und „Disziplinierung“ (bzw. *souveraineté et surveillance*) sind zwar, nach Michel Foucault, deutlich voneinander abgrenzbare, distinkte Konzepte von Macht – und sie sind nicht nur voneinander abgrenzbar, sondern sogar antithetisch. Doch koexistieren beide in der (früh-)modernen (Staats-)Gesellschaft, ja, in vieler Hinsicht schaffen sie diese erst – und zwar in einer Weise, die geschlechterhierarchisch begründet ist und wirken muss. Im Werk Bodins zeichnet sich damit ein Spannungsverhältnis zwischen verschiedenen Herrschaftskonzepten ab, das im geistigen Universum eines Gelehrten des 16. Jahrhunderts weit weniger unvereinbar erscheint als im Blick moderner Zeitgenossen und das – insbesondere in seiner geschlechtlichen Hierarchisierung - auch im nach-revolutionären Zeitalter der konstitutionellen Monarchien und Demokratien noch längst nicht vollständig verschwunden ist.

LITERATUR

Bodin, Jean, 1566: Methodus ad facilem historiarum cognitionem, Paris (repr. der Ausgabe Amsterdam 1650, Aalen 1967).

Bodin, Jean, 1583: Les six livres de la République: avec l'apologie de René Harpin, Paris (repr. Aalen 1977).

Bodin, Jean, 1981/1986: Sechs Bücher über den Staat. (1576) Übers. u. mit Anm. vers. v.

Bodin, Jean, 1580: De la Démonomanie des Sorciers, Paris 1580 (facs. repr. der Ausgabe von 1587: La Roche-sur Yon 1979).

Conti-Odorisio, Ginevra, 1993: Famiglia e stato nelle „Republique“ di Jean Bodin, Turin.

Fenske, Hans u.a., 1987: Geschichte der politischen Ideen. Von Homer bis zur Gegenwart, Frankfurt a.M.

Fauré, Christine, 1985: La démocratie sans les femmes, Paris.

Foucault, Michel, 1977: Der Wille zum Wissen. Sexualität und Wahrheit, Bd. 1, Frankfurt a.M.

Franklin, Julian H., 1973: Jean Bodin and The Rise of Absolutist Theory, Cambridge University Press.

Goyard-Fabre, Simone, 1986: Jean Bodin et le droit de la République, Paris.

Hinrichs, Ernst (Hg.), 2006: Kleine Geschichte Frankreichs, Stuttgart.

Jouanna, Arlette, 1996: Die Debatte über die absolute Gewalt im Frankreich der Religionskriege. In: Ronald G. Asch/Heinz Duchardt (Hg.), Der Absolutismus – ein Mythos? Köln u.a. 1996, S. 57–78.

Lippmann, Walter, 1929: A Preface to Morals, New York.

Mayer-Tasch, Peter-Cornelius, 2000: Jean Bodin. Eine Einführung in sein Leben, sein Werk und seine Wirkung, Düsseldorf/Bonn.

Montaigne, Michel de, 1983: Essays, Leipzig.

Opitz-Belakhal, Claudia, 2006: Das Universum des Jean Bodin. Staatsbildung, Macht und Geschlecht im 16. Jahrhundert, Frankfurt a.M.

Opitz-Belakhal, Claudia, Staatsräson kennt kein Geschlecht. Zur Debatte um die weibliche Regierungsgewalt im 16. Jahrhundert und ihrer Bedeutung für die Konzipierung frühneuzeitlicher Staatlichkeit, in: Feministische Studien, H.2/2005, S. 228–241.

Spitz, Jean-Fabien, 1998: Bodin et la souveraineté, PUF Paris.

Yarden, Myriam, 1971: La conscience nationale en France, Louvain/Paris.

SOUVERÄNITÄT OHNE MORAL?

Machiavelli, Hobbes und die globale Ordnung zu Beginn des 21. Jahrhunderts

Samuel Salzborn

Die internationale Menschenrechtsdiskussion der vergangenen Jahre steht in unmittelbarem Zusammenhang mit dem zentralen Paradigma moderner Weltordnung: der staatlichen Souveränität.[1] Die Menschenrechtsverstöße nationaler Regierungen waren und sind dabei Anlass für die Frage nach der Legitimation dieser Staaten, wie sie auch die moralische Grundlage für militärische Interventionen in Krisen- und Konfliktsituationen bilden. Es sei dahingestellt, ob dabei der Kampf gegen Menschenrechtsverletzungen im Einzelfall tatsächlich ethischen oder doch eher rhetorischen Motiven entspringt; Fakt ist: die Kollision zwischen Menschenrechten und Souveränität in den internationalen Beziehungen ist evident.[2]

Die sich aufdrängende Frage, was höher zu gewichten sei: die staatliche Souveränität oder die Einhaltung von Menschenrechten, wird in der politischen Praxis zumeist pragmatisch beantwortet: Wenn ein Staat gegen Menschenrechte verstößt, dieser aber in der internationalen Staatengemeinschaft in seiner prinzipiellen Legitimation nicht in Frage steht, wird der staatlichen Integrität und damit seiner Souveränität eine höhere rechtliche Geltung eingeräumt, wenn die staatliche Legitimation im internationalen Kontext hingegen nachhaltig in Frage gestellt ist, dann entfalten die menschenrechtlichen Einwände gegenüber der staatlichen Souveränität eine höherrangige Relevanz. Zu den markantesten Beispielen für eine solche Asymmetrie der Willkür in den internationalen Beziehungen zählen in jüngerer Vergangenheit die Fälle des ehemaligen Jugoslawiens und des Iran: während die international reklamierten Menschenrechtsverletzungen als Legitimationsbasis zur Brechung der staatlichen Souveränität der Bundesrepublik Jugoslawien ausreichten,[3] wird die der Islamischen Republik Iran nicht in Frage gestellt – und das obwohl deren Menschenrechtsverletzungen nicht nur innenpolitisch von erheblich größerem Ausmaß sind, als seinerzeit die in Jugoslawien, sondern der Iran durch die wiederholte Vernichtungsandrohung Israels auch außenpolitisch den fundamentalen Bruch der Menschenrechte zu einer Handlungsmaxime erklärt hat.[4] Eine militärische Intervention der internationalen Staatengemeinschaft zum Sturz des klerikal-autoritären Mullahregimes in Teheran steht trotzdem in weiter Ferne.

Mag diese Asymmetrie der Willkür in der empirischen Realität die internationalen Beziehungen auch dominieren, kann sie aus souveränitätstheoretischer Perspektive das Problem freilich in keiner Weise lösen; denn eine kritische Souverä-

1 Vgl. *Brunkhorst/Köhler/Lutz-Bachmann* 1999.
2 Vgl. *Krell* 2009.
3 Vgl. *Loquai* 2000.
4 Vgl. *Grigat/Hartmann* 2008.

nitätstheorie, die ihrem Anspruch gerecht werden will, muss notwendig eine konsistente Position in dieser Frage beziehen können, die nicht von Willkürlichkeit und Subjektivität, sondern von Transparenz und Konsistenz geprägt ist. Ein Vorschlag hierfür soll in diesem Beitrag formuliert werden.

Dabei geht es um die theoretische Skizze einer Souveränitätskonzeption, die die staatliche Souveränität nach wie vor als das Schlüsselparadigma moderner politischer Ordnung begreift, den modifizierten Konstellationen in den internationalen Beziehungen aber Rechnung trägt, die sich durch die Eruption der bipolaren Weltordnung, die Formierung asymmetrischer Strukturen in internationalen Konflikten infolge der islamischen Terroranschläge von 9/11,[5] den neuen „Kriegen ohne Raum" (Rüdiger Voigt) und der in diesem Kontext aufgeworfenen internationalen Debatten über die Gültigkeit universeller (Menschenrechts-)Normen ergeben haben.[6]

Hierbei wird es um das Plädoyer für eine Souveränitätsvorstellung gehen, die im konstruktiven Aufgreifen der Überlegungen von Machiavelli und Hobbes zu den fundamentalen Grundstrukturen moderner Staatlichkeit für eine Souveränität ohne Moral, aber nicht ohne Beschränkung plädiert. Entscheidend ist dabei das Argument, dass die Beschränkungen von Souveränität rechtstheoretisch nicht aus anderem Kontext stammen sollten, sondern aus ihr selbst und ihren immanenten Widersprüchen zu entwickeln sind: Versucht man den Eingriff in die staatliche Souveränität mit ethischen Menschenrechts- und Gerechtigkeitsvorstellungen zu legitimieren, die dem erkenntnistheoretischen Hintergrund einer ethischen oder moralischen Philosophie entspringen, konstruiert man eine duale Sphäre des Rechtsanspruchs, in dem beide in Konflikt gestellte Güter (Souveränität und Moral/Ethik) erkenntnistheoretisch nicht nur auf keiner kongruenten Achse angesiedelt sind, sondern überdies sogar keine logischen Schnittmengen bilden *können* – und genau deshalb muss jede internationale Debatte um die Garantie oder die Verletzung staatlicher Souveränität auch in einem Akt von Willkür der Entscheidung enden, einer brutalen Dezision, der es strukturell an jeder Form von Legitimation mangelt. Denn der Anspruch auf Souveränität und der Anspruch auf Moral schließen sich, wie zu zeigen sein wird, strukturell aus.

Der im Folgenden zu entwickelnde Vorschlag geht hingegen von der Annahme aus, dass die Infragestellung der Schlüsselnorm der Moderne, der Souveränität, nur dann diskutabel wird, wenn diese Norm selbst verletzt ist – nicht durch den Bruch durch rechtstheoretisch fremde Güter oder durch die Konfrontation des Souveränitätsgedankens mit konkurrierenden Ordnungsmodellen, die in ihrem Kern zumeist postsouveränen Anspruchs sind und insofern über kein empirisches Validitätsargument verfügen.[7] Denn die Vorschläge für eine postsouveräne Weltordnung ermangeln der empirischen Praxis, und obgleich ihre Konfrontation mit den Souveränitätsvorstellungen ohne jede Frage auf die normative Herstellung

5 Vgl. *Münkler* 2002; *Scheit* 2004; *Voigt* 2008.
6 Vgl. *Kapferer* 2004; *Kreide* 2008; *Sassen* 1996, 2006; *Voigt* 2005.
7 Vgl. *Salzborn* 2011.

genau dieser diskursiv erwünschten Ordnung zielt, hat ihr Anspruch einen ganz entscheidenden legitimatorischen Mangel: die menschliche Freiheit, die philosophisch allen ethischen und moralischen Gerechtigkeits- und Menschenrechtsvorstellungen implizit oder explizit zu Grunde liegt, hat in der Geschichte der Menschheit bisher nur einen Ort gefunden, der ihre Verwirklichung zumindest hypothetisch hat denkbar und praktisch wenigstens partiell hat Wirklichkeit werden lassen: den souveränen Staat.[8] Die Gefahr, durch eine Entsouveränisierung der internationalen Staatenordnung auch die Hoffnung auf das moderne Versprechen der Freiheit (gleichwohl wie klein sie auch sein mag) aufgeben zu müssen, scheint mir somit das stärkste Argument gegen den Versuch: denn es gibt im Zweifel keine zweite Chance.[9]

Insofern muss die Frage nach der Geltung von Souveränität notwendig aus der Ambivalenz staatlicher Souveränität selbst entwickelt werden. Souveränität muss damit zum eigenen Maßstab und auf ihre theoriegeschichtlichen Wurzeln zurückgeführt werden: (staats-)souverän kann nur sein, wer sich auf die innere Legitimation dieser Souveränität stützen kann; staatliche Souveränität ohne die substanzielle Legitimation des Souveräns ist nicht nur eine halbierte, so die hier vertretene These, sondern keine, da die staatliche Souveränität ideengeschichtlich nicht als Selbstzweck etabliert wurde, sondern zum Zweck der Freiheit. Die Souveränität hatte und hat, wie Gunnar Folke Schuppert betont hat, genuin eine „zweifache Stoßrichtung“,[10] die – und: *nur die* – zum theoretisch hinreichend legitimierten Maßstab für potenzielle Infragestellungen von ihr selbst werden kann. In den Worten von Jean L. Cohen lässt sich die integrale Verbindung von souveräner Staatengleichheit und politischer Freiheit dahingehend zusammenfassen, dass das Konzept

> die externe Unabhängigkeit von politischen und rechtlichen Beziehungen einer politischen Gemeinschaft (konstituiert), indem es eine nationale Rechtsprechung etabliert und zwischen verschiedenen rechtlichen und politischen Systemen unterscheidet. Damit garantiert es zugleich die internen Bedingungen der Möglichkeit von Selbstbestimmung und rechtlich verfasster Selbstregierung/Autonomie – also von politischer Freiheit.[11]

Keine Freiheit ohne Souveränität – aber, umgekehrt und damit die doppelte Stoßrichtung von Souveränität aufgreifend, auch kein legitimer Souveränitätsanspruch ohne die Ermächtigung zu individueller Freiheit.

Carl Schmitts berühmtes Souveränitätsparadigma, nach dem souverän ist, wer über den Ausnahmezustand entscheidet,[12] bringt diesen Gedanken systematisch auf den Punkt, auch wenn es ihm substanziell widerspricht: denn die individuelle Freiheit ist bei Schmitt im homogenen Kollektiv suspendiert, das allerdings nur so

8 Vgl. *Benz* 2001.
9 Vgl. hierzu sehr klarsichtig: *Tönnies* 2009, S. 27ff.
10 *Schuppert* 2003, S. 157.
11 *Cohen* 2007, S. 51f.
12 Vgl. *Schmitt* 1934, S. 11.

lange zur Ermächtigung des Ausnahmezustands befähigt, wie es diesen kollektiven Zwang als seine Freiheit *glaubt*; denn wenn das Schmittsche Kollektiv begreift, dass es ihm an negativer Freiheit als der Freiheit vom Zwang ermangelt und dieses Defizit auch als solches begreift, wird es auch die Allmacht im Ausnahmezustand revidieren und damit die Souveränität auf ihren freiheitlichen Anspruch zurückführen.[13] Anders gesagt und mit Chantal Mouffe argumentiert:[14] die Souveränitätskonzeption von Schmitt ist empirisch präzise formuliert, normativ aber ethnisiert und bedarf hierin auch einer entmoralisierenden Entladung. Denn der völkische Homogenitätsglaube, mit dem Schmitt seine Souveränitätstheorie grundiert, ist gleichermaßen als moralischer Anspruch und als solcher in seiner subjektiven Dimension kenntlich zu machen. Dies belegt auch die historische Analyse des Nationalsozialismus, den Franz L. Neumann als „Unstaat" beschrieben hat, in dem die staatliche Souveränität durch die reale Suspendierung der Freiheit aufgehoben und durch mehrere Machtblöcke einer homogen phantasierten Volksgemeinschaft ersetzt wurde, die sich durch völkischen Glauben und antisemitische Gewalt konstituiert hat,[15] wobei der Anspruch der völkischen Bewegungen – in Anlehnung an Hannah Arendt formuliert – seit ihrem Aufkommen ein genuin antinationaler und antisouveräner gewesen ist.[16]

SOUVERÄNITÄT UND DIE AMBIVALENZ GLOBALER ORDNUNG

Folgt man Hans-Ulrich Wehlers Analyse über die Entstehung des modernen Nationalstaates, dann handelt es sich bei diesem um ein Unikat, das nur im Westen entstehen konnte, weil nur dort alle wesentlichen Voraussetzungen gegeben waren.[17] An der Schwelle von Vormoderne zu Moderne kulminierten zahlreiche Entwicklungsstränge in einem Prozess, in dem der moderne Nationalstaat entstand. Ausgehend von einem relativ weit fortgeschrittenen inneren Konsolidierungsprozess der vormodernen Herrschaftsverbände stellte die revolutionäre Modernisierungskrise den Rahmen dar, in dem die Zielutopie des Nationalismus einen Orientierungspunkt abgab. Dieser bezog seine Attraktivität einerseits aus der Verknüpfung mit den Idealen der Aufklärung und des Liberalismus, griff andererseits und oft zugleich aber auf das Arsenal religiöser Traditionsbestände zurück. Auf diese Weise erhielt der moderne Nationalismus auch den Nimbus des Mythischen. Diese Entwicklung basierte bekanntermaßen auf fundamentalen sozialen und ökonomischen Eruptionsprozessen, dem Übergang von der feudalistischen zur kapitalistischen Produktionsweise, die durch die Herausbildung einer zunehmend marktabhängigen Sozialstruktur, einer wachsenden Mobilität und entste-

13 Vgl. *Salzborn* 2009b.
14 Vgl. *Mouffe* 2007.
15 Vgl. *Wildt* 2003.
16 Vgl. *Arendt* 1951.
17 Vgl. *Wehler* 2001, S. 15ff.

hender mittelbarer, d.h. medialer Kommunikation die Formierung nationaler als soziale Bewegungen ermöglichte.

Den Schlüsselkonflikt des Nationalismus der Moderne bildet dabei letztlich die Frage, ob ein stärkeres Gewicht auf die Betonung der Emanzipation, des Liberalismus und der Aufklärung gelegt wurde oder die Konservierung des schicksalhaften Bezugs auf überirdische Kräfte erfolgte. Während sich – idealtypisch gesprochen – im ersten Fall der Nationalstaat als politische Nation konstituierte, die sich auf einen gemeinsamen politischen Willen und die rationale Grundlage der Vernunft gründete, folgte der zweite vormodernen Stammesmythen und transformierte diese in den Glauben an eine ethnische Schicksalsgemeinschaft als Grundlage der Nation.

Auch wenn der Nationalismus seinen Ausgangspunkt in der westlichen, resp. europäisch-amerikanischen Welt hatte, blieb er keinesfalls auf diese beschränkt. Die Internationalisierung des Nationalismus und des Nationalstaates war begleitet von verschiedenen Ungleichzeitigkeiten der Entwicklungen. Besonders hervorzuheben ist hier neben den sich notwendig ergebenden ökonomischen Interdependenzen zwischenstaatlicher Provenienz vor allem das Moment der weltweiten Formalstrukturierung der Gesellschaften als Nationalstaaten. Und das ohne dass diese jeweils immer in gleichem Maße auch einen Entwicklungsprozess durchlaufen hätten, wie er für die westliche Welt charakteristisch ist.

Die Ursachen, wegen derer die Nationalstaatlichkeit unmittelbar mit der Moderne verknüpft ist, liegen im ökonomischen Bereich. Denn, so hat Franz L. Neumann überzeugend gezeigt, der politische Erfolg des durch das Bürgertum getragenen Liberalismus, die Schaffung eines einheitlichen Rechtssystems unter der Ägide des Vertrags, hatte nicht nur die politische Dimension der Emanzipation und der Entwicklung demokratischer Strukturen zur Folge. Sie stellte zugleich auch eine unabdingbare Notwendigkeit für die Fortexistenz der Waren produzierenden Gesellschaftsformation dar, weil nur die Form des Vertrags und seine verbindliche Absicherung durch Rechtsstaatlichkeit die Gewähr für die dauernde Sicherheit des Tauschhandels bot.[18] Elemente der Willkür, wie sie charakteristisch für den vormodernen Herrschaftsverband waren, hätten Tausch in Raub verwandelt und damit die Grundlage der bürgerlichen Gesellschaft aufgehoben. Insofern der moderne Nationalstaat damit eine Bedingung für die Fortexistenz der bürgerlichen Gesellschaft darstellt, ist er auch erst durch sie entstanden.

Durch die zunehmende Zentralisierung und Monopolisierung, die spätestens seit Ende des 19. Jahrhunderts zu beobachten war, wurde die Rolle des Nationalstaates als völkerrechtlicher Souverän und damit international handlungsfähiger Akteur nicht nur gegenüber den eigenen Staatsangehörigen sukzessiv wichtiger.[19] Nur eine internationale Ordnung, die sich auf die gleichen formalen vertraglichen Grundlagen der Verbindlichkeit und Verlässlichkeit gründete, machte es den ökonomischen Akteuren möglich, ihre über die Binnenmärkte hinausweisenden Inte-

18 Vgl. *Neumann* 1937, S. 31ff.
19 Vgl. *Stütz* 2008, S. 108ff.

ressen an Rohstoffen und Märkten zu realisieren. Die Totalität des Marktes war damit notwendigerweise nicht auf das rein Ökonomische beschränkt, sondern erstreckte sich auch auf die Sphäre des Politischen, da im politisch-rechtlichen Bereich der Rahmen für die freie Konkurrenz gesichert werden musste. Wenn man so will, hat die Anforderung der Strukturierung nach Vertragskriterien die gesamte Weltordnung formal in die abstrakte Struktur (moderner) Staatlichkeit „gezwungen". Denn nur die internationale, durch völkerrechtliche Verträge und innerstaatliches Recht gestützte Gewähr der Verwirklichungsgarantien der Marktlogik bedeutete genug Sicherheit zur Verwirklichung der freien Konkurrenz.

Insofern stellt sich die moderne Weltordnung als strukturierte Ordnung von nationalen Staaten dar, auch wenn diese Staaten – wie etwa im arabischen Raum – jenseits von Aufklärung und Moderne (noch) gar nicht die faktischen Voraussetzungen zur Konstituierung als Nationalstaaten erfüllt hatten und haben. Denn faktisch und ihrem Gehalt nach stellen eine Reihe von Staaten in der Moderne keineswegs ein Produkt der Aufklärung dar, sondern existieren – wie Ernst Bloch es formuliert hat[20] – als ungleichzeitiges Element weiter bzw. stellen ihrer realen Verfasstheit nach eine regressive Antwort auf den totalen Anspruch der Moderne dar. Insofern ist der Export des Nationalstaates außerhalb des europäisch-amerikanischen Raumes der Form nach zwar erfolgreich gewesen, dem tatsächlichen Gehalt nach stehen die Gesellschaften aber vor allem im arabischen Raum erst an der Schwelle zur Moderne – und die Frage, ob der weitere Weg in innerstaatliche Ordnungen nach liberal-aufgeklärtem oder nach völkisch-religiösem Modell führen wird, ist noch nicht beantwortet.[21]

Innerhalb dieses mehrere Jahrhunderte währenden Konsolidierungsprozesses der politischen Ordnung hin auf den souveränen Staat kreiste der Schlüsselkonflikt letztlich um die Frage des ambivalenten Verhältnisses von Freiheit und Gewalt. Denn diejenige politische Ordnungseinheit, die wir Staat nennen, hat sich in einem mehrere Jahrhundert langen Prozess als Ordnungsrahmen herausgebildet,[22] der durch die dialektische Verknüpfung eben genau jener zwei Momente charakterisiert werden kann: die stets widersprüchliche und umkämpfte, aber dennoch für den Staat unerlässliche Einheit von Gewalt und Freiheit. Der moderne Staat, da folge ich Franz L. Neumann,[23] basiert in seiner Herrschaftsordnung auf genau diesen zwei Elementen, die beide gleichermaßen konstitutiv wie zugleich widersprüchlich sind.[24] Der moderne Staat bedarf der gewaltförmigen Durchsetzung seiner Souveränität gegen lokale und partikulare Gewalten (z.B. die Kirche) und der Einrichtung einer einheitlichen Verwaltung und Rechtsprechung; zugleich gibt er aber vor, eine auf allgemeine (für alle gleiche) Gesetze gegründete Ordnung zu errichten, die politische Freiheit zur Sicherung der ökonomischen etabliert.

20 Vgl. *Bloch* 1962.
21 Vgl. *Diner* 1989, S. 15ff.
22 Vgl. *Haltern* 2007; *Roth* 2003.
23 Vgl. *Neumann* 1986.
24 Vgl. *Salzborn* 2009a.

MACHIAVELLI UND DIE SOUVERÄNITÄT OHNE MORAL

Die hier diskutierte integrale Verbindung von politischen Freiheitsvorstellungen und der legitimen Ermächtigung zu staatlicher Souveränität hat ihren Ausgangspunkt am Beginn des modernen politischen Denkens bei Niccolò Machiavelli (1469–1527) und Thomas Hobbes (1588–1679). Beide verknüpfen gleichermaßen politische Freiheit als Grund und Bedingung für staatliche Souveränität, wie sie die Ablehnung einer sich objektiv gerierenden, real aber teleologisch-ethisch generierten Moral für ihre Voraussetzung halten. Die Bezugnahme auf die Überlegungen von Machiavelli und Hobbes aus heutiger Sicht kann dabei verdeutlichen, inwiefern die moralische Implikation der Kritik von staatlicher Souveränität stets Ideologie bleiben muss, da sie in herrschaftsfreier Attitüde nichts anders unternimmt, als die von Machiavelli und Hobbes kritisierten theologischen Ethikvorstellungen.

Machiavelli hat mit seinem empirischen Blick auf die politische Wirklichkeit die Herrschaftsanalyse revolutioniert, in seinem machtorientierten Realismus wichen die ontologischen Verklärungen des Geistes dem analytischen Blick auf die Struktur, so dass er den „Wirklichkeitssinn, der sich von der Theologie emanzipiert hat“, zu repräsentieren begann.[25] Kurz gesagt: Machiavelli trennte Politik und Moral.[26] Es geht ihm, wie er im *Principe* (1513) schreibt, darum, die „Wirklichkeit der Dinge“ bzw. das „wirkliche Wesen der Sache“ zu untersuchen und nicht Phantasiebilder von ihr, da eine große Entfernung zwischen „dem Leben, wie es ist, und dem Leben, wie es sein sollte“ liegt, so dass derjenige, der es beschreibt, die empirische Realität zugunsten des normativen Wunsches unbeachtet lasse.[27]

Machiavelli hat damit den „Bereich des politischen Handelns dem traditionellen ethischen Zugriff entzogen und aus dem umfassenden Sittlichkeitskonzept herausgelöst“, womit sich politisches Handeln nunmehr lediglich aus der „situationsbezogenen kausalen Eignung von Handlungen“ generierte, was, wie Wolfgang Kersting betont, allerdings nicht auf die Negation einer Handlung als „moralische Qualität“ verwies, sondern lediglich deutlich machte, das diese politisch bedeutungslos ist.[28] In den Blickpunkt des philosophischen Interesses kam so die Frage nach kausalen Zusammenhängen im Politischen, weitgehend bereinigt von ontologischen Dimensionen durch eine, wie Herfried Münkler sie nennt, Verdrängung der „theologisch-transzendent begründeten politischen Moral“.[29] In Machiavellis zyklischen Geschichtsverständnis, das insofern allerdings noch dem politischen Aristotelismus verpflichtet ist, löst sich der Blick von der ethischen Verklärung hin zu einer rationalen Frage nach den Techniken von Herrschaft und damit den Mitteln, mit denen versucht wurde und wird, Herrschaft zu erwerben und zu erhal-

25 *Zippelius* 2003, S. 82.
26 Vgl. *Machiavelli* 2008.
27 *Machiavelli* 1986, S. 119; *Machiavelli* 1990, S. 91 (Princ. XV).
28 *Kersting* 1988, S. 101f.
29 Vgl. *Münkler* 1984, S. 281.

ten,[30] wobei sich diese Erkenntnisse für künftiges politisches Handeln aus der Analyse der „Ähnlichkeit der Ereignisse“ mit vergangener Politik ergeben.[31]

Seine Vision, eine von Gerechtigkeit getragene politische Macht, lokalisiert sich dabei nicht über die Moral, sondern über den Erfolg. Im Mittelpunkt steht der politische Konflikt, wobei Machiavelli von einer „von allen metaphysischen und teleologischen Konnotationen“ freie,[32] pessimistischen Anthropologie ausgeht und für die Konstituierung eines Gemeinwesens empfiehlt davon auszugehen, dass „alle Menschen böse sind“ und stets ihrer „bösen Gemütsart folgen, sobald sie Gelegenheit dazu haben“;[33] die Menschen seien undankbar und wankelmütig, heuchlerisch und feige und vor allem stets auf ihren Vorteil bedacht.[34] Im politischen Sinn entscheidend ist, dass die moralische Legitimierung machtpolitischen Handelns für Machiavelli vom Erfolg dieses Handelns und von der Stabilität des politischen Prozesses abhängig ist,[35] was im Kontext seiner Analyse des empirischen Kerns moralischer Postulate steht: diese haben subjektiven Charakter und werden im Prozess der machtpolitischen Durchsetzung nur scheinbar objektiviert, oder, anders gesagt: Moral ist, wo sie über die ethnische Verantwortung des Subjekts hinausweist und ins Kollektive gewandt wird, verschleierte Herrschaft. In den *Discorsi* (1531) schreibt Machiavelli dazu:

> Im Anfang der Welt, als die Menschen noch spärlich waren, lebten diese zerstreut wie die Tiere. Später, als ihr Geschlecht sich vermehrte, schlossen sie sich zusammen und begannen, um sich besser verteidigen zu können, den Stärksten und Tapfersten unter ihnen zu achten, machten ihn zu ihrem Oberhaupt und gehorchten ihm. Daraus entsprang der Begriff des Edlen und Guten im Gegensatz zum Schändlichen und Bösen. Denn man sah, daß aus dem Unrecht, das einer seinem Wohltäter zufügte, Haß und Mitleid entsprang, daß die Undankbaren getadelt, die Dankbaren aber geehrt wurden; auch sagte sich jeder, daß ihm die gleiche Unbill selbst widerfahren könnte. Um ähnlichen Übeln vorzubeugen, entschloß man sich, Gesetze zu schaffen und ihre Übertretung zu strafen. Hieraus entstand der Begriff der Gerechtigkeit.[36]

Machiavelli ist ein empirischer Realist, dessen normatives Ziel in der Herstellung von politischer Stabilität besteht – was ihn mit Hobbes verbindet. Machiavelli erkennt, dass moralische Fragen zur Kaschierung politischer Absichten verwandt werden und insofern moralische Etiketten politisch von sekundärer Bedeutung sind.[37] Machiavelli begreift in seinem dialektischen Dezisionismus, dass politisches Denken auf Entscheidungen orientiert, die zumeist von gegensätzlichen, ja durchaus auch antagonistischen Polen her bestimmt werden;[38] im Mittelpunkt der

30 Vgl. *Machiavelli* 1986, S. 93 (Princ. XII).
31 *Machiavelli* 2000, S. 118 (Disc. I, 39).
32 Vgl. *Kersting* 2005, S. 30.
33 *Machiavelli* 2000, S. 26 (Disc. I, 3).
34 *Machiavelli* 1986, S. 127ff. u. 183ff. (Princ. XVII; XXIII); *Machiavelli* 2000, S. 26f. (Disc. I, 3).
35 Vgl. *Machiavelli* 1986, S. 135ff. (Princ. XVIII); *Machiavelli* 2000, S. 45ff. (Disc. I, 9).
36 *Machiavelli* 2000, S. 21 (Disc. I, 2).
37 Vgl. *Machiavelli* 1986, S. 135ff. (Princ. XVIII).
38 Vgl. *Ottmann* 2006, S. 18.

Politik stehen Konflikt, Streit und das „Lob der Zwietracht".[39] Der Schlüssel zum Verständnis von Machiavellis Konflikttheorie liegt in seinem Begriff der *virtù*, die

> den Willen und die Fähigkeit des Menschen (bezeichnet), die selbstgesteckten politischen Ziele, vor allem aber das der Selbsterhaltung der politischen Gemeinschaft, zu verfolgen und zu erreichen.[40]

Entscheidend ist, dass im Falle der Abwesenheit der *virtù* und damit letztlich auch des Willens zur politischen Freiheit diese ersetzt wird durch die Handlungskompetenz des Alleinherrschers, was sich auch auf die Formel bringen lässt, dass erst der Mangel an bürgerlichem Partizipationsinteresse zu Alleinherrschaft führt. Wenn also keine *virtù* vorhanden ist oder genutzt wird, dann wird dieses Defizit durch den *uomo virtuoso* gefüllt. Im Umkehrschluss zeigt dies, dass ein alleinherrschaftliches Element in Machiavellis Theorie nur eingeschrieben ist im Falle des bürgerlichen Desinteresses an Partizipation, oder, wenn man so will, des Überwiegens von *fortuna* über *virtù*:[41]

> Wenn die Parteiinteressen das Gemeinwesen zerfleddern, dann macht die republikanische Gestalt der *virtù*, die ihre subjektive Wurzel in der Bürgerhaltung, im *bios politikos*, und ihren objektiven Rückhalt in den Gesetzen, Sitten und politischen Einrichtungen besitzt, der *fortuna* Platz. Mit ihrer Herrschaft beginnt das Chaos. Die Vernunft der Macht, die die *ambizione* durch Gesetze und politische Einrichtungen gezähmt hat, pervertiert zur Unvernunft der Gewalt, mit der das ehrgeizige Privatinteresse das Gemeinwesen überzieht und es politisch und sittlich ruiniert.[42]

Die Errichtung eines stabilen Staates ist dabei für Machiavelli keineswegs ein Selbstzweck,[43] sondern die Errichtung einer staatlichen Ordnung soll die „Sicherheit des Lebens seiner Bürger gewährleisten und die Rechtssicherheit garantieren."[44] Machiavelli konzipiert den souveränen Staat als unabdingbar für die Errichtung eines geordneten Gemeinwesens, „das ein nach innen wie nach außen übergreifendes, daher unentbehrliches Machtinstrument ist"[45] – und als Ort zur politischen Sicherung von Freiheit. Freiheit ist für Machiavelli mit Alleinherrschaft unvereinbar und seine Idee der republikanischen Freiheit verzichtet konzeptionell auf Elemente personaler Herrschaft und der Abhängigkeit von einem herrschenden Willen, die durch die Herrschaft von Gesetzen und Institutionen ersetzt werden,[46] wobei Machiavelli sogar die Ansicht vertritt, dass Gesetze die Menschen gut machen würden.[47] Die im republikanischen Gemeinwesen entste-

39 *Skinner* 1990, S. 110.
40 *Münkler* 1984, S. 314.
41 Vgl. *Knoll* 2003, S. 94ff.
42 *Kersting* 2004, S. 124.
43 Vgl. *Münkler* 1984, S. 334.
44 *Voigt* 2004, S. 48.
45 *Diesner* 1992, S. 37.
46 Vgl. *Kersting* 2004, S. 135.
47 *Machiavelli* 2000, S. 26 (Disc. I, 3).

henden „Gesetze und Einrichtungen zum Besten der öffentlichen Freiheit“ sind, selbst wiederum Folge konstruktiver Auseinandersetzungen und konflikthafter Kämpfe innerhalb des jeweiligen Herrschaftsverbandes.[48] Die Kämpfe um die Freiheit im souveränen Staat sind nun solche, in denen es um politische Tüchtigkeit und ihre Überlegenheit eben genau gegenüber dem Schicksal geht; der politische Konflikt, der die Freiheit ermöglicht, emanzipiert sich von den Fesseln der Ethik, so dass „Volkes Stimme“ für Machiavelli auch „Gottes Stimme“ gleicht, da er das Volk für klüger, beständiger und von richtigerem Urteil hält, als seinen Herrscher.[49]

HOBBES UND DAS FREIHEITSPOTENZIAL DER SOUVERÄNITÄT

Vergleichbar dem Ansatz von Machiavelli legt auch Hobbes seiner politischen Theorie eine negative Anthropologiekonzeption zu Grunde. Das erste Gut des Menschen, so heißt es bei Hobbes in *De Homine* (1658), sei die Selbsterhaltung, während „unter allen Übeln an erster Stelle“ der Tod, im besonderen der „Tod unter Qualen“ stehe; das Mittel nun, um die Selbsterhaltung zu erzielen und den Tod zu vermeiden, sei die Macht, aber nur die bedeutende Macht, die sich über die anderer emporhebt:[50]

> So halte ich an erster Stelle ein fortwährendes und rastloses Verlagen nach immer neuer Macht für einen allgemeinen Trieb der gesamten Menschheit, der nur mit dem Tode endet.[51]

Menschen wünschen und erstreben laut Hobbes das, „was für sie selbst gut ist“ und suchen zu vermeiden, „was ihnen schädlich ist“, jedoch „am meisten den schrecklichen Feind der Natur, den Tod, von dem wir sowohl den Verlust unserer Macht wie auch den größten körperlichen Schmerz während des Verlustes erwarten“.[52] Daher sei es auch „ein natürliches Recht“, dass jeder Mensch sein eigenes Leben „mit aller Macht, die ihm zum Gebote steht“, erhalten dürfe.[53] Im Mittelpunkt des Menschenbildes von Hobbes steht der Nutzen, der im Kern das Leben und Überleben impliziert, verknüpft mit einem, wie es im *De Cive* (1642) heißt, im „reinen Naturzustande“ bestehenden „Recht auf alles“:[54]

> Jeder Mensch hat von Natur ein Recht auf alle Dinge, d.h. er darf jedem beliebigen Menschen alles antun, was ihm beliebt, alle Dinge, die er erreichen kann und will, besitzen, benutzen und sich ihrer freuen. [...] Aus diesem Grunde folgt man mit Recht: *Natura dedit omnia omnibus*, daß die Natur allen Menschen alles gegeben habe; so daß *jus* und *utile*, Recht und Nut-

48 Vgl. *Machiavelli* 2000, S. 28 (Disc. I, 4).
49 Vgl. *Machiavelli* 2000, S. 163 (Disc. I, 58).
50 *Hobbes* 1959, S. 24.
51 *Hobbes* 1966, S. 75 (Lev. I, 11).
52 *Hobbes* 1926, S. 97f.
53 *Hobbes* 1926, S. 98.
54 *Hobbes* 1959, S. 82f.

> zen, dasselbe ist. Aber dies Recht aller Menschen auf alles ist in der Wirkung nicht mehr wert, als wenn ein Mensch ein Recht auf nichts hätte.[55]

Hobbes entteleologisiert damit das Diktum *natura dedit omnia omnibus*, da er es gegen die naturrechtliche Axiomatik der Stoa wendet und als Legitimationsmoment seiner politischen Ordnungsvorstellungen subsumiert, denn das Motiv der gerechten Verteilung, derer es in teleologischer Perspektive lediglich noch zur Erreichung des Naturzwecks bedürfte, wird zur legitimatorischen Basis der politischen (Selbst-)-Emanzipation des Menschen zum Gesellschafts- bzw., in Hobbes Worten, Gemeinschaftswesen umgekehrt.[56]

Der Mensch, dessen „ganze Natur“ in „Körperkraft, Erfahrung, Vernunft, Gefühl“[57] bestehe, sieht sich nun im Naturzustand einem doppelten Dilemma ausgesetzt: sich nicht sicher sein zu können ob seiner eigenen Macht *und* ob des Mangels einer diese relativierenden Instanz:

> The natural equality of men was for Hobbes not merely formal and juridical but a substantial equality of physical strength and of natural wit. Such differences as here exist are insufficient to warrant any claim to superiority. No man need be held back from the struggle for existence by the thought that he has no chance of success; given a favourable opportunity, the weakest can kill the strongest.[58]

Denn im „reinen Naturzustande“ gilt für Hobbes, dass keine Handlung Unrecht sein kann, weil die „Ungerechtigkeit gegen Menschen menschliche Gesetze voraussetzt, die es im Naturzustande nicht gibt“[59] und dass deshalb auch die durch nichts limitierte und limitierbare Macht entscheidend ist für die Durchsetzung der Selbsterhaltung und die Vermeidung des eigenen Todes. Da aufgrund der Gleichheit der Kraft und anderer Fähigkeiten der Menschen nicht davon auszugehen ist, dass jemand genügend Macht besitzt, um sich langfristig zu sichern, „befiehlt die Vernunft, jedem Menschen zu seinem eigenen Besten den Frieden zu suchen“:[60]

> Die Vernunft gehört nicht weniger zur menschlichen Natur als das Gefühl und ist bei allen Menschen die gleiche, weil alle Menschen sich einig sind in dem Wunsche, geleitet zu werden auf dem Wege zu dem, was sie erreichen möchten, nämlich zu ihrem eigenen Besten, und das ist das Werk der Vernunft. Es kann daher kein anderes Naturgesetz als das der Vernunft geben, noch andere Gebote des Naturrechts als die, welche uns die Wege des Friedens weisen, wie man denselben erreichen kann, und die der Verteidigung, wo dies unmöglich ist.[61]

Während Hobbes den Menschen anthropologisch als Machtwesen konzipiert, das nach fortwährender Maximierung seiner Macht zur Steigerung der Wahrschein-

55 *Hobbes* 1926, S. 98f.
56 Vgl. *Blumenberg* 1966, S. 189.
57 *Hobbes* 1926, S. 96.
58 *Hood* 1964, S. 75.
59 *Hobbes* 1959, S. 82.
60 *Hobbes* 1926, S. 100.
61 *Hobbes* 1926, S. 101.

lichkeit seiner Selbsterhaltung und zur Minimierung seiner Todeswahrscheinlichkeit strebt, ist es eine affektive Vernunft, die ihn wiederum notwendig zur Einsicht in eine durch eine allgemeine Macht herstellbare dauerhafte Befriedung verhilft. Münkler hat das damit skizzierte Menschenbild von Hobbes als „Egalisierungsmodell“ beschrieben, in dem alle Menschen gleich seien und deshalb auch abstrakt die gleichen Ansprüche auf Gegenstände und Güter hätten.[62] Mit Münklers Begriff lässt sich zugleich die ambivalente Struktur der gesellschaftstheoretischen Basis von Hobbes Staatstheorie verstehen, da im Terminus der Egalisierung unterschiedliche Wirkrichtungen dieses Prozesses inbegriffen sind, die sowohl die Konkurrenzsituation des vorpolitischen Naturzustandes mit dem Krieg „eines jeden gegen jeden“ – *bellum omnium contra omnes* – umfasst,[63] wie den Akt der vertraglichen Aufgabe dieser riskanten Freiheit im Interesse der eigenen Nutzenmaximierung bei Einrichtung eines Gewaltmonopols:[64]

> Die Bürger *sind* nach der Hobbesschen Theorie der Person und der Realrepräsentation der Staat und haben die Handlungen und Entschlüsse des Machthabers als ihre eigenen zu akzeptieren. Sie führen aber auch [...] ein natürliches Leben in der durch den leviathanischen Staat wirkungsvoll befriedeten Gesellschaft.[65]

Der Vertrag in der Gesellschaft wird dabei zugleich die Grundlage für die gewährte Freiheit der Individuen wie für den absoluten Machtstaat, dem man sich – freiwillig, aber bedingungslos – unterwirft, womit Hobbes Staatskonzeption in einer Ambivalenz zwischen „Despotismus und Friedensstaatlichkeit“ zu lokalisieren ist.[66] Symbolisch zeigt sich dies auch am Titelbild des dritten, aber als erstes veröffentlichten Bandes seiner Grundlegung über die Elemente der Philosophie *De Cive* (1642), auf dem das Eingangsportal zur Gesellschaft auch mit den Begriffen „Imperium“ und „Libertas“ eingefasst wird.

Hobbes ist weit entfernt von moralischen Kategorien des Denkens, so dass in seinem Menschenbild kein ontologischer Ethikbegriff aufscheint, sondern eine utilitaristische Orientierung auf das Subjekt, der jegliche Transzendenz abgeht.[67] Auf diese Weise obliegt es dem Menschen in Hobbes Konzeption des Naturzustandes,

> seine eigene Macht nach seinem Willen zur Erhaltung seiner eigenen Natur, das heißt seines eigenen Lebens, einzusetzen und folglich alles zu tun, was er nach eigenem Urteil und eigener Vernunft als das zu diesem Zweck geeignetste Mittel ansieht.[68]

62 Vgl. *Münkler* 1993, S. 108.
63 Vgl. *Hobbes* 1966, S. 94ff. (Lev. II, 13).
64 Vgl. *MacPherson* 1962.
65 *Kersting* 1992, S. 36; Herv. i. Orig.
66 *Voigt* 2000, S. 41.
67 Vgl. *Hobbes* 1967, S. 5ff.
68 *Hobbes* 1966, S. 99 (Lev. I, 14).

Die damit zwar *de facto* konstituierte Ungleichheit durch unterschiedliche physische Stärke und konkurrierende Fähigkeiten und Möglichkeiten zur Nutzung von Hilfsmitteln im Kampf gegen andere inkorporiert zugleich auch ein Moment von natürlicher Gleichheit, da „dem Starken die letzte Sicherheit ebenso fehlt wie dem Schwachen".[69] Der Zustand dieser Form von abstrakter Gleichheit im Naturzustand und die bedrohliche Ungewissheit, ob die damit vollkommen realisierte Freiheit nicht auch in ihr Gegenteil umschlagen kann, führt die Menschen Hobbes Annahme zufolge zur Bereitschaft der Aufgabe von Freiheit, zur positiven Aufhebung des Naturzustandes im politischen Vertrag:

> Die Leidenschaften, die die Menschen friedfertig machen, sind Todesfurcht, das Verlangen nach Dingen, die zu einem angenehmen Leben notwendig sind und die Hoffnung, sie durch Fleiß erlangen zu können.[70]

Menschen sind für Hobbes von Natur aus nicht politisch, sondern werden dies erst durch den Vertragsschluss, einen gemeinsame Übereinkunft zur Vermeidung des *summum malum* – des Todes.[71] Die Notwendigkeit des Staates besteht damit, unter Negation eines ontologischen Nutzens, „allein aus der Furcht vor gewaltsamem Tod"[72] – in anderen Worten: der Stiftung negativer Freiheit. Die Entfernung von Hobbes Theorie von vorneuzeitlichen Ethikvorstellungen wird dabei besonders deutlich darin, dass er den Vertrag nicht als die logische Folge des Naturzustandes, sondern als ihren Bruch begreift,[73] in dem die Eintracht unter den Menschen künstlich sei und „durch Verträge vermittelt".[74] Die Individuen verzichten insofern aus Angst vor Verlust ihrer totalen Freiheit in Gänze auf diese, um sie unter der Regentschaft des staatlichen Souveräns mit Einschränkungen, dafür aber durch dessen Gewaltmonopol gesichert, zurückzuerhalten:

> Der alleinige Weg zur Errichtung einer solchen allgemeinen Gewalt, die in der Lage ist, die Menschen vor dem Angriff Fremder und vor gegenseitigen Übergriffen zu schützen und ihnen dadurch eine solche Sicherheit zu verschaffen, daß sie sich durch eigenen Fleiß und von den Früchten der Erde ernähren und zufrieden leben können, liegt in der Übertragung ihrer gesamten Macht und Stärke auf einen Menschen oder eine Versammlung von Menschen, die ihre Einzelwillen durch Stimmenmehrheit auf einen Willen reduzieren können. [...] Es ist eine wirkliche Einheit aller in ein und derselben Person, die durch Vertrag eines jeden mit jedem zustande kam [...].[75]

Damit verwirft Hobbes die aristotelische Vorstellung einer in die Naturordnung eingefügten staatlichen Ordnung und einer auf diese Ordnung hin angelegten menschlichen (Polit-)Natur vollständig, zum ursprünglichen Gegenstand des Poli-

69 Vgl. *Althaus* 2007, S. 9.
70 *Hobbes* 1966, S. 98 (Lev. I, 13).
71 Vgl. *Rayn* 1996, S. 216f.
72 *Strauss* 1965: 41.
73 Vgl. *Münkler* 1993, S. 122.
74 *Hobbes* 1926, S. 128.
75 *Hobbes* 1966, S. 134 (Lev. II, 17).

tischen wird für Hobbes das Individuum, das weder von Natur aus politisch ist, noch sich Naturgesetzen folgend politisch organisiert, womit „sowohl Sozialität als auch Staatlichkeit künstlich geschaffen werden müssen."[76] Hobbes nimmt damit dem Staat „allen axiomatischen und ontischen Vorrang, um dadurch den Rechtsgrund des ‚status civilis' allein im Rückgang auf den Einzelnen und dessen Recht" zu konzipieren.[77] Damit wird, wie Henning Ottmann betont hat, die *ratio* von Hobbes als eine „Vernunft der Selbsterhaltung und Selbstbehauptung" formuliert, in der moralische Kategorien („gut" und „böse") keine „personenübergreifenden objektiven Kennzeichnungen von Verhaltensweisen" mehr sind,[78] womit die Moral theoretisch konsequent auf ihren faktisch ohnehin nur subjektiven Charakter reduziert wird. Insofern wird der Staat bei Hobbes seiner moralischen und tugendhaften Implikationen entkleidet, ihm jeder ethische Ballast genommen, der lediglich nur eine Funktion in der scholastischen Ordnung und im ontologischen Denken hatte: die Verschleierung von subjektiven Herrschaftsansprüchen hinter der Fiktion einer allgemeinen Ethik und Moral. Hobbes befreit das Politische (und mit ihm: das Recht und den Staat) von den Allgemeinheit suggerierenden, letztlich aber nur subjektive Willkür verklärenden Zwängen der Moral. Damit wird der Staat von Hobbes, wie Stefan May es formuliert hat, zur „(Natur)-Rechtssicherungsinstitution", die auf dem gemeinsamen politischen Handeln der Individuen aufbaut und sich von der Fiktion einer Naturordnung des Politischen verabschiedet hat.[79] Die vertragstheoretische Konzeption von Hobbes basiert dabei auf einer fiktiven Grundlage und ist insofern auch nicht reziprok, es handelt sich vielmehr – wie Kurt Lenk ihn genannt hat – um einen „Begünstigungsvertrag" zugunsten des absoluten Souveräns.[80] Da der durch den Vertrag konstituierte Souverän nicht in diesen eingeschlossen ist, ist der Souverän „den Vertragschließenden gegenüber auch nicht rechtlich verbunden", weshalb Herfried Münkler auch von der Konstituierung des Staates durch einen Vertrag spricht, der „gleichzeitig Gesellschafts- und Unterwerfungsvertrag" ist.[81] Allerdings ist der Weg von Herrschaft und Partizipation, den Hobbes damit vertragstheoretisch konzeptualisiert, nicht zwingend eine Einbahnstraße, auch wenn die Individuen mit dem einmal vollzogenen Vertragsschluss ihre Optionen auf Revision abgegeben haben. Denn neben dem Verlust der riskanten, aber absoluten Freiheit mit dem Zugewinn der gesicherten, aber relativen Freiheit öffnet Hobbes durch seine Lösung vom scholastischen Weltbild und seine massive politische wie philosophische Abgrenzung gegenüber dem Katholizismus den Denkraum, in dem die gesellschaftlichen Perspektiven dieser Ambivalenz von Freiheit und Souveränität *überhaupt* erst disponierbar werden:

76 *Jörke* 2005, S. 25.
77 Vgl. *May* 2002, S. 33.
78 Vgl. *Ottmann* 2006, S. 284.
79 Vgl. *May* 2002, S. 35.
80 *Lenk* 1998, S. 72.
81 *Münkler* 1991, S. 220.

> Der Herrscher ist weder von Gott noch aus Eigeninteresse zur Herrschaft berechtigt. Er herrscht, absolut und unwiderruflich, auf der Grundlage eines nicht kündbaren, bloß fiktiven Vertrages. Doch von dort zur Idee der Kündbarkeit des Vertrages, zur Idee der Verantwortlichkeit des Herrschers gegenüber den Beherrschten, ist nur noch ein kleiner Schritt.[82]

Machiavelli und Hobbes setzen beide auf den souveränen Staat, der bei beiden letztlich nur durch seine Konzeption negativer Freiheit legitim sein kann. Was Freiheit im positiven Sinn bedeutet, bleibt dabei Gegenstand des politischen Konflikts, da es nicht *a priori* bestimmbar ist, weil Politik keinem ethischen Ziel oder moralischen Zweck mehr unterliegt.[83] Politik ist befreit von den Zwängen der Moral, ganz orientiert auf den Konflikt der Interessen und damit auch bereinigt von der Ideologie, die Bestimmung des „Guten" und „Gerechten" nicht als (endlosen) Prozess, sondern als normatives Ergebnis bestimmen zu wollen, wie es im philosophischen Denken der Antike und des Mittelalters dominant war. Zum Maßstab für Politik wird mit Machiavelli und Hobbes die Politik als solche, jenseits von theologischen Moral- und Ethikvorstellungen. Moderne Souveränitätsvorstellungen entstammen somit der Abgrenzung von der (religiösen) Moral und Ethik, an deren Stelle als Fundament der Herrschaftslegitimation die Freiheit tritt. Herrschaft muss nun legitimiert werden, der souveräne Staat der Moderne bedarf der Legitimation – und nicht mehr der vorneuzeitlichen sittlichen Herrschaftsbegründung. Andersherum entfaltet der souveräne Staat der Neuzeit aber auch logisch nur Relevanz, wenn er sich auf diese freiheitliche Legitimation stützen kann.

STAATLICHE SOUVERÄNITÄT UND IHRE (SELBST-)BEGRENZUNGEN

Insofern wäre Souveränität auch nicht mit einem moralischen Gerechtigkeitspostulat zu konfrontieren, sondern mit dem Einsatz für die Positivierung von universellen und gleichen Normen zur Sicherheit und Stabilisierung aller Formen von individueller Freiheit – die damit von der Frage ökonomischer Freiheit als Freiheitsformation, die über die Freiheit der Individuen hinweg greift, zunächst kategorisch gelöst ist. Freiheit braucht Souveränität als Institution, deren Legitimationsbasis aber gerade nicht ethischer oder moralischer Provenienz sein kann, da diese niemals wirklich universell in ihrer Legitimierung und Geltung sein können, sondern immer einen subjektiven Kern der Verklärung in sich tragen: Universelle Moral verweist im Begriff auf etwas dem Individuum nicht zu entrückendes, auf eine positive Anthropologie.

Eine positive Anthropologie inkorporiert aber stets einen nicht deduzierbaren ontologischen Kern, der auf den Mythos der Intersubjektivität verweist, wenn er sich anschickt, als universale Ethik aufzutreten. Die Unterstellung einer ethischen und moralischen Vorstellung, die ihres subjektiven Kerns entkleidet ist, muss demnach metaphysisch bleiben, da in der Kategorie des Ethischen das Postulat der

82 *Pelinka* 2004, S. 187.
83 Vgl. *Fraenkel* 1964.

Relativität eingeschrieben ist, der subjektiven Bezugnahme auf die objektiven Verhältnisse. Der Rekurs auf eine positive Ethik unterliegt jedoch „der verblendenden Macht falscher Unmittelbarkeit", wie Horkheimer und Adorno in der *Dialektik der Aufklärung* schreiben.[84] Freiheit hingegen, so Adorno, „ist einzig in bestimmter Negation zu fassen, gemäß der konkreten Gestalt von Unfreiheit. Positiv wird sie zum Als ob."[85] Eine kritische Ethik ist somit immer negativ, oder sie ist nicht – nur in der Negativität wahrt sie ihr Potenzial des Nicht-Ontologischen und entgeht dem Ideologieverdacht, der jedoch in jedem Moment der Wendung ins Positive zu erheben ist. Wirklich intersubjektiv kann Ethik nur da sein, wo sie sich insofern von der subjektiven Moral emanzipiert, als sie eben *nicht* versucht, diese auf einer intersubjektive Ebene zu transformieren und damit ins Allgemeine zu wenden, sondern stattdessen ihren negativen Kern als kategorischer Anspruch auf Freiheit und Gleichheit wahrt, intersubjektiv bleibt in der Ablehnung des Intersubjektiven:

> Den Menschen wurde ihr Selbst als ein je eigenes, von allen anderen verschiedenes geschenkt, damit es desto sicherer zum gleichen werde. Weil es aber nie ganz aufging, hat auch über die liberalistische Periode hin Aufklärung stets mit dem sozialen Zwang sympathisiert. Die Einheit des manipulierten Kollektivs besteht in der Negation jedes Einzelnen, es ist Hohn auf die Art Gesellschaft, die es vermöchte, ihn zu einem zu machen.[86]

Das moralische Denken kollektiviert den Schmerz der Unfreiheit und unterstellt genau damit als allgemein, was individuell ist: während die Leiderfahrung des Subjekts eine objektive Dimension in der Form der Vergesellschaftung hat, bleibt das konkrete Erleben von Leid ein höchst individueller Akt, der – kehrt man ihn positiv in eine utopische Vision seiner Aufhebung – dem Subjekt ein zweites Mal Gewalt antut, nicht die Abwesenheit von Schmerz zum Ziel sich setzt, sondern ihre positive Wendung ins Ideale zum Ausgangspunkt macht. Das politische Ziel kann demnach nur sein, dass „*jede* Generation von Menschen, also auch die jetzt lebende, ihre Rechte hat."[87] Dabei geht es eben nicht um einen Anspruch auf Glück, sondern „ein Recht, nicht unglücklich gemacht zu werden".[88] Damit, so lässt sich der Gedanke fortführen, geht es im Kern darum, dass „Leiden beredt werden zu lassen".[89] Denn es ist genau jenes Leiden, in dem die gesellschaftliche Totalität zum Ausdruck kommt, ganz eigen und doch vermittelt. Denn, so Adorno, „Leiden ist Objektivität, die auf dem Subjekt lastet" und dasjenige „was es als sein Subjektivstes erfährt, sein Ausdruck, ist objektiv vermittelt."[90]

Bezogen auf eine kritische Souveränitätstheorie als Bestandteil einer politischen Theorie der Internationalen Beziehungen heißt das, dass die eingangs er-

84 *Horkheimer/Adorno* 1947, S. 219.
85 *Adorno* 1966, S. 230.
86 *Horkheimer/Adorno* 1947, S. 29.
87 *Popper* 1980, S. 215; Herv. i. Orig.
88 *Popper* 1980.
89 *Adorno* 1966, S. 29.
90 *Adorno* 1966.

wähnte Differenz zwischen Rhetorik und Faktizität universeller (Menschenrechts-)Normen eine um die konzeptionelle Graduierung von Souveränität ist, da es um die Frage der Differenz zwischen positiven Normen und ihrer moralischen Rhetorik geht, also der Scheidung von Naturrechtsverständnissen und – mit Hobbes gesprochen – das Konzept einer moralischen (Polit-)Natur. Souveränitätstheoretisch heißt das, dass eben ein solches teleologisches Naturverständnis verworfen werden muss bei der Kritik an staatlicher Souveränität, während positive (Menschenrechts-)Normen sehr wohl zum legitimen Kriterium werden können: aber nur, wenn sie in das Souveränitätskonzept des jeweiligen Staates integriert sind, sei es durch partielle oder vollständige Inkorporation in die nationale Rechtsordnung oder sei es dadurch, dass der jeweilige Staat sich durch internationale Verträge verpflichtet hat, Menschenrechte (teilweise) einzuhalten. Menschenrechte können somit nur dann zum Maßstab für die Geltungsreichweite von Souveränität werden, wenn sie nationalstaatsrechtlich positiviert worden sind.

Anders jedoch verhält es sich, wenn das, was der Staat seinen Untertanen zu geben versprochen hat dafür, dass diese ihn dazu ermächtigt haben, über sich und in ihrem Namen Gewalt auszuüben, nicht achtet, nämlich: Freiheit. Die Freiheit gehört, obgleich auch wesentliche konzeptionelle Grundlage der meisten Menschenrechte, zugleich auch unmittelbar zur Souveränität, wenn sie fehlt, dann fehlt es dem Staat auch an der Legitimation für sein Gewaltmonopol. Insofern ist in die Theorie der Souveränität stets ein dynamisches Element eingeschrieben, das dem Modell von Machiavelli mit der Verwirkung von Partizipation bei mangelndem Partizipationsinteresse näher kommt als der Konzeption von Hobbes, die einem einmaligen Tauschgeschäft ähnelt, in dem die Reklamation von Freiheit oder eines zunehmenden Maßes an Freiheit auch die Legitimation der souveränen Gewalt neu in Frage stellen kann.

Über diesen Umweg der politischen Entscheidung für Freiheitsrechte hebt sich dann die systematische Trennung von Menschenrechten und Souveränität wieder auf – allerdings ohne jede Form von Moral oder Ethik, da die Menschenrechte nicht einem Sittlichkeitsgebot verpflichtet sind, sondern als Forderung der Freiheit amoralisch zum politischen Instrument werden. Es geht nicht mehr um den Vorwurf der Missachtung, sondern um die Forderung nach Umsetzung im Sinne der Einhaltung des Souveränitätsvertrages, den der Staat mit seinen Untertanen geschlossen hat. Insofern kann eine Emanzipation zunächst auch immer nur eine nationale und keine internationale sein, weil der politische Kampf nur für die eigenen Interessen und gegen ihre anti-souveräne Missachtung geführt werden kann. Der Kampf um Freiheit ist ein Kampf um Souveränität – heute in ähnlichem Maße, wie bei Machiavelli und Hobbes, da der Antisouveränismus die universelle Geltung des auf den Schultern von Machiavelli und Hobbes politiktheoretisch begründeten modernen Freiheitsversprechens fundamental in Frage stellt.

LITERATUR

Adorno, Theodor W., 1966: Negative Dialektik, in: Ders.: Gesammelte Schriften Bd. 6, Frankfurt a.M. 1997, S. 7–412.

Althaus, Horst, 2007: „Heiden" – „Juden – „Christen". Positionen und Kontroversen von Hobbes bis Carl Schmitt, Würzburg.

Arendt, Hannah. 1951: The Origins of Totalitarianism, New York.

Benz, Arthur, 2001: Der moderne Staat. Grundlagen der politologischen Analyse, München.

Bloch, Ernst, 1962: Erbschaft dieser Zeit. Erweiterte Ausgabe (= Gesamtausgabe Bd. 4), Frankfurt a.M.

Blumenberg, Hans, 1966: Die Legitimität der Neuzeit, Frankfurt a.M.

Brunkhorst, Hauke/Wolfgang R. Köhler/Matthias Lutz-Bachmann (Hg.), 1999: Recht auf Menschenrechte. Menschenrechte, Demokratie und internationale Politik, Frankfurt a.M.

Cohen, Jean L., 2007: Demokratie, Menschenrechte und Souveränität im Zeitalter der Globalisierung neu denken, in: Zeitschrift für Menschenrechte, H. 2, S. 39–68.

Diesner, Hans-Joachim, 1992: Die politische Welt des Niccolò Machiavelli (= Sitzungsberichte der Sächsischen Akademie der Wissenschaften zu Leipzig, Philologisch-historische Klasse, Bd. 132, H. 3), Berlin.

Diner, Dan, 1989: Imperialism, Universalism, Hegemony. On the relationship between politics and economics in the world community, in: Law and State, Vol. 39/1989, S. 7–39.

Fraenkel, Ernst, 1964: Deutschland und die westlichen Demokratien, Stuttgart.

Grigat, Stephan/Simone Dinah Hartmann (Hg.), 2008: Der Iran – Analyse einer islamischen Diktatur und ihrer europäischen Förderer, Innsbruck.

Haltern, Ulrich, 2007: Was bedeutet Souveränität?, Tübingen.

Hobbes, Thomas, 1926: Naturrecht und allgemeines Staatsrecht in den Anfangsgründen (zuerst: 1640). Mit einer Einführung von Ferdinand Tönnies, Berlin.

Hobbes, Thomas, 1959: Vom Menschen (zuerst: 1658) – Vom Bürger (zuerst: 1642). Eingeleitet und herausgegeben von Günter Gawlick, Hamburg.

Hobbes, Thomas, 1966: Leviathan oder Stoff, Form und Gewalt eines bürgerlichen und kirchlichen Staates (zuerst: 1651), herausgegeben und eingeleitet von Iring Fetscher, Neuwied/Berlin.

Hobbes, Thomas, 1967: Vom Körper. Elemente der Philosophie I (zuerst: 1655), 2. Aufl. Hamburg.

Hobbes, Thomas, 1991: Behemoth oder Das Lange Parlament (zuerst: 1682), herausgegeben und mit einem Essay von Herfried Münkler, Frankfurt a.M.

Horkheimer, Max/Theodor W. Adorno, 1947: Dialektik der Aufklärung. Philosophische Fragmente, in: Theodor W. Adorno: Gesammelte Schriften Bd. 3, Frankfurt a.M. 1997.

Hood, Francis Campbell, 1964: The Divine Politics of Thomas Hobbes. An Interpretation of *Leviathan*, Oxford.

Jörke, Dirk, 2005: Politische Anthropologie. Eine Einführung, Wiesbaden.

Kapferer, Bruce (Hg.), 2004: State, Sovereingty, War. Civil Violence in Emerging Global Realities, New York/Oxford.

Kersting, Wolfgang, 1988: Niccolò Machiavelli, München.

Kersting, Wolfgang, 1992: Thomas Hobbes zur Einführung, Hamburg.

Kersting, Wolfgang, 2004: Der Gesetzgeber, die Religion und die Tugend. Errichtung und Erhaltung der Republik bei Machiavelli und Rousseau, in: Herfried Münkler/Rüdiger Voigt/Ralf Walkenhaus (Hg.): Demaskierung der Macht. Niccolò Machiavellis Staats- und Politikverständnis, Baden-Baden, S. 121–142.

Kersting, Wolfgang, 2005: Thomas Hobbes zur Einführung, 3. Aufl. Hamburg.

Knoll, Manuel, 2003: Die konservative Verantwortungsethik des Humanisten Niccolò Machiavelli, in: Jahrbuch Politisches Denken, S. 94–116.

Kreide, Regina, 2008: Globale Politik und Menschenrechte. Macht und Ohnmacht eines politischen Instruments, Frankfurt a.M./New York.

Krell, Gert, 2009: Weltbilder und Weltordnung. Einführung in die Theorie der internationalen Beziehungen, 4. überarb. u. akt. Aufl. Baden-Baden.

Lenk, Kurt, 1998: Hobbismus als politische Anthropologie, in: Michael Th. Greven/Herfried Münkler/Rainer Schmalz-Bruns (Hg.): Bürgersinn und Kritik. Festschrift für Udo Bermbach zum 60. Geburtstag, Baden-Baden, S. 71–84.

Loquai, Heinz, 2000: Der Kosovo-Konflikt. Wege in einen vermeidbaren Krieg, Baden-Baden.

Machiavelli, Niccolò, 1986: Il Principe/Der Fürst (zuerst: 1513). Italienisch/Deutsch, übersetzt und herausgegeben von Philipp Rippel, Stuttgart.

Machiavelli, Niccolò, 1990: Der Fürst (Il Principe) (zuerst: 1513), in: Ders.: Politische Schriften, herausgegeben von Herfried Münkler, Frankfurt a.M., S. 51–123.

Machiavelli, Niccolò, 2000: Discorsi. Staat und Politik (zuerst: 1531), herausgegeben und mit einem Nachwort von Horst Günther, Frankfurt a.M./Leipzig.

Machiavelli, Niccolò, 2008: Die Kunst des Krieges (zuerst: 1520), in: Ders.: Gesammelte Werke in einem Band, herausgegeben von Alexander Ulfig, Frankfurt a.M., S. 709–856.

MacPherson, Crawford B., 1962: The Political Theory of Possessive Individualism. Hobbes to Locke, London.

May, Stefan, 2002: Kants Theorie des Staatsrechts zwischen dem *Ideal des Hobbes* und dem *Bürgerbund* Rousseaus, Frankfurt a.M.

Mouffe, Chantal, 2007: Über das Politische. Wider die kosmopolitische Illusion, Frankfurt a.M.

Münkler, Herfried, 1984: Machiavelli. Die Begründung des politischen Denkens der Neuzeit aus der Krise der Republik Florenz, Frankfurt a.M.

Münkler, Herfried, 1991: Thomas Hobbes' Analytik des Bürgerkriegs, in: Hobbes 1991, S. 215–238.

Münkler, Herfried, 1993: Thomas Hobbes, Frankfurt a.M./New York.

Münkler, Herfried 2002: Die neuen Kriege, Berlin.

Neumann, Franz L., 1937: Der Funktionswandel des Gesetzes im Recht der bürgerlichen Gesellschaft, in: Ders.: Demokratischer und autoritärer Staat. Studien zur politischen Theorie. Herausgegeben und mit einem Vorwort von Herbert Marcuse. Eingeleitet von Helge Pross, Frankfurt a.M./Wien 1967, S. 31–81.

Neumann, Franz L., 1986: The Rule of Law. Political Theory and the Legal System in Modern Society. With a Foreword by Martin Jay and an Introduction by Matthias Ruete, Heidelberg/Dover.

Ottmann, Henning, 2006: Geschichte des politischen Denkens, Bd. 3/1: Die Neuzeit: Von Machiavelli bis zu den großen Revolutionen, Stuttgart/Weimar.

Pelinka, Anton, 2004: Grundzüge der Politikwissenschaft, Wien/Köln/Weimar.

Popper, Karl R., 1980:Die offene Gesellschaft und ihre Feinde I: Der Zauber Platons (zuerst: 1945), 6. Aufl. München.

Rayn, Alan, 1996: Hobbes's political philosophy, in: Tom Sorell (Hg.): The Cambridge Companion to Hobbes, Cambridge, S. 208–245.

Roth, Klaus, 2003: Genealogie des Staates. Prämissen des neuzeitlichen Politikdenkens, Berlin.

Salzborn, Samuel (Hg.), 2009a: Kritische Theorie des Staates. Staat und Recht bei Franz L. Neumann, Baden-Baden.

Salzborn, Samuel (Hg.), 2009b: Leviathan und Behemoth. Staat und Mythos bei Thomas Hobbes und Carl Schmitt, in: Rüdiger Voigt (Hg.): Der Hobbes-Kristall. Carl Schmitts Hobbes-Interpretation in der Diskussion, Stuttgart, S. 143–164.

Salzborn, Samuel, 2011: Abschied vom Staat? Ein staatstheoretischer Blick auf den Nationalstaat in der Globalisierung, in: Gudrun Hentges/Bettina Lösch (Hg.): „Die Vermessung der sozialen Welt". Neoliberalismus – Extreme Rechte – Migration. Festschrift für Christoph Butterwegge zum 60. Geburtstag, Wiesbaden.

Sassen, Saskia 1996: Losing Control? Sovereignty in an Age of Globalization, New York.

Sassen, Saskia 2006: Territory – Authority – Rights. From Medieval to Global Assemblages, Princeton/Oxford.

Scheit, Gerhard, 2004: Suicide Attack. Zur Kritik der politischen Gewalt, Freiburg/Br.

Schmitt, Carl, 1934, Politische Theologie. Vier Kapitel zur Lehre von der Souveränität (zuerst: 1922), 2. Aufl., München/Leipzig.

Schuppert, Gunnar Folke, 2003: Staatswissenschaft, Baden-Baden.

Skinner, Quentin, 1990: Machiavelli zur Einführung, Hamburg.

Strauss, Leo, 1965: Hobbes' politische Wissenschaft (zuerst: 1936), Neuwied/Berlin.

Stütz, Julia, 2008: „State-Building" aus theoretischer und praktischer Perspektive, Baden-Baden.

Tönnies, Sibylle, 2009: Die „Neuen Kriege" und der alte Hobbes, in: Aus Politik und Zeitgeschichte, H. 46, S. 27–32.

Voigt, Rüdiger, 2000: Zwischen Despotismus und Friedensstaatlichkeit. Zur Staatskonzeption von Thomas Hobbes, in: Ders. (Hg.): Der Leviathan, Baden-Baden, S. 41–63.

Voigt, Rüdiger, 2004: Im Zeichen des Staates. Niccolò Machiavelli und die Staatsräson, in: Herfried Münkler/Rüdiger Voigt/Ralf Walkenhaus (Hg.): Demaskierung der Macht. Niccolò Machiavellis Staats- und Politikverständnis, Baden-Baden, S. 33–60.

Voigt, Rüdiger, 2005: Weltordnungspolitik, Wiesbaden.

Voigt, Rüdiger, 2008: Krieg ohne Raum. Asymmetrische Konflikte in einer entgrenzten Welt, Stuttgart.

Wehler, Hans-Ulrich, 2001: Nationalismus. Geschichte – Formen – Folgen, München 2001.

Wildt, Michael, 2003: Die politische Ordnung der Volksgemeinschaft. Ernst Fraenkels „Doppelstaat" neu betrachtet, in: Mittelweg 36. Zeitschrift des Hamburger Instituts für Sozialforschung, H. 2, S. 45–61.

Zippelius, Reinhold, 2003: Geschichte der Staatsideen, 10. neu bearb. u. erw. Aufl., München.

2. TEIL

SOUVERÄNITÄT UND AUSNAHMEZUSTAND

DAS ALTER EGO DER SOUVERÄNITÄT

Zur Begründung von Normsuspendierungen im Ausnahmezustand

Matthias Lemke

NORMSUSPENDIERUNG ZWISCHEN BÜRGER UND ORDNUNG

Der Ausnahmezustand als Rechtsinstitut im Verfügungsbereich der *Regierungskunst* (Michel Foucault) bezeichnet die höchst möglich konzentrierte Form von Souveränität.[1] Er entfaltet die ihm innewohnende Problematik der Normsuspendierung im Verhältnis von Bürger und Staat. „Infolgedessen", so Foucault in seiner Vorlesung *Geschichte Gouvernementalität I* aus dem Studienjahr 1977/78, „verschärft die Idee einer Regierung als Regierung der Bevölkerung noch das Problem der Begründung der Souveränität [...]."[2] Dieser Versuch der Annäherung an den Ausnahmezustand greift die Feststellung Foucaults insofern auf, als dass der Ausnahmezustand, jenes in seiner Wirkung und Wahrnehmung so ambivalente Instrument der Macht, in genau dem Spannungsfeld von Bevölkerung und Staat reflektiert wird, an den es unaufhebbar gebunden ist. Dieser Text beginnt daher nicht – wie sonst in der Forschungsliteratur[3] üblich – mit einem Verweis auf Carl Schmitt. Er beginnt mit einem im deutschsprachigen Raum viel zu wenig beachteten Drama von Albert Camus. Das Stück mit dem Titel *État de Siège*,[4] das am 27. Oktober 1948 im Théâtre Marigny in Paris uraufgeführt wurde, eröffnet die Perspektive des Bürgers, der sich einer mehr und mehr ausgreifenden Souveränität ausgeliefert sieht.

1 Vgl. *Bodin* 1583, I.8, S. 122 und I.10, S. 213: „La souveraineté est la puissance absoluë & perpetuelle d'une République [...]. Et qui est celuy qui ne iugeroit souverain, celuy qui donne loy à tous les subiects: qui fait la paix & la guerre : qui pourvoit tous les officiers & magistrats de son pays: qui leue les taille, & affranchit qui bon luy semble: qui donne grace à celuy qui a merité la mort? que peut on defirer davantage en un Prince souverain? ceux-cy ont toutes ces marques de souverainté"; vgl. ferner *Jellinek* 1960, S. 481f.: „In eine kurze Formel zusammengefaßt, bedeutet daher Souveränität die Eigenschaft einer Staatsgewalt, kraft deren sie die ausschließliche Fähigkeit rechtlicher Selbstbestimmung und Selbstbindung hat. [...] Souveränität ist demnach nicht staatliche Allmacht. Sie ist rechtliche Macht und daher durch das Recht gebunden."

2 *Foucault* 2004, S. 161.

3 Vgl. etwa grundlegend *Agamben* 2004, sowie in europäisch-vergleichender Perspektive *Fraenkel* 1965 und neueren Datums *Milev* 2009.

4 Camus' Drama *État de Siège* wird von Guido Meister historisch korrekt als Belagerungszustand übersetzt. Die französische Bezeichnung des *État de siège fictif* (auch *État d'urgence*) als Rechtsbegriff entspräche dem deutschen Terminus des *Ausnahmezustandes*, oder moderner, in der Tradition des Grundgesetzes, dem *Notstand.*

Camus' Stück erzählt von der *ohnmächtigen Macht* des Einzelnen in der Konfrontation mit einer ins Absolute gesteigerten Regierung. Was gute vier Jahre nach dem Ende der deutschen Besatzung der Stadt zwischen den Champs-Élysées und der Avenue Gabriel im 8. Arrondissement erstmals auf die Bühne gebracht wurde, ist in erster Linie eine Allegorie auf die menschenverachtende Praxis totalitärer Regime, die ihre Macht durch den Rückgriff auf eine bürokratische Organisationsstruktur festigen. Der *État de Siège* wird von Camus als eine existenzielle Bedrohung entworfen. Die Bewohner von Cadiz im Südwesten Andalusiens erblicken einen Kometen über ihrer Stadt. Der stadtbekannte Säufer Nada prophezeit ihnen daraufhin den unmittelbar bevorstehenden Weltuntergang. Paralysiert von dieser Aussicht lassen es die Bewohner geschehen, dass Pest und Tod die Macht in der Stadt übernehmen – die Tore werden geschlossen und fortan herrscht der *Belagerungszustand*, jeder Bewohner wird zum potenziellen Opfer eines vollkommen beliebigen Tötens. Nur der junge Arzt Diego widersetzt sich dem tyrannischen Regime der beiden – wegen seiner großen Liebe Viktoria, die vom Pesttod bedroht ist. Um sie zu retten, opfert er sich schließlich selbst. Und am Ende des Stückes lässt Camus den Chor konstatieren, dass es keine Gerechtigkeit gebe. „Aber“, so fährt der Chor fort, „es gibt gewisse Grenzen. Und die einen, die keine Ordnung schaffen wollen, und die anderen, die alles in Ordnung zu pressen versuchen, überschreiten sie gleichermaßen.“[5] Das Politische als Kontinuum zwischen Anarchie und Totalitarismus ist also – so Camus – vor dem Zugriff der übersteigerten, maßlos gewordenen Exekutive niemals gefeit. Nur der Widerstand des Einzelnen, die Courage zur Entscheidung, nicht mittun zu wollen, vermag als Insel in einem Meer entgrenzter, expandierter Exekutivmacht der Menschlichkeit noch Zuflucht zu gewähren.

Der Ausnahmezustand ist allerdings nicht gleichbedeutend mit Widerstand, Revolte oder Revolution. Die angesichts des Ausnahmezustandes greifenden Rechtsinstitute stellen das Paradigma von Expansionen der Exekutivmacht überhaupt dar – und zwar in Bereiche hinein, die jenseits ihrer befristeten Geltung vor dem Zugriff des Staates geschützt gewesen sind. Der Ausnahmezustand ist – um in der Metaphorik zu bleiben – die Insel der Normsuspendierung in einem Meer normierter, souverän gesetzter Ordnungsgefüge. Und nun also doch Carl Schmitt, dem all das Bedrohliche der von Camus entworfenen Szenerie von Cadiz abgeht. In der *Politischen Theorie* (1922) heißt es zur Bestimmung der juristischen Qualität des Ausnahmezustandes: „Der Ausnahmezustand hat für die Jurisprudenz eine analoge Bedeutung, wie das Wunder für die Theologie.“[6] Schmitts Perspektive ist nicht – wie bei Camus – diejenige des unterworfenen, ausgelieferten Bürgers, es ist die Perspektive des Staates. Zieht man die etymologischen Wurzeln des Wortes *Wunder* (griech. *paradoxon*, lat. *miraculum*) sowie seine neutestamentarische Bedeutung zur Interpretation von Schmitts Aussage heran, so treten zwei Aspekte dessen hervor, was als Wunder gelten kann. Das ist einerseits das Vollbringen au-

5 *Camus* 1972, S. 186.
6 *Schmitt* 1922, S. 49.

ßergewöhnlicher und damit nicht normaler, nicht erwartbarer Leistungen. Und das ist zum anderen die unmittelbare Intervention Gottes in irdische Belange. Nimmt man den Leistungs- sowie den Interventionsaspekt zusammen, dann ist ein Wunder eine nicht normale Erscheinung oder Leistung, deren Ursache oder Urheber außerhalb des *normalen* gesellschaftlichen Gefüges steht. Der Ausnahmezustand – und das gilt innerhalb der Jurisprudenz genauso wie in der Politik – ist eine Form der Transzendierung eines bestehenden Norm- und Ordnungsgefüges durch die souveräne Macht mit dem Ziel der Rettung genau dieser Ordnung.

Und genau darin liegt die Ambivalenz des Ausnahmezustandes: Er erscheint als letzte Zuflucht des Souveräns einerseits, als potenziell existenzielle Bedrohung des Menschen andererseits. Betrachtet man die Entwürfe von Camus und Schmitt nebeneinander, dann wird schnell deutlich, dass die von den beiden jeweils favorisierten Akteure, nämlich der Bürger und die Repräsentanten der Souveränität, nicht getrennt voneinander, sondern nur in Bezug aufeinander denkbar sind.[7] Denn die Prämisse für die Existenz einer jeden Form von staatlicher oder vorstaatlicher Ordnung liegt in der von ihr verheißenen Garantie von (Rechts-)Sicherheit nach Innen und von Schutz vor jeglicher Bedrohung von Außen. Gerade angesichts moderner Demokratien, in denen sich die Figur des Bürgers und die des Souveräns gegenseitig überlagern und in denen gerade wegen dieser Überlagerung Regierungshandeln begründungspflichtig ist, stellt sich also die Frage, wie eine Suspendierung eines souverän gesetzten Ordnungsgefüges überhaupt legitimiert werden kann.

Wie kann die Souveränität, die Schmitt als *Grenzbegriff* jenseits und diesseits der Legalität beschrieben hat, angesichts der demokratischen Identität von Herrschaft und Beherrschten Geltung beanspruchen und gleichzeitig den Rahmen dieses Geltungsanspruches negieren wollen? Warum braucht die Souveränität – und mit Foucault müsste man präzisieren: warum braucht die *Technik der Regierung* – überhaupt den Ausnahmezustand? Und warum sollten sich die Bürger auf einen *Deal* mit einem Ordnungsgefüge einlassen, in dem ihnen zwar Sicherheit versprochen wird, dieses Versprechen aber im Falle einer nicht von den *Kunden* des Ordnungsgefüges[8] zu diagnostizierenden Normabweichung kassiert werden kann? Implizit aufgegriffen hat diese Problematik – hier wieder aus Sicht des Staates formuliert – der damalige Vorsitzende der CDU/CSU-Bundestagsfraktion, Wolfgang Schäuble. In einem am 13. September 1996 in der *Frankfurter Allgemeinen Zeitung* veröffentlichten Artikel vertrat Schäuble genau jene, für den Ausnahmezustand so charakteristische, Befürwortung der Exekutivexpansion gegen jegliche, auch konstitutionellen Einhegungen. Seine beklemmend aktuelle Intervention lautete:

7 Vgl. hierzu systematisch *Foucault* 2004.
8 Vgl. zu dieser Metaphorik und ihrer systematischen Ausarbeitung *Nozick* 1974.

> Die Verfassung ist immer weniger das Gehege, in dem sich demokratisch legitimierte Politik entfalten kann, sondern immer stärker die Kette, die den Bewegungsspielraum der Politik lahm legt.[9]

Trotz der schiefen Metaphorik – die von Schäuble aufgeworfene Problematik verursacht Unbehagen, weil die Frage nach den Handlungsgrenzen von Politik bis heute und wohl auch künftig nichts von ihrer demokratie- wie verfassungstheoretischen Brisanz verloren hat – insbesondere aus der Perspektive des Bürgers. Also: Was darf der Staat?

BEGRIFFSZUSCHREIBUNGEN

Wie vielschichtig diese andere, als *anomisch* wahrgenommene, *de facto* aber *normale* Dimension im Verhältnis von Bürger und Staat sein kann, lässt sich anhand einer etymologischen Erschließung des Begriffes *Ausnahmezustand* illustrieren. Der Begriff der *Ausnahme* erscheint unter Berücksichtigung seiner lateinischen Wurzeln[10] nämlich als äußerst facettenreich. Zieht man neben den in diesem Kontext einschlägigen lateinischen Substantiven *exceptio, -ionis* (allgemeine Ausnahme) und *derogatio, -onis* (juristischer Ausnahmebegriff) auch die dazu gehörigen Verben *excipere* und *derogare* heran, so entsteht ein Bedeutungsspektrum, das von der einfachen Benennung der Ausnahme und ihren verschiedenen Abstufungen bis hin zur Beschreibung der diesbezüglichen Handlungsmodi der Akteure reicht.[11] Grundlegend scheint dabei die Annahme zu sein, dass eine wie auch immer geartete Ausnahme von den in der Welt handelnden Akteuren hervorgebracht wird und also einer rein innerweltlichen Genese unterliegt. Insgesamt drei verschiedene Pole des Bedeutungsspektrums scheinen dabei als politisch relevant.

Nimmt man zunächst den begrifflichen, einen konkreten Vorgang oder Sachverhalt benennenden Pol des Bedeutungsspektrums, so wird *exceptio* als Ausnahme, Einschränkung oder Klausel, sowie in einer zweiten Bedeutungsebene als Einrede, Einwendung oder Protest übersetzt. Der juristische Terminus der *derogatio* verweist auf die partielle Aufhebung oder Beschränkung eines Gesetzes. Beiden Begriffen gemein ist die in ihnen präsente Formulierung einer Zäsur im Rahmen einer bestehenden Entität oder Normalität, wobei sich deren Vehemenz oder Radikalität graduell unterscheidet. Dieser Unterschied bemisst sich anhand der jeweils unterstellten Dimension von Zeitlichkeit. Während einzig der ju-

9 *Schäuble* 1996, S. 12; vgl. hierzu kommentierend *Hirsch* 2009.

10 Die ethymologische Erschließung setzt mit der lateinischen Begrifflichkeit ein, weil eine begriffliche Entsprechung insbesondere hinsichtlich der spezifisch juridischen Terminologie für den griechischen Kontext nicht adäquat nachweisbar ist. Die Aufhebung einer Normalität durch eine Krise, etwa einen Bürgerkrieg oder einen Aufstand, wird als fundamentaler Gegenentwurf zur Norm begriffen.

11 Vgl. zu den verschiedenen Begriffszuordnungen *Lieberwirth* (1986), S. 84, 100ff.

ristische Terminus der *derogatio* einen konkreten Zeitraum für die Ausnahme benennt, entfällt dieser konkrete zeitliche Orientierungsrahmen in den anderen Fällen. Die *exceptio* kann, als Einspruch oder Protest, nur wenige Augenblicke andauern, als Einschränkung oder einschränkende Klausel jedoch auch von längerfristiger Dauer sein. Damit ist die *exceptio* grundsätzlich weniger eindeutig im Hinblick auf die zeitliche Suspendierung einer Norm, als die *derogatio*. Ungleich komplexer wird ihre Bestimmung, wenn man von der zeitlichen Dimension absieht und eine kausale Aussage- und Sinnebene unterstellt. Als Ursache vermag die *exceptio* die ihr vorgelagerte Norm oder Entität vollkommen zu sprengen. Die Wirkung eines Einspruches oder eines Protestes vermag eine im Vergleich zur Situation ihrer Äußerung qualitativ vollkommen andere Seinsrealität zu provozieren, die dann – in ihrer Finalität betrachtet – eine eigene, neue Entität, eine neue Norm produziert. In diesem Sinne, also in Bezug auf ihre potentielle *Wirkungsmacht*, erscheint die *exceptio* als wesentlich radikaler, als dies für den juristischen Terminus der *derogatio* der Fall ist.

Dieser Bedeutungsunterschied setzt sich analog im zweiten Pol des Bedeutungsspektrums fort, der sich aus den zu den jeweiligen Substantiven gehörenden Verben konstruieren lässt. Grundsätzlich geht es hier um die spezifische Hervorbringungslogik der Negation einer Norm. Damit ist dieser Teil des Bedeutungsspektrums an den für die Hervorbringung verantwortlichen Akteur[12] und sein interventionistisches Interesse angesichts der Normablösung gekoppelt. Das Verb *excipere* kann in diesem Kontext mindestens vier Bedeutungsebenen ausfüllen. Es kann mit

(1) herausnehmen, ausnehmen, eine Ausnahme machen, eine Bedingung festsetzen, ausbedingen, einen Einwand erheben,
(2) etwas Fallendes oder Sinkendes auffangen, abwehren, abhalten,
(3) sich nehmen, übernehmen, aufbürden und schließlich
(4) fortsetzen, fortführen, sich unmittelbar an etwas anschließen

übersetzt werden. Diese vier Übersetzungen verweisen auf drei relevante Bedeutungsfelder, ein *interventionistisches* (1 und 2), ein *usurpatorisches* (3) und ein *perpetuierendes* (4). Das *interventionistische* Bedeutungsfeld eröffnet eine Handlungsdimension, die auf die Unterbrechung einer Entität abzielt oder aber auch den Eintritt einer sozial oder politisch relevanten Erscheinung oder Zäsur im Kontext einer bestehenden Entität zu verhindern bestrebt ist. Handeln ist hier gleichbedeutend mit Verhindern, unabhängig davon, worauf die Intention der Verhinderung beruht. Das *usurpatorische* Bedeutungsfeld wiederum verweist nicht auf die Verhinderung von Handeln, sondern vielmehr auf die Erlangung einer Position, aus der heraus Handeln oder die Delegierung bzw. Anleitung von Handeln möglich wird. Dabei kann es aus der Sicht des Initiativakteurs nötig sein, eine solche

12 Zur sozial relevanten Form von Verantwortung sowie den Konsequenzen von und den Ursachen für Verantwortungsnegierung und Verantwortungslosigkeit in der Politik vgl. etwa *Bauman* 1999, S. 101 und *Popitz* 1986, S. 97.

Position überhaupt erst zu generieren, sei es gegen etwaige Widerstände oder etwa auf dem Wege der Kooperation oder Verhandlung. Das *perpetuierende* Bedeutungsfeld verweist dann auf eine weitere Facette des Begriffsspektrums, nämlich diejenige, die nach der Aufrechterhaltung einer wie auch immer gearteten Kontinuität strebt. Dabei muss das, was fortgesetzt werden soll – etwa die Kreuzfahrertradition im Spanien Francos, das Heilige Römische Reich Deutscher Nation als so genanntes *Drittes Reich* im Falle der Nationalsozialisten oder die vermeintliche Integrität des muslimisch-arabischen Kulturraumes im Falle des islamistisch motivierten Terrorismus[13] – in der Gegenwart der Akteure nicht unbedingt als existent gegeben sein. Perpetuierung eines gewesenen Sachverhaltes in die Zukunft hinein und aus einem spezifischen Bewusstsein der Vergangenheit heraus kann gleichbedeutend sein mit Rekonstruktion, was wiederum die gegenwartspolitische Sprengkraft auch dieser Bedeutungsdimension erklärt.

Ein dritter Bedeutungspol schließlich wird markiert durch die technischen Bezeichnungen des Ausnahmezustandes, also denjenigen politischen und juristischen Begriffen, die im Kontext der Verfassungsgesetzgebung für den Zustand etabliert wurden, in dem die geschriebene Verfassung partiell suspendiert werden kann. Hierbei sind zwei verschiedene Begriffskategorien anzutreffen, was exemplarisch anhand der französischen Unterscheidung zwischen dem konkreten, historischen *État de siège militaire* und dem modernen juristischen Terminus des *État d'urgence* und dem noch übergeordneten *État de siège fictif/politique*[14], wie sie im etwa 1. Buch des *Code de la Défense* unter dem Titel „Régimes d'applications exceptionneles" genannt werden, verdeutlichen lässt. Doch dazu später mehr.

NORMSUSPENDIERUNG HISTORISCH

Denn die Geschichte der partiellen Suspendierung geltender Normen – und also die Geschichte dieses so merkwürdigen *Deals mit dem Ordnungsgefüge* – nimmt ihren Anfang nicht etwa in der modernen Verfassungsstaatlichkeit des 20. Jahrhunderts, sondern bereits in der klassischen Phase der Römischen Republik. Dabei ist die Funktionslogik der Normsuspendierung im tradierten Verfassungsgefüge als Rechtsinstitut voll etabliert, ohne dass der Begriff der Staatlichkeit in dem Sinne, wie ihn Foucault mit *Regierungskunst* bestimmt, überhaupt schon gebräuchlich wäre. Somit wird die Normsuspendierung in der klassischen Phase der

13 Vgl. hierzu *Berman* 2004, S. 73.

14 Beide Termini sind festgelegt im Code de la Défense in der Form vom 28.5.2008, Partie 2 „Régimes juridiques de Défense", Titre II et III. Während der Titre II die Regelungen zum État de siège fictif festhält, wie er in Artikel 36 der Verfassung vom 4.10.1958 bestimmt ist, verweist der Titre III hinsichtlich des État d'urgence auf die Bestimmungen des Loi No 55-385, instituant un état d'urgence et en déclarant l'application en Algérie, geändert durch die Ordonnance No 60-372, Modification des Art. 2, 3, 4 et 11 de la Loi 55385 du 03-04-1955 (Déclaration de l'État d'urgence en Conseil des Ministres, Prorogation) vom 15.4.1960, veröffentlicht in JORF vom 17.4.1960, S. 3584.

Römischen Republik nicht im Kontext der Idee von Staatlichkeit, wohl aber vor dem Hintergrund des Bemühens um die Aufrechterhaltung von Ordnung zu erörtern sein.

Nach der Auflistung *Magistrates of the Roman Republic* von Thomas Robert Shannon Broughton kennt die klassische Phase der Römischen Republik in der Zeit von 287–133 v. Chr. insgesamt 21 Diktatoren.[15] Mit dem Rechtsinstitut der *Diktatur*[16] – einem damals also noch nicht negativ konnotierten Begriff – einher gingen eine Stärkung der Exekutivkompetenzen sowie eine hochgradige personale Konzentration der Regierungsmacht. Wobei diese Zusammenführung von Entscheidungskompetenzen angesichts immer komplexerer Krisen- und Konfliktkonstellationen, denen sich die Republik ausgeliefert sah, um das Jahr 200 v. Chr. an ihre funktionalen Grenzen stieß.[17] Als exemplarische Praxis jener klassischen Form der Diktatur kann diejenige des Quintus Fabius Maximus Verrucosus[18] (gen. Cunctator, um 275–203 v. Chr.) aus dem Jahr 217 v. Chr. herausgegriffen werden – auch wenn dessen Ernennung nicht auf dem Beschluss eines *Senatus consultum ultimum* und der Einsetzung durch die Konsuln (*consules videant, ne quid detrimenti res publica capiat*), sondern auf eine *ex post* durch den Senat legalisierte Wahl des römischen Volkes zurückging.[19] Ansonsten aber entspricht die Diktatur des Quintus Fabius Maximus in Anlass (militärische Krise) und Ausführung (zeitliche Befristung) in idealtypischer Weise dem unter dem Begriff der *Diktatur* rubrizierten konstitutionellen Instrumentarium und ist darüber hinaus über zeitgenössische Quellen gut belegt. Im Folgenden gilt es also, die Diktatur des Quintus Fabius Maximus in ihrem historischen Ablauf nachzuzeichnen und anhand des so entworfenen Bildes zu zeigen, welche Begründungen für die Einsetzung eines temporär geschlossenen Ausnahmezustandes[20] vorliegen und mit welchen Mechanismen diese Normsuspendierung umgesetzt wird.

15 Vgl. *Broughton* 1984.

16 Zur Definition vgl. *Gizewski* 1997, S. 535, Sp. 1–2: „Inhaber einer notstandsbedingten, außerordentlichen, umfassenden, aber zeitlich begrenzten Amtsgewalt in der röm. Republik. Ein Imperiumsträger, also ein Consul und notfalls auch ein Praetor, kann aus eigener Kompetenz einen D.(ictator) ernennen (dictatorem dicere), und zwar formell ohne Interzessionsmöglichkeit eines Kollegen, aber in der Regel nach Absprache mit dem Senat und anderen Amtsträgern. Der D. wird damit zum Inhaber eines auf sechs Monate begrenzten Imperium [...]. Sachlich wird somit die mil. Kommandogewalt, die mit Rechtsmitteln nicht angreifbar ist, auf den zivilen Sektor des öffentlichen Lebens übertragen."; vgl. ferner Bleicken 1995, S. 112ff.

17 Vgl. *Kunkel* 1995, S. 230f.

18 Für eine politische Biografie des Fabius Maximus vgl. *Plutarch* 1979, Bd. 2.

19 Vgl. *Livius* 1980, XXII, 8, 6f.; vgl. auch *Polybios* 1961, III, 87, 6ff., wobei hier die Verfassungsabweichung durch das fehlende Senatus consultum ultimum nicht explizit thematisiert wird.

20 Zum Begriff vgl. *Scheppele* 2008, S. 165ff.: „The legalists argue that crisis of state must be met by entirely legal responses. Such responses may be different than they would be in a normal and peaceful situation, but they must be legal all the same. Legalists typically constitutionalize emergency powers by ringing them round with various forms of constraint. Only in this way, say the legalists, can constitutional government be preserved in the face of serious challenge. [...] Besides, maintaining separation of powers and rights in times of crisis

Entsprechend der verfahrenspraktischen Logik der Diktatur war das Jahr 217 v. Chr. eines der schlimmsten Krisenjahre in der Geschichte Roms. Die Krise der zum maritimen Hegemon aufgestiegenen Republik[21] entsteht durch ihre militärischen Verstrickungen in den *Zweiten Punischen Krieg* (218–201 v. Chr.). Im Rahmen der Kampfhandlungen wurden dem römischen Heer durch den karthagischen Feldherrn Hannibal Barkas[22] (um 246–186 v. Chr.) verheerende Niederlagen beigebracht. Aus dieser exogen induzierten und für die Römische Republik existenziellen Krisensituation erklärt sich der nachgerade verzweifelte Duktus in der Auflistung negativ ausdeutbarer Auspizien bei Livius:

> Und Schreckenszeichen, die gleichzeitig von mehreren Orten gemeldet wurden, vermehrten die Angst. In Sizilien hätten bei einigen Soldaten die Spitzen ihrer Lanzen, in Sardinien bei einem Ritter, der auf der Mauer die Nachtwachen kontrollierte, der Stab in der Hand aufgeglüht. Die Küsten seien häufig von aufblitzendem Feuer erhellt gewesen, zwei Schilde hätten blutigen Schweiß gezeigt, einige Soldaten seien vom Blitz getroffen worden, und man habe die Sonnenscheibe kleiner werden sehen. [...] Zur gleichen Zeit seien in Rom auf der Via Appia die Statue des Mars und die Bilder der Wölfe feucht von Schweiß gewesen; und in Capua habe man gesehen, wie der Himmel brannte und der Mond während eines Gewitterregens auf die Erde fiel.[23]

Und während sich also in ganz Italien die für die Zeitgenossen untrüglichen Zeichen drohenden Unheils mehrten, breiteten sich gleichsam Furcht und Unsicherheit angesichts dessen aus, was da noch kommen würde: „Keiner wußte genau, was er hoffen durfte oder fürchten mußte.“[24] Das zentrale Leistungsmerkmal von Staatlichkeit, nämlich das Sicherheitsversprechen gegenüber den Bürgern, war, so die Quintessenz der Überlieferung von Titus Livius vor dem Hintergrund der Frage nach den Gründen für die Ausrufung eines Ausnahmezustandes, gleich zu Beginn des *Zweiten Punischen Krieges* völlig unterhöhlt. Die Machtvollkommenheit in Bezug auf die territoriale Selbstbestimmung und -garantie, also die Souveränität Roms, war durch die sich mehrenden militärischen Niederlagen auf ganz praktische Art und Weise fundamental zerrüttet. Eine weit verbreitete Angst um die Zukunft des Staates sowie des individuellen Schicksals waren die individuell erlebbaren Folgen dieser Krise.

Auch wenn die Detailfülle der hier wiedergegebenen Ausführungen es nahe legen mag, so ist es nicht die konkrete Beschaffenheit der Krise, die die Qualität des in der Folge installierten Ausnahmezustandes andeterminiert. Vielmehr hängt dessen Qualität von der in der Zeit der Krise maßgeblichen Rechtsnorm ab, wobei

may affirmatively assist a state in fighting the threat.“ Vgl. hierzu ferner *Ferejohn/Pasquino* 2008, S. 210–239.

21 Vgl. *Cassius Dio* 1985, XIII, 52, 1: „Die Römer standen auf dem Höhepunkt ihrer militärischen Macht und lebten in vollkommener gegenseitiger Eintracht.“

22 Zu Hannibal vgl. *Livius* 1980, XXII, 4, 2: „Hanibal, quod agri est inter Cortonam urbem Trasumennumque lacum, omni clade belli pervastat [...].“

23 *Livius* 1980, XXII, 1, 8–12.

24 *Livius* 1980, XXII, 7, 10; vgl. auch *Cassius Dio* 1985, XIV, 57, 7.

immer in Rechnung gestellt werden muss, dass eine Krise einmal existente Normen durchaus auch in Gänze zu suspendieren vermag. Die durch den Krieg induzierte Krise jedenfalls hatte im Inneren Italiens sowie in den Köpfen der Menschen auf massive Weise Gestalt angenommen. In dieser Situation radikaler Bedrohtheit, in der „der kranke und angegriffene Staat [...] an der äußeren Grenze seiner Belastbarkeit angelangt“[25] war, greift im Jahr 217 v. Chr. das *Rechtsinstitut der Diktatur*. Angesichts der Bedrohungslage wird das fehlende Votum des Konsuls bei der Einsetzung des Fabius Maximus nicht als Bruch mit der Verfassung ausgelegt. Im Gegenteil: Dem geschwächten Ordnungsgefüge die notwendige Versorgung zukommen zu lassen erscheint als Akt der Nothilfe. Livius schreibt dementsprechend:

> So nahmen denn die Bürger ihre Zuflucht zu einem Mittel, das man lange nicht mehr verlangt oder angewendet hatte: zur Ernennung eines Diktators. Aber der Konsul, von dem allein er ernannt werden konnte, war abwesend [...]. Das Volk aber durfte rechtlich keinen Diktator ernennen. Was also niemals vorher geschehen war, trat jetzt ein: Das Volk wählte Quintus Fabius Maximus zum Diktator [...].[26]

Neben dem instrumentellen Charakter, der dem Ausnahmezustand im Hinblick auf die wieder herzustellende Ordnung zuerkannt wird, fokussiert Titus Livius die aktive Rolle des römischen Volkes im Akt der Einsetzung des Quintus Fabius Maximus als Diktator. Die Bürger entscheiden sich – aus Gründen akuter *Zeitknappheit* im Sinne einer *Gefahr im Verzug*[27] höchst selbst für die Suspendierung der Norm zugunsten des Ausnahmezustandes[28], die in der Folge durch den Senat[29]

25 *Livius* 1980, XXII, 8, 4.

26 *Livius* 1980, XXII, 8, 5-7.

27 *Livius* 1980, XXII, 31, 9f.: „Sed et Coelium et ceteros fugit uni consuli Cn. Servilio, qui tum procul in Gallia provincia aberat, ius fuisse discendi dictatoris; quam moram, quia exspectare territa tertia iam clade civitas non poterat, eo decursum esse, ut a populo crearetur, qui pro dictatore esset; [...].“ Auffällig ist die passivische Konstruktion in der Zuerkennung der souveränen Machtausübung durch das Volk Roms, die sich mit dem tatsächlich ausgeübten Herrschaftsanspruch nicht in Deckung bringen lässt.

28 Diese Praxis ist bei den Zeitgenossen nicht unumstritten, da sie der gängigen Tradition der Ernennung eines Diktators durch die Konsuln auf Grundlage eines Senatsbeschlusses (senatus consultum ultimum) widerspricht. Vgl. die Erörterung bei *Livius* 1980, XXII, 31, 8ff., sowie die kritische Einordnung bei *Plutarch* 1979, S. 161f.

29 Zur verfassungsmäßigen Rolle des Senats im Institutionengefüge der römischen Republik vgl. *Bleicken* 1975, S. 28. Dort heißt es bei Bleicken: „Was dem Senat blieb, nennt Mommsen das ‚verschwommene und aller strengen Definition sich entziehende Wort auctoritas‘. Mit ihr habe der Senat zwar die Welt erobert und regiert; sie sei ganz offenbar eine außergewöhnliche Machtquelle gewesen. Bloße Macht aber ist etwas Politisches, gehört als solche nicht der Rechtssphäre und damit auch nicht der Mommsenschen Staatsrechtslehre an: ‚Macht bringt keinen rechtserheblichen Willensentscheid hervor; vor ihr versagt die juristische Definition, und was man nicht definieren kann, ist für die rechtspositivistische Lehre nicht existent.“ Herv. i. Orig.; vgl. ferner. *Bleicken* 1985, S. 84: „Diese Reihenfolge (wonach der Magistratur und der Volksversammlung vor dem Senat ein höheres rechtliches Gewicht eingeräumt wird; Anm. d. Verf.) beruht darauf, daß Mommsen den römischen Staat in seinen rechtlichen Ele-

gebilligt wird. Der Ausnahmezustand erscheint somit als unmittelbarer Willensakt der höchsten, nicht mehr ableitbaren Macht, die sich, indem sie den Ausnahmezustand ausruft, diesem unterwirft. In Bezug auf die *Diktatur* ist das römische Volk *Schöpfer* wie *Kreation* in einem – es ist *Schöpfer*, insofern von ihm die Initiative zur *Diktatur* ausgeht, und es ist *Kreation*, insofern es sich von der *Diktatur* eine neu gestaltete Normierung seines Handlungsraumes und damit letztlich *seiner Selbst* erhofft. Die spezifische Form des *Ausnahmezustandes* in der Römischen Republik, das notstandsbedingte, außerordentliche, umfassende und zeitlich begrenzte *Oberkommando ohne Begrenzung* (Plutarch), ist als Rechtsinstitut in Händen des Souveräns nur in der prozeduralen Dichotomie von *Investitur* und *Entsouveränisierung* fassbar. Bei Polybios wird diese Dichotomie ebenso deutlich, wie auch seine gänzlich unproblematische Ausdeutung der nicht verfassungskonformen Ernennung des *Diktators*. Letztere scheint ihm durch die Umstände der Krisenerfahrung geheilt:

> Es war am Dritten Tage nach der Meldung von der Schlacht und die Trauer in der Stadt gerade jetzt gleichsam in der höchsten Fieberglut, als auch noch dieser Schlag (die Niederlage des Hilfskorps unter C. Centenius; Anm. d. Verf.) hinzukam und nicht nur die Menge, sondern auch den Senat in größte Bestürzung versetzte.

Diese Erfahrung der Krise, auch bei Polybios präsent in der Metaphorik des kranken, in Agonie befindlichen Ordnungsgefüges, führt ursächlich zur Entscheidung für eine Normsuspendierung und die dafür erforderlichen administrativen Schritte:

> Deshalb gaben sie die jahrweise Führung der Geschäfte und die Beamtenwahlen auf und beschlossen, der Lage durch ein wirksameres Mittel zu begegnen: Die Verhältnisse, so meinten sie, und die drohende Gefahr erforderten einen Feldherrn von unumschränkter Vollmacht, einen Diktator.[30]

Bei Polybios ist das dezidierte Bemühen um die Betonung der Tatsache erkennbar, die Investitur des *Diktators* trotz Abwesenheit des Konsuls als legalen, souveränen und mithin notwendigen politischen Akt zu beschreiben. Bei Quintus Fabius Maximus handelt es sich nach Meinung der zeitgenössischen Geschichtsschreibung also um einen im Ausnahmezustand tätigen, *legalen Akteur*.

Die in der Diktatur vorgenommene, normierte Normsuspendierung erscheint als die letzte noch verbliebene Handlungsoption des angesichts des drohenden Staatszerfalls. Ihr Vorteil besteht aus Sicht des Souveräns in einer Wette auf die Zukunft. Die Exekutivkompetenz wird in der Diktatur durch Wegfall von Kollegialität, Interpellation und Interzession derart zur *außergewöhnlichen Machtquelle*

menten vorstellte und er deswegen, weil die Magistratur die rechtlich am schärfsten, der Senat die rechtlich am wenigsten deutlich ausgeprägte Institution ist [...].“ Der Befund Bleickens kann auch dahingehend gelesen werden, dass eine Institution, je weniger sie juridisch kodifiziert ist, desto mehr (macht-)politischen Gestaltungsraum auszufüllen vermag.

30 *Polybios* 1961, III, 86.

(Theodor Mommsen) der *auctoritas* zugespitzt[31], dass dadurch die maximal generierbare Chance auf den Erhalt der Integrität des Souveräns in der Praxis nach Wegfall der Normsuspendierung realisiert wird. Die Wirkmacht der Diktatur liegt also in der durch sie verheißenen maximalen Mobilisierung der exekutiven Befugnisse des Ordnungsgefüges zum Zweck der Krisenbewältigung. Diese maximale Mobilisierung drückt sich bei Polybios in der Formel der *unumschränkten Vollmacht* des im Amt des Diktators kumulierten *Imperiums* aus. Unumschränkt meint in diesem Zusammenhang aber keineswegs gänzlich absolut, sondern beschreibt eben die Konzentration der Exekutive jenseits gängiger Machtteilungsmechanismen sowie sonstiger Organkompetenzen mit dem einzigen Zweck des Erhalts der sie generierenden Souveränität. Im *Ausnahmezustand* bleibt die Wirkmacht der konzentrierten Exekutive an die entsendende Souveränität gebunden, Souveränität und Ausnahme bilden ein gemeinsames Interessen- und Handlungsbündel. Im Hinblick auf diese, aus der Entscheidung *für Praxis* und *gegen Pathos* resultierenden Strategie der Normsuspendierung verschmelzen die Interessen des Souveräns und der von ihm ins Amt gesetzten Exekutive. Der *Ausnahmezustand* avancierte angesichts der durch Hannibal entfalteten Dramatik des *Zweiten Punischen Krieges* zum einzig noch Erfolg versprechenden und somit legitimen Instrumentarium der dem Souverän obliegenden Wahrung der *Staatsraison*.

Die Exekutivexpansion der Diktatur erstreckte sich dabei auf der Zeitachse über einen Zeitraum von nicht mehr als sechs Monaten.[32] Entscheidend ist nicht die konkrete Amtsführung *res gerundae causa*[33] während der sechsmonatigen Amtsdauer, sondern die Frage nach der Abwicklung der Diktatur. Die zeitliche Einhegung Diktatur stellt ein römisches Spezifikum dar. Im konkreten Fall erscheint die Befristung von *ne amplius sex meses* (Cicero) als Selbstverständlichkeit, der sich die handelnden Akteure ihr ohne Widerspruch unterwerfen. Das Normgefüge, das die Diktatur trägt, erweist sich als jenseits der Normsuspendierung intakt: „Belehrt durch die Erfahrung", so schreibt Polybios über den finalen Erfolg des Quintus Fabius Maximus trotz aller inneren Anfeindungen,

> schlugen nun die Römer wieder ein einziges Lager auf und bezogen es gemeinsam, und fortan hörten alle auf Fabius und befolgten seine Befehle. [...] Da nun die Zeit der Beamtenwahl

31 Bei Bleicken erscheint die auctoritas, hier in der spezifischen Form als auctoritas patrum des Senats, als eine vorrechtliche Befugnis zur institutionellen Willensäußerung und -durchsetzung. Begreift man den Diktator als personifizierte auctoritas, so wäre er die jeglichem rechtlichen Institut vorgreifende Willensbekundung des römischen Imperiums und in diesem Sinne legibus absolutus. Vgl. *Bleicken* 1975, S. 294ff.

32 Vgl. *Cicero* 2004, III, 3, 9: „Ast quando duellum gravius aut discordiae civium escunt, oenus ne amplius sex menses, si senatus creverit, idem iuris, quod duo consules, teneto, isque ave sinistra dictus populi magister esto. Equitamque qui regat, habeto pari iure cum eo, quicumque erit iuris disceptator." Herv. d. Verf.

33 Also zur Kriegsführung, daher auch belli gerundae causa.

> herangekommen war, wählten die Römer L. Aemilius und C. Terentius zu Konsuln. Nach deren Ernennung legten die Diktatoren ihr Amt nieder.[34]

Die Diktatur des Quintus Fabius Maximus aus dem Jahr 217 v. Chr. kann zusammenfassend gesehen als ein idealtypisches Paradigma einer normändernden Exekutivexpansion betrachtet werden. Denn in ihrem Vollzug finden sich Handlungs- und Organisationselemente wieder, die auch in späteren Entwicklungsstadien der Normsuspendierungspraxis auftreten. Hinsichtlich des *handelnden Akteurs* tritt mit Fabius Maximus ein von der alten Norm sanktionierter und im konkreten Falle noch durch ein Votum der Bürger Roms gestützter Diktator auf. Die in seinem *Imperium* zum Tragen kommende Normsuspendierung ist damit doppelt legitimiert. Der Ausnahmezustand hat die Abwehr einer äußeren Gefahr sowie die Wiederherstellung der *ex ante* bestehenden Norm zum Zweck. Hinsichtlich der *Leistung* liegt ein *normrestaurierender* Ausnahmezustand vor, da die nach dem Ende des Ausnahmezustandes geltende Norm identisch mit derjenigen vor der Normsuspendierung ist. Und schließlich wird die *Zeitspanne*, in der der Ausnahmezustand im konzentrierten *Imperium* des Diktators greift, entsprechend der bei Cicero überlieferten maximalen Dauer von sechs Monaten eingehalten und nicht entgegen der Normkonformität perpetuiert.

Der hieraus resultierende Befund legt eine hoch entwickelte Identität von Norm und Ausnahme in Bezug auf deren gemeinsame Zwecksetzung nahe. Das den Ausnahmezustand einrahmende Normgefüge bewirkt aufgrund seiner tradierten konstitutionellen Verankerung eine derart starke *Einhegung der Ausnahme*, dass deren latent expansiver Charakter sich nicht gegen die Bürger Roms richtet. In diesem Sinne sind die Bürger Roms nicht Gegenstand, wohl aber Teilnehmer der durch die Ausnahme konstituierten Arena der Normsuspendierung. Denn durch ihre Wahl legalisierten sie die politische Praxis des Quintus Fabius Maximus. Ihre Akklamation ermöglicht und legitimiert die Diktatur, so dass der Bürger nicht als Manövriermasse des Ordnungsgefüges, das Ordnungsgefüge wohl aber als Dienstleister im Sinne des Sicherheitsinteresses des Bürgers fungiert. Diese Konstellation ändert sich in der Moderne auf fundamentale Art und Weise.

NORMSUSPENDIERUNG IN DER GEGENWART

Die sicherheitspolitische Debatte[35] über die gar nicht so neue Unsicherheit nach den Terroranschlägen des 11. September 2001 brachte hinsichtlich des Begriffes der Ausnahme ein konjunkturelles Hoch. Der Begriff der *exception* taucht vermehrt im Kontext von Lagern (etwa Sangatte, Lampedusa und besonders auch *Camp Delta* in Guantanamo), Anti-Terror- und Grenzüberwachungsmaßnahmen (zum Beispiel Ceuta und Melilla sowie FRONTEX) oder in der Figur des *illega-*

34 *Polybios* 1961, III, 105, 106.
35 Vgl. etwa *Scheppele* 2004.

len Kombattanten auf.[36] Wenn angesichts dieser Auflistung der Eindruck entsteht, politisches Handeln im Zeichen der *exception* sei gerade in der aufgeklärten, herrschaftsrationalen Moderne ein seltenes, ein beschranktes Ereignis im Leben eines Normgefüges, dann trifft diese Einschätzung zwar qualitativ im Hinblick auf die durchschnittliche Lebenswirklichkeit vielleicht zu, nicht aber formaljuristisch. Tatsächlich treten Ausnahmezustände in der Geschichte der Menschheit temporär wie räumlich immer wieder auf, und zwar offenbar unabhängig davon, wie sehr ein beliebiger, politisch verfasster Normalzustand eine durchgängige Regelungskompetenz des Zusammengehens von Staat und Bürgern *de facto* beansprucht.[37] Ausnahmezustände stellen somit eine gesellschaftliche Realität *sui generis* dar, und sind von einer eigenen heuristischen Qualität. „Die genaue Betrachtung sozialer Katastrophen“, so hat Harald Welzer in diesem Zusammenhang ausgeführt,

> ließe also erheblich besseren Aufschluss darüber zu, wie Gesellschaften eigentlich funktionieren, als die Hypothese, der Normalfall gebe Auskunft über ihr Wesen. Im Katastrophenfall zeigt sich nicht der Ausnahmezustand einer Gesellschaft, sondern lediglich eine Dimension ihrer Existenz, die im Alltag verborgen bleibt.[38]

Die Verfassungsgesetzgebung des 20. Jahrhunderts jedenfalls kennt diese von Welzer für die Sozialwissenschaften beklagte *Katastrophenblindheit* nicht. Im Gegenteil, sie rechnet durchgängig mit der Notwendigkeit einer Normsuspendierung im Zusammenleben von Bürger und Staat.

Die potenzielle Fragilität in der Beziehung von Bürger und Staat wird etwa in der Gesetzgebung der République Française deutlich. In der konsolidierten Fassung des Gesetzes N° 55-385 vom 9. Juli 1980[39] heißt es im Titre I zur Ausrufung eines *État d'urgence*:

> L'état d'urgence peut être déclaré sur tout ou partie du territoire métropolitain, de l'Algérie, ou des départements d'outre-mer, soit en cas de péril imminent résultant d'atteintes graves à l'ordre public, soit en cas d'événements présentant, par leur nature et leur gravité, le caractère de calamité publique.

Und in der konsolidierten Fassung vom 28. Mai 2008 vermerkt der *Code de la Défense* im Titre II, Artikel L. 2121–1 und L. 2121–4 hinsichtlich der Ausrufung eines *État de siège fictif*:

36 Vgl. *Huysmans* 2008, S. 165.

37 Vgl. *Welzer* 2008, S. 207: „Technische, natürliche und soziale Katastrophen, also nukleare oder chemische Unfälle, Erdbeben oder Tsunamis, Revolutionen und Völkermorde, können in verblüffend kurzer Zeit vorführen, dass Instabilität die Regel ist und Stabilität die Ausnahme.“

38 Vgl. *Welzer* 2008, S. 44.

39 Die konsolidierte Fassung berücksichtigt auch das Loi No 2000-516, renforçant la Protection de la Présomption de l'Innocence et les Droits des Victimes (1) vom 15.6.2000, veröffentlicht in JORF vom 16.6.2000, S. 9038.

> L'état de siège ne peut être déclaré, par décret en conseil des ministres, qu'en cas de péril imminent résultant d'une guerre étrangère ou d'une insurrection armée. Le décret désigne le territoire auquel il s'applique et détermine sa durée d'application. (...) Si l'état de siège est décrété en cas de péril imminent résultant d'une insurrection à main armée, la compétence exceptionnelle reconnue aux juridictions militaires, en ce qui concerne les non-militaires, ne peut s'appliquer qu'aux crimes spécialement prévus par le code de justice militaire ou par les articles du code pénal mentionnés au premier alinéa de l'article L. 2121-3 et aux crimes connexes.[40]

In diesen beiden modernen Varianten der Verregelung des Ausnahmezustandes sind grundsätzlich äußere (*État de siège fictif*) oder innere (*État d'urgence*) Bedrohungsszenarien für die partielle Aufhebung der verfassungsmäßigen Ordnung ausschlaggebend. Immer dann, wenn ein „péril imminent", also eine *unmittelbare Bedrohung* – ganz gleich, woraus diese Bedrohung besteht – in Verbindung mit einem verstärkten Einsatz von Waffen vorliegt, ist eine Normsuspendierung geboten.

Aus der Perspektive des bestehenden staatlichen Ordnungsgefüges haben beide Regelungen, wie sich schon bei Machiavelli in den *Discorsi* nachlesen lässt, eine präventive wie auch defensive Ausrichtung. Sie unterliegen jener Kunst des Regierens, die, wie Foucault betont hat, die moderne Rationalität der Souveränität ausmachen. Und diese spezifische Modernität einer durchrationalisierten Souveränität besteht politisch-praktisch in der Technik der Staatsraison:

> Meine Meinung ist, so schreibt Machiavelli, dass Republiken, die in äußerster Gefahr nicht zur diktatorischen oder einer ähnlichen Gewalt Zuflucht nehmen, bei schweren Erschütterungen zugrunde gehen werden.[41]

Der *État d'urgence* ist von der französischen Regierung seit seiner gesetzlichen Kodifizierung insgesamt fünfmal angewendet worden, davon allerdings viermal außerhalb des eigentlichen französischen Staatsgebietes, der *France métropolitaine*. Dreimal etwa wurde er in der damaligen Kolonie Algerien im Kontext des Algerienkrieges[42] (1955, 1958 und 1961) ausgerufen, ein weiteres mal in der über einen langen Zeitraum vom französischen Staat als Strafkolonie

40 Vgl. auch La Constitution de la République Française vom 4.10.1958, Art. 36. Der Ministerrat (Conseil des Ministres) entscheidet über die Ausrufung des État de siège fictif, wobei dessen Bestehen auf eine Dauer von 12 Tagen beschränkt bleibt; eine Verlängerung bedarf der Zustimmung des Parlaments.

41 *Machiavelli* 1990, S. 185; vgl. ferner *Foucault* 2004, S. 344f.: „Sie haben hier (im Übergang von 16. zum 17. Jahrhundert, also im Zeitraum zwischen 1580 und 1660; Anm. d. Verf.) ein Phänomen, einen regelrechten Vorgang der Gouvernementalisierung der res publica. Man verlangt vom Souverän, mehr zu tun, als die Souveränität auszuüben, etwas anderes zu tun als Gott im Verhältnis zu Natur, als der Pastor im Verhältnis zu seinen Schäflein, als der Familienvater im Verhältnis zu seinen Kindern oder der Hirte im Verhältnis zu seiner Herde. Im ganzen genommen verlangt man von ihm ein Supplement im Blick auf die Souveränität, und man verlangt von ihm einen Unterschied, eine Alterität im Verhältnis zum Pastorat. Und das ist die Regierung. Es ist mehr als die Souveränität, es ist ein Supplement im Blick auf die Souveränität. [...] Was ist die Kunst des Regierens? [...] Das ist die Staatsraison." Herv. i. Orig.

42 Vgl. *Kohser-Spohn/Renken* 2006.

genutzten Inselgruppe von Neu-Kaledonien (1984) vor dem Hintergrund von Aufständen der melanesischen Volksgruppe der Kanaken – und nur ein einziges mal im französischen Kernland selbst.

Diese eine Anwendung allerdings war signifikant anders als die anderen, die immer auf ein territoriales Äußeres des französischen Festlandes bezogen blieben. Anlässlich der Ausschreitungen in den Pariser Vororten zwischen dem 8. November 2005 und dem 4. Januar 2006, die sich aufgrund des Todes zweier Jugendlicher[43] am 25. Oktober 2005, an dem aus Sicht der Vorortbewohner die *Police Nationale*[44] im Rahmen einer Verfolgungsjagd ursächlich beteiligt war, entzündeten, rief die französische Regierung den Ausnahmezustand in der *France métropolitaine* aus.[45] Auch wenn das Instrumentarium der Ausweitung der Exekutivbefugnisse explizit auch für den innenpolitischen Bereich gedacht war, so scheint seine Anwendung im französischen Kernland keineswegs ein wie selbstverständlich wählbares Instrumentarium im Arsenal der Exekutive zu sein. Allerdings – und dafür stehen jene Ausschreitungen im Jahreswechsel von 2005 zu 2006 – muss das nicht so bleiben, der Ausnahmezustand wird enthemmt, wird *hoffähig*. Denn unter Inbetrachtziehung des wahltaktischen Kalküls, wonach die Einwohner der fraglichen Pariser Vororte ohnehin nicht zum Wählerreservoir der damaligen Regierungsparteien zu zählen sein dürften, wenn sie denn überhaupt noch zur Wahl gehen, kann auch der mit der Ausrufung des Ausnahmezustandes einhergehende Imageschaden der Politik weitgehend folgenlos an der Exekutive vorüberziehen.

Das Neue an dieser Situation des Jahres 2005 ist also die Vermengung des Instruments des Ausnahmezustandes mit dem wahltaktischen Kalkül, wodurch dem Souverän, also dem französischen Volk, in ein und derselben Situation unterschiedliche Politiken angeboten werden. Dieses unterschiedliche Angebot verfängt, weil die Adressaten einer solchen *Politik des harten Durchgreifens* als Wähler gewonnen werden können, die Adressaten des harten Durchgreifens selbst jedoch nie in den Kalkulationen der Repräsentanten auftauchten. Und so war für den damaligen französischen Staatspräsidenten Jacques Chirac der Imageschaden in wahltechnischer Hinsicht insofern unproblematisch, als dass er ohnehin nach seiner zweiten Amtszeit nicht hätte wieder gewählt werden können.[46]

43 Die beiden Opfer, Ziad Benna, 17, und Bouna Traoré, 15, beide aus Migrantenfamilien stammend, hatten sich auf der Flucht vor der Polizei in einem Transformatorenhäuschen in Clichy-sous-Bois (nordöstliche Banlieu Parisienne) vor der Polizei versteckt. Beide starben an den tödlichen Stromstößen, die sie sich in ihrem Versteck zugezogen haben.

44 Zur Entwicklung des Instruments der Polizei im Kontext souveräner Staatlichkeit und Regierung vgl. *Foucault* 2004, S. 449ff.

45 Vgl. hierzu die Dekrete Nr. 2005-1386 (Ausrufung des Notstandes) und 2005-1387 (Definition derjenigen Gebiete und Großstädte, in denen der Notstand gilt).

46 Sein Premierminister, Dominique de Villepin, hat sich von seiner durch den Umgang mit den Ausschreitungen in der Öffentlichkeit offenbar gewordenen Führungsschwäche politisch nie erholen können. Insofern ist er das prominenteste Opfer der Unruhen. Allerdings spielen hier auch machttaktische Bewegungen innerhalb des konservativen Lagers vor der Präsidentschaftswahl eine Rolle.

Der Amtsnachfolger von Chirac als französischer Staatspräsident, Nicolas Sarkozy, zur Zeit der Vorfälle französischer Innenminister, profitierte hingegen massiv von der Situation. Und genau hier zeigt sich der politisch innovative Charakter der Normsuspendierung als Instrument zur Maximierung der Exekutivkompetenz, und zwar vermittelt über den Akt der Wahl, den Akt der demokratischen Legitimitätsstiftung selbst. Anlässlich eines Besuches in La Courneuve (Département Seine Saint-Denis, nördliche Banlieu Parisienne) – schon vor dem Ausbruch der eigentlichen Unruhen des Jahres 2005 – kündigte Sarkozy am 29. Juni 2005 gegenüber Einwohnern und im Beisein mehrerer Fernsehteams an, die Staatsmacht werde das Problem des zunehmenden Vandalismus und der Gewaltkriminalität mit dem „Hochdruckreiniger" beseitigen: „Le terme 'nettoyer au Kärcher' est le terme qui s'impose, parce qu'il faut nettoyer cela."[47] Fortan konnte sich Sarkozy seines Images als *Law-and-Order-Mann* sicher sein, der eine Politik der *Tolérance Zéro* betrieb. Subjekt – hier im Wortsinne – seiner *Tolérance Zéro* waren jene, meist aus Nordafrika stammenden, vielfach von Armut, Arbeitslosigkeit und Ausgrenzung betroffenen, mitunter zornigen jungen Männer, denen, obschon sie französische Staatsbürger sind, nur sehr schwer ein Zugang zum Leben in Frankreich jenseits der *Banlieus* offen stehen würde. Für Sarkozy waren sie jene „racaille", jenes Gesindel, jener Abschaum, den er mit dem Hochdruckreiniger zu beseitigen gedachte. Und genau dieses Gesindel wurde, in der Zeit vom 8. November 2005 bis zum 4. Januar 2006, derjenige, sozusagen subjektivierte Ort,[48] an dem die Expansion der Exekutivmacht vollzogen werden konnte. Zeugnis hierfür sind mehr als 2.800 vorläufige Festnahmen in den fraglichen Gebieten im genannten Zeitraum. Wie im römischen Beispiel auch verschafft sich die Exekutivmacht einen zeitlich und geographisch beschränkt definierten Handlungsraum, der aufgrund der geltenden Normsuspendierung Handlungsfreiräume zur Herrschaftsdurchsetzung bietet.

Für Sarkozy war also die Befürwortung und sozusagen die *Enthemmung* der Normsuspendierung im Kontext seiner Politik der *Tolérance Zéro* ein Baustein für die bei der Präsidentschaftswahl 2007 letztlich erfolgreiche Integration des Lagers der rechten Mitte. Die Ausrufung eines *État d'urgence* oder eines *État de siège fictif*, so jedenfalls die Quintessenz seiner Anwendung in diesem konkreten Fall in der V. Französischen Republik, ist also keine politische Lappalie. Sie kommt – rein quantitativ betrachtet – nur sehr selten vor. Für die Praxis der Exekutivexpansion in stabilen Demokratien[49] ist Frankreich nach dem Zweiten Weltkrieg dahingehend ein exemplarischer Fall. Was allerdings die parteipolitische Instrumentalisierung der Normsuspendierung anbelangt, so zeichnen sich damit Ansätze einer Entwicklung ab, die bedenklich stimmen müssen, allzumal sie an Zeiten des Deutschen Kaiserreiches und der Weimarer Republik erinnern, in denen die Aus-

47 France 2, 29.6.2005.

48 Zu den kulturellen Mechanismen der Ausgrenzung, zu denen auch die (meist unfreiwillige, gleichwohl aber stigmatisierende) Wahl des Wohnortes gehört, vgl. *Bourdieu* 1979.

49 Vgl. hierzu etwa die jährlich aktualisierte Klassifizierung von freedomhouse.org.

rufung eines Ausnahmezustandes gängiges Mittel zur Unterdrückung politisch abweichender Meinung durch die Obrigkeit war. Aus demokratietheoretischer Perspektive verweist der *État de siège* anhand dieses konkreten Falles also auf die Problematik, die mit der geradezu selbstverständlichen Einbettung eines Ausnahmetatbestandes als *extreme legality* (Clinton L. Rossiter) in die französische Verfassungspraxis einhergeht:

> To the civil law tradition of France the idea of a legally anticipated device to place the nation in a state of emergency is altogether logical and unavoidable. [...] the French state of siege has always been foreseen and methodized in detail by laws of Parliament.[50]

Auf der Grundlage dieses Rückgriffes auf eine spezifische historische Strategie militärischer Krisenintervention, so Rossiter, fußt die gesamte neuzeitliche Verregelung der Exekutivexpansion im Ausnahmefall, wie sie dann in der Verfassung der *V. Republik* anzutreffen ist. Die historische Praxis militärischer Problemlösung andeterminiert und legitimiert politische Praktiken zur Normsuspendierung in der Gegenwart, auch wenn dabei die Integrität des demokratischen Souveräns zerstört wird.

Dieser Befund stellt kein französisches Spezifikum dar, er gilt auch für andere moderne demokratische Verfassungsstaaten, im deutschen Sprachraum etwa liegt eine noch ungleich größere Begriffsvarianz vor.[51] Als Synonyme für den Ausnahmezustand können dort auch die Begriffe *Staatsnotstand*, *Verfassungsnotstand*, *Status Necessitatis*, *Notstandsrecht*, *Notstandsdiktatur*, *Kriegsrecht*, *Belagerungszustand* oder etwa *Alarmbereitschaft* verwendet werden. Neben dem klar historischen Begriff des *Belagerungszustandes* ist hier insbesondere auf die unterschiedliche Konnotation der Begriffe *Ausnahmezustand* und *Notstand* zu verweisen, die durch die Pervertierung des erstgenannten Begriffes im Zusammenhang mit der NS-Justiz[52] erklärlich wird. Aus diesem Grund ist in der bundesrepublikanischen Gesetzgebung von *Notstand* bzw. *Notstandsrecht*[53] die Rede – eben um die beliebige Instrumentalisierung der Normsuspendierung durch die Exekutive schon rein begrifflich zu delegitimieren.

50 *Rossiter* 1948, S. 79.

51 Vgl. hierzu *Radin* 1942, S. 634ff. Im Italienischen etwa hat sich mit den Begriffen stato d'assedio eine zum État de siège militaire analoge Nomenklatur herausgebildet. Auch der angelsächsische Sprachraum kennt die Bezeichnung state of siege. Entscheidend ist hier die Betonung der abgeleiteten Exekutivkompetenzen, die im Kontext einer militärisch geprägten Konfliktsituation als martial law, im Kontext eines innersystemischen Krisenfalles als emergency powers bezeichnet werden.

52 Vgl. etwa das so genannte Ermächtigungsgesetz (Gesetz zur Behebung der Not von Volk und Reich) vom 23.3.1933.

53 Zur diesbezüglichen Regelung in der Bundesrepublik Deutschland vgl. Siebzehntes Gesetz zur Ergänzung des Grundgesetzes („Notstandsgesetz“) vom 24.6.1968, verkündet am 27.6.1968, in: Bundesgesetzblatt 1968 I, S. 709ff., zuletzt geändert durch die Verordnung über die Sicherstellung von Leistungen auf dem Gebiet der der gewerblichen Wirtschaft („Witschaftssicherstellungsverordnung“, WiSiV) vom 12.8.2004, verkündet am 17.8.2004, in: Bundesgesetzblatt 2004 I, S. 2159ff.

DER AUSNAHMEZUSTAND UND DAS GESINDEL

Trotz aller auf der Zeitachse nachweisbaren Nuancierungen der Begründung der Normsuspendierung ist ihren historisch nachweisbaren Konzepten eines gemeinsam, nämlich die Qualität einer Praxis, deren Wirken als außerhalb der juristischen, politischen oder sozialen Normalität stehend klassifiziert wird. Legitimiert wird dieses Wirken mit der klassischen Intention nicht nur des Staates, sondern auch jeden anderen Ordnungsgefüges, etwa der Burg oder der Stadt, nämlich die Aufrechterhaltung von Ordnung und Sicherheit zu gewährleisten. Die in diesem Zusammenhang entscheidende Variable ist diejenige der Exekutive, die sich in einer Position befindet, aus der heraus sie signifikant relevante Normabweichungen oder Ausnahmetatbestände in der Praxis auszuführen vermag. Auf deren politische Bedeutung verweist implizit auch Carl Schmitt, wenn er zur Beschaffenheit des Ausnahmefalls anmerkt:

> In seiner absoluten Gestalt ist der Ausnahmefall dann eingetreten, wenn erst *die Situation geschaffen werden muß*, in der Rechtssätze gelten können.[54]

Analytisch relevant ist die Exekutive, neben ihrer Funktion der Initiation des Politischen überhaupt, aber auch deswegen, weil sie – im Verhältnis von Bürger und Staat – die Begründung für die Notwendigkeit der Suspendierung eines Normgefüges formulieren muss.

Das Bemühen um die Verfügungsmacht über die Option zur Normsuspendierung und Exekutivexpansion im Ausnahmefall ist kein Spezifikum des modernen Staates oder der modernen *Kunst des Regierens*. Sie ist für die vorstaatliche Ordnung der römischen Republik ebenso nachweisbar, wie für einen modernen demokratischen Verfassungsstaat. Was sich über die Zeit allerdings signifikant verändert, ist die Begründungsstrategie sowie der Adressatenkreis der Exekutive.

Im Hinblick auf die Begründungsstrategie wird in Rom, genau so wie in Paris, auf eine unmittelbare, existentielle und außergewöhnliche Bedrohung verwiesen, die die bestehende Ordnung massiv zu untergraben vermag. Alles dreht sich um den legitimatorischen Kern von Ordnung, nämlich die Sicherheit. Dabei hält sich die Begründungsstrategie in der römischen Republik eindeutig an ein Innen-Außen-Schema, das entsprechend einer Freund-Feind-Unterscheidung in die Binnenverhältnisse der Ordnung hinein zu integrieren versucht. Dadurch wird gleichzeitig der Abwehrreflex nach Außen – hier bezogen auf Hannibal und die Karthager – initiiert. Im französischen Fall läuft die Konfliktlinie – und damit die Begründung für den *État d'urgence* – durch ein *inneres Äußeres* und also durch die Binnenverhältnisse der französischen Gesellschaft selbst. Das, was in Rom mit Hannibal offensichtlich war, wird im französischen Fall parteipolitisch intendiert und umgesetzt. Jugendliche nordafrikanischer Abstammung werden als Verursacher der Unruhen benannt, um ihrer sozialer Gruppe als Entität in der Bürgerschaft dann mit außergewöhnlichen Exekutivmaßnahmen zu begegnen. Kongruent

54 *Schmitt* 1922, S. 19; Herv. d. Verf.

zu dieser desintegrierenden Begründungsstrategie verhält sich auch die Bezugnahme auf den jeweiligen Adressatenkreis. Während in Rom alle Bürger angesprochen und auch aktiviert sind, wird im französischen Fall der Adressatenkreis hinsichtlich seiner prognostizierten politischen Zustimmungswilligkeit eingeschränkt.

Zu den eingangs aufgeworfenen Fragestellungen bliebe von diesem Befund ausgehend festzuhalten, dass die in einem Ordnungsgefüge präsente Souveränität immer wieder auf das Vorrecht der Normsuspendierung im Ausnahmezustand zurückkommt. Der Ausnahmezustand begleitet die Bemühungen um eine souveräne Aufrechterhaltung von Ordnung und Sicherheit wie deren *alter ego*. Der legitimationsbezogene Grund, der für die Notwendigkeit des Ausnahmezustandes Epochen übergreifend angegeben wird, besteht in der Antizipation einer *Gefährdung* des bestehenden Ordnungsgefüges, die dessen Existenz radikal[55] in Frage stellt.

In der modernen Ausdeutung der im Ausnahmezustand vollzogenen Exekutivexpansion, die die Ordnung des Staates als *conditio sine qua non* der Existenz des Bürgers setzt, ergibt sich ein im Vergleich zur antiken Situation dramatisch gewandelter Befund. Dramatisch deswegen, weil die moderne Exekutive offenkundig immer weniger nicht darf und weil ihr immer weiterreichende (technische) Mittel zur Durchsetzung ihrer politischen Interessen zur Verfügung stehen. Eines dieser Mittel steht am Anfang der Politikwissenschaft selbst. „Die Polizei“, so Michel Foucault, „ist die unmittelbare Gouvernementalität des Souveräns als Souverän. Wir können auch sagen, dass die Polizei“, so fährt er unter Anspielung auf François Mitterrand berühmtes Diktum fort, „der permanente Staatsstreich (coup d'État; Anm. d. Verf.) ist.“[56] Diese instrumentelle Aufrüstung des Staates sowie die nach innen gerichtete Begründungsstrategie machen es möglich, dass der *citoyen*, einmal als Gefährdung deklariert, zum *Gesindel* werden kann.

LITERATUR

Agamben, Giorgio, 2004: Ausnahmezustand. Homo Sacer II.1, Frankfurt a.M.

Baumann, Zygmunt, 1999: Die Rationalität des Bösen, in: Harald Welzer (Hg.): Auf den Trümmern der Geschichte, Tübingen.

Berman, Paul, 2004: Terrorismus und Liberalismus, Hamburg.

Bleicken, Jochen, 1975: Lex Publica. Gesetz und Recht in der Römischen Republik, Berlin/New York.

Bleicken, Jochen, 1995: Die Verfassung der römischen Republik. 7. Auflage, Paderborn u.a.

Bodin, Jean, 1583: Six Livres de la République. Ensemble une Apologie de René Harpin. 5. Aufl. Paris.

Bourdieu, Pierre, 1979: La Distinction. Critique sociale du Jugement, Paris.

Broughton, Thomas Robert Shannon, 1984: Magistrates of the Roman Republic, Chico, CA.

Camus, Albert, 1948: État de Siège. Ins Deutsche übersetzt von Guido Meister, Reinbek.

55 Wobei die Ausdeutung dessen, was radikale Gefährdung dann materiell zu bedeuten hat, in der Deutungshoheit der zuständigen Exekutivinstanzen verbleibt.

56 *Foucault* 2004, S. 488.

Cassius Dio, 1985: Römische Geschichte. Band 1: Fragmente der Bücher 1–35. Übersetzt von Otto Veh, eingeleitet von Gerhard Wirth, Zürich/München.

Cicero, 2004: De Legibus. Übersetzt und erläutert von Rainer Nickel, Düsseldorf u.a.

Ferejohn, John/Pasquale Pasquino, 2008: The law of the exception: a typology of emergency powers, in: John S. Dryzek/Bonnie Honig/Anne Philipps (Hg.): The Oxford Handbook of Political Theory, Oxford, S. 210–239.

Foucault, Michel, 2004: Sicherheit, Territorium, Bevölkerung. Geschichte der Gouvernementalität I. Vorlesung am Collège de France 1977–1978, Frankfurt a.M.

Fraenkel, Ernst (Hg.), 1965: Der Staatsnotstand. Vorträge gehalten im Sommersemester 1964, Berlin.

Gizewski, Christian, 1997: Dictator, in: Hubert Cancik/Helmut Schneider (Hg.): Der neue Pauly: Enzyklopädie der Antike. Bd. 3: Cl-Epi, Stuttgart/Weimar, S. 535.

Hirsch, Burkhard, 2009: Bundeswehreinsatz im Inland? Unter: http://www.linksnet.de/de/artikel/24618 (Stand: 10.01.2010).

Huysmans, Jef, 2008: The Jargon of Exception – On Schmitt, Agamben and the Annihilation of the Exception, in: International Political Sociology, H.2, S. 613–635.

Jellinek, Georg, 1960: Allgemeine Staatslehre. 3. Aufl. Darmstadt.

Kohser-Spohn, Christina/Frank Renken (Hg.), 2006: Trauma Algerienkrieg. Zur Geschichte und Aufarbeitung eines tabuisierten Konflikts, Frankfurt a.M.

Kunkel, Wolfgang, 1995: Staatsordnung und Staatspraxis der römischen Republik. Abschnitt 2: Die Magistratur, München.

Lieberwirth, Rolf, 1986: Lateinische Fachausdrücke im Recht, Heidelberg.

Machiavelli, Niccolò, 1990: Discorsi, in: Herfried Münkler (Hg.): Niccolò Machiavelli. Politische Schriften, Frankfurt a.M., S. 125–269.

Milev, Yana, 2009: Emergency Empire: Transformationen des Ausnahmezustandes: Souveränität, Wien/New York.

Nozick, Robert, 1974: Anarchy, State, and Utopia, New York.

Plutarch, 1979: Große Griechen und Römer. Übersetzung von Walter Wurhmann. Band 2, München.

Polybios, 1961: Geschichte. Gesamtausgabe in zwei Bänden. Band 1. Eingeleitet und übertragen von Hans Drexler, Zürich/Stuttgart.

Popitz, Heinrich, 1986: Phänomene der Macht, Tübingen.

Radin, Max, 1942: Martial Law and the State of Siege, in: California Law Review, H. 6, S. 634–647.

Rossiter, Clinton L., 1948: Constitutional Dictatorship. Crisis and Government in modern Democracies, Princeton.

Schäuble, Wolfgang, 1996: Weniger Demokratie wagen? Die Gefahr der Konstitutionalisierung der Tagespolitik, in: Frankfurter Allgemeine Zeitung, 13.09.1996.

Scheppele, Kim Lane, 2004: Law in a Time of Emergency: States of Exception and the Temptations of 9/11, in: University of Pennsylvania Journal of Constitutional Law H.6, S. 1001–1083.

Scheppele, Kim Lane, 2008: Legal and Extralegal Emergencies, in: Keith E. William Whittington/R. Daniel Kelemen/Gregory A. Caldeira (Hg.): The Oxford Handbook of Law and Politics, Oxford, S. 165–184.

Schmitt, Carl, 1922: Politische Theologie. Vier Kapitel zur Lehr von der Souveränität, München/Leipzig.

Titus Livius, 1980: Römische Geschichte. Buch XXI–XXIII. Lateinisch-deutsch ed. Josef Feix. 2. Aufl. München.

Welzer, Harald, 2008: Klimakriege. Wofür im 21. Jahrhundert getötet wird, Bonn.

SOUVERÄNITÄT UND REVOLUTION

LEGITIMATIONSMODELLE DES STAATSFORMWECHSELS

Ulrich Thiele

Wollte man den Ausdruck *Revolution* isoliert definieren, so käme man über Allgemeinplätze wie „Umwälzung, Veränderung der politischen oder sozialen Zustände" kaum hinaus.[1] Dasselbe gilt für den Ausdruck *Souveränität*, denn auch dieser wird üblicherweise als Machtvollkommenheit („summa potestas", „summum imperium" bzw. „majestas imperii") definiert.[2]

Auch über das Verhältnis beider Begriffe zueinander lässt sich auf dieser Basis nur Vages erfahren. Unter einer Revolution ließe sich allenfalls ein diskontinuierlicher Wandel der Souveränität begreifen, ohne dass man entscheiden könnte, wie genau sich jener revolutionäre Wandel politischer Herrschaft von anderen Modifikationsarten abgrenzen lässt. Zwar hatten schon Bodin[3] und nach ihm Hobbes erklärt, dass sich die zahlreichen Eigenschaften, die von alters her dem Term „Souveränität" attribuiert wurden, letztlich auf eine einzige Kompetenz, nämlich die der Gesetzgebung reduzieren ließen. Doch damit ist die gesuchte Beziehung zwischen Revolution und Staatsorganisation noch keineswegs geklärt.

Eine tragfähige Perspektive eröffnet sich erst, wenn mit dem Terminus *Staatsform* (in Abgrenzung von der *Regierungsform*) neben *Souveränität* und *Revolution* eine dritte Größe ins Spiel gebracht wird, und wie so oft empfiehlt es sich zur Klärung seiner Bedeutung auf Kants Schriften zurückzugreifen. Wie aus der Rechtslehre, aber auch schon aus der Friedensschrift hervorgeht,[4] versteht Kant unter *Staatsform* die Organisation der gesetzgebenden Gewalt, die für ihn mit der souveränen Gewalt identisch ist.[5] Ganz in der Aristotelischen Tradition, an die auch Kants Lehrer Gottfried Achenwall anschloss,[6] werden die Staatsformen unterschieden nach der „Zahl der Herrscher",[7] d. h. der Anzahl der Personen, die die

1 *Ritter*, Bd. 8, Sp. 957.

2 *Ritter*, Bd. 9, Sp.1104ff. Zur weiteren Begriffsklärung vgl. *Niesen* 2008.

3 *Ritter*, Bd. 8, Sp. 122.

4 Vgl. *Kant* 1797, § 51, S. 338, *Kant* 1795, S. 351f.

5 „Das Staatsoberhaupt stellt eine dreifache Person vor: als Gesetzgeber ist er souverain, hat keinen über sich und alles ist unter ihm. Als Regierer, der nach Gesetzen Ruhe und Glückseeligkeit austeilen soll, steht er unter den Gesetzen, muss könne gezwungen werden und kann also mit dem Souverain nicht ein und dieselbe Person sein. Als Richter steht er unter den Gesetzen und dem Regiment wegen der Austeilung der Glückseeligkeit nach dem Gesetze des Souverains und dem Willen des Regenten, alle an der Wohlfahrt teilnehmen zu lassen"; vgl. *Kant* 1934, S. 567.

6 *Achenwall*, § 744, S. 244.

7 *Kant* 1795, S. 352f.

souveräne Gewalt innehaben: Monarchie, Aristokratie und Demokratie.[8] Der Ausdruck *Revolution* meint demnach eine Umorganisation des Strukturkerns jeder organisatorischen Verfassung: der Legislative. Im Unterschied zu evolutionären oder reformerischen Arten des Verfassungswandels, die sich auf eher informelle politische Praxen (z. B. den Regierungsstil) beziehen mögen, bezeichnet *Revolution* eine (in der Regel gewaltsame und formelle) Änderung der Verfassungssubstanz, d. h. der *Staatsform*. Dies geschieht jedoch erst dann, wenn die Legislative nun von Personen ausgeübt wird, die zuvor nach den Regeln der alten Verfassung von ihr ferngehalten worden waren. Das paradigmatische Beispiel ist sicher das französische, da hier die monarchische Gesetzgebungsorganisation in eine Demokratie transferiert wurde.

Wie kaum ein Anderer insistierte Kant darauf, die Organisation der Gesetzgebung müsse mit der Substanz der Verfassung identifiziert werden. Dies geht noch aus einer eher peripheren Reflexion zur Rechtsphilosophie hervor:

> England ist Democratie als Staatsverfassung und Monarchie der Regierungsart nach.[9]

Revolution bezeichnet demnach im Kantischen Sprachgebrauch einen Verfassungssubstanzwechsel, der dadurch zustande kommt, dass dem bisherigem Herrscher die gesetzgebende Gewalt gewaltsam von Personen entzogen wird, die vormals lediglich den Status von Untertanen („subditi“) besaßen und hernach in den Status des gesetzgebenden Herrschers („imperantes“) einrücken.

Hinzu kommt allerdings ein Begriffsmerkmal, das in den klassischen Definitionen der kanonischen Schriften der Aufklärung meistenteils nur mitgedacht wird, ohne es aber eigens zu benennen: Im Unterschied zu den Änderungstypen etwa der *Rebellion* oder des *Coup d'Etat* zeichnen sich *Revolutionen* dadurch aus, dass sie auf Dauer erfolgreich sind.

REVOLUTION UND NATURZUSTAND

Da, wie schon Locke erkannte, der organisatorische Kern jeder Verfassung in der Einrichtung der Legislative und insbesondere in der Festschreibung des Verfahrens, durch das diejenigen Personen bestimmt werden, die die Souveränität ausüben sollen („the establishing of the legislative power“),[10] kann eine Umorganisationsdefinition dieses zentralen Modus' der legislativen ‚Programmierung' der Staatstätigkeit nicht im Rahmen ein und derselben Verfassung von statten gehen.

8 Vgl. *Kant* 1797, § 51, S. 338.

9 *Kant* 1934, S 521. Zu Kants bisweilen schwankendem Gebrauch der Ausdrücke *Regierungsform* und *Regierungsart* vgl. *Thiele* 2003, S. 55ff., 79ff.

10 Vgl. *Locke* 1689, XI, S. 134. Der *Second Treatise* nennt jedenfalls keinen grundsätzlichen Einwand gegen die Selbsteinsetzung des Volkes in die Rolle des Souveräns; wo zugunsten parlamentarischer Repräsentation argumentiert wird, geschieht das, wie bei den anderen Aufklärern auch, unter Verweis auf die Größe des Landes bzw. Staates.

Auch laut dem Kantischen *Gemeinspruch* muss jede Änderung der Verfassungssubstanz den Zustand verfassungsrechtlicher Legitimität notwendig durchbrechen: Wo man den bisherigen gesetzgebenden Souverän durch einen neuen ersetzt, unternimmt man keine bloße „Veränderung der (fehlerhaften) Staatsverfassung“[11], sondern betreibt Verfassungsbeseitigung. In kritischer Auseinandersetzung mit dem englischen Verfassungsdenken besteht Kant darauf, dass ein Verfassungssubstanzwechsel, d. h. der Austausch des effektiven Trägers gesetzgebender Souveränitätsrechte, schon aus logischen Gründen nicht als verfassungsrechtlich legal gelten kann. Andernfalls müsste ein verfassungsrechtliches Widerstandsrecht kodifiziert sein, woraus sich zwangsläufig eine doppelte oder besser: doppelbödige Souveränitätskonzeption ergeben würde, was aber nicht damit vereinbar wäre, dass jede Verfassung, die Vernunftprinzipien genügt, nur *einen* Souverän[12] und nicht zwei auszeichnet:

> Denn dass die Konstitution [...] ein Gesetz enthalte, welches die subsistierende Verfassung, von der alle besonderen Gesetze ausgehen, (gesetzt auch der Kontrakt wäre verletzt) umzustürzen berechtigte: ist ein klarer Widerspruch; weil sie alsdann auch eine öffentlich constituierte Gegenmacht enthalten müsste, mithin noch ein zweites Staatsoberhaupt, welches die Volksrechte gegen das erstere beschützte, sein müsste, dann aber auch ein drittes, welches zwischen beiden, auf wessen Seite das Recht sei, entschiede“.[13]

Als die Französische Revolution einen Wechsel des Subjekts gesetzgebender Souveränität erzwang, war ihren Akteuren der Rekurs auf ein positivrechtlich verbürgtes Recht auf Revolution verwehrt. Denn um dies zu tun, hätte man die Fortgeltung der alten Verfassung und damit die Permanenz der monarchischen Staatsform postulieren müssen. Der Übergang von der Fürsten- zur Volkssouveränität konnte jedenfalls nicht als im Kontinuum derselben Verfassung stattfindende legale Reform gewertet werden. Sie fand, rechtlich betrachtet, im Naturzustand und nicht im bürgerlichen Zustand statt.[14] Revolutionen ereignen sich im staatsrechtlichen Niemandsland. Dieser Hiatus zwischen zwei verfassungsrechtlichen Legalordnungen lässt sich positivrechtlich in keiner Weise schließen, weswegen insbesondere Kant jedweden Rekurs auf ein Widerstandsrechts abweisen muss. Revolutionen sind demnach per Definitionem als illegal bzw. extralegal zu werten, denn dies wäre nur um den Preis einer Wiederbelebung der mittelalterlichen Herrschaftsvertragslehre möglich gewesen.[15]

11 Vgl. *Kant* 1797, S. 321.

12 Eine besonders prägnante Formulierung des Prinzips der Unteilbarkeit der Souveränität lautet: „Kein Teil der souverainen Gewalt kann dem anderen widerstreiten, weil sonst keine obere Gewalt sein würde, die darüber entschiede“; vgl. *Kant* 1934, S. 511.

13 *Kant* 1793, S. 303.

14 „In seiner Konzeption außerrechtlicher Begründung neuen Rechts folgt Kant [...] ganz dem Verfassungsverständnis der französischen Revolutionäre, die, wie Sieyes, darauf insistierten, dass fundamentale Verfassungskonflikte nicht auf dem Boden der bestehenden Verfassung, sondern nur durch einen vorverfassungsmäßigen und verfassungskonstituierenden Willensakt (‚der Nation‘) gelöst werden können“; vgl. *Maus* 1992, S. 79.

15 Vgl. *Thiele* 2008, S. 20ff.

Die staatsrechtliche Illegalität von Revolutionen, ihre positivrechtliche Diskontinuität, ist nach Kant freilich sehr wohl vereinbar mit der Kontinuität einer überpositivrechtlichen Legitimationsbasis: der Gesellschaftsvertrag, in dem das Volk sich selbst und einen Souverän allererst als rechtliche Subjekte konstituiert, gilt als die letzte Quelle allen positiven Verfassungsrechts. Sobald das gesellschaftsvertraglich sich als Staatsvolk konstituierende Volk, das in dieser speziellen Tätigkeit als überverfassungsrechtlicher Verfassungsgesetzgeber gedacht werden müsse, eine neue Verfassung mit einem neuen Souverän beschlossen habe, sei eben dieser und nicht der vormalige Souverän die Quelle allen positiven Rechts. Dieses könne kein positives Widerstandsrecht enthalten, da der neue wie der alte Souverän als gesellschaftsvertraglich beauftragte stellvertretende Exponenten des legislativen Gemeinwillens anzusehen seien. Weil dem Volk alles Gesetzgebungsrecht ursprünglich eigen sei, könne es wenn auch nicht dieses (unveräußerliche) Recht selber, so doch dessen Ausübung auf einen Repräsentanten übertragen und es kann diese Übertragung, freilich nur, indem es, rechtlich gesehen, in den überverfassungsrechtlichen ‚Naturzustand' zurücktrete, ebenso gut wieder rückgängig machen. Kant stellt klar, dass die verfassungsrechtliche Illegalität des Zustandekommens einer qualitativ neuen Verfassung in keiner Weise die Legitimität des neuen Staatsrechts schmälern kann. Denn das souveränitätstheoretisch bzw. ‚rechtspositivistisch' begründete Widerstandsverbot, das sich zwangsläufig aus der Unvereinbarkeit von Volkssouveränität und Widerstandsrecht ergibt, gelte trivialerweise auch in Hinblick für den neuen Souverän.

Im Unterschied zu den Monarchomachen und selbst noch John Locke argumentiert Kant mit zwingender rechtslogischer Konsequenz, wenn er doppelbödige Legalitätskonstruktionen strikt zurückweist: Zwischen dem alten und dem neuen staatsrechtlichen Zustand besteht eine, durch keine rechtslogische Konstruktion zu schließende Legalitätslücke. Ist aber das neue Staatsrecht de facto erfolgreich, insofern es in hinreichendem Maße auf Nachachtung seitens der Untertanen stößt, so wäre nun der extralegale Interimszustand beseitigt und ein neues Staatsrecht etabliert, gegen das sich ebenso wenig wie gegen das alte ein Widerstands*recht* oder eine völkerrechtliche Interventionsbefugnis in Stellung bringen ließe.[16]

16 „Übrigens, wenn eine Revolution einmal gelungen und eine neue Verfassung gegründet ist, so kann die Unrechtmäßigkeit des Beginnens und der Vollführung derselben die Untertanen von der Verbindlichkeit, der neuen Ordnung der Dinge sich als gute Staatsbürger zu fügen, nicht befreien, und sie können sich nicht weigern, derjenigen Obrigkeit ehrlich zu gehorchen, die jetzt die Gewalt hat. Der entthronte Monarch (der jene Umwälzung überlebt) kann wegen seiner vorigen Geschäftsführung nicht in Anspruch genommen, noch weniger aber gestraft werden, wenn er, in den Stand eines Staatsbürgers zurückgetreten, seine und des Staats Ruhe dem Wagstück vorzieht, sich von diesem zu entfernen, um als Prätendent das Abenteuer der Wiedererlangung desselben, es sei durch insgeheim angestiftete Gegenrevolution, oder durch Beistand anderer Mächte, zu bestehen. Wenn er aber das letztere vorzieht, so bleibt ihm, weil der Aufruhr, der ihn aus seinem Besitz vertrieb, ungerecht war, sein Recht an demselben unbenommen. Ob aber andere Mächte das Recht haben, sich diesem verunglückten Oberhaupt zum besten in ein Staatenbündnis zu vereinigen, bloß um jenes vom Volk begangene Verbrechen nicht ungeahndet, noch als Skandal für alle Staaten bestehen zu lassen, mithin eine in

KONTINUITÄTSKONSTRUKTION I: URSPRÜNGLICHE VOLKSSOUVERÄNITÄT UND POUVOIR CONSTITUANT

Als Alternative, mittels derer sich zwar keine *Legalitätskontinuität*, wohl aber eine *Legitimitätskontinuität* behaupten lässt, kommt die Gesellschaftsvertragstheorie nur dann in Frage, wenn sie zur Theorie der verfassungsgebenden Gewalt des Volkes ausgebaut wird. Denn nur unter dieser (hypothetischen und/oder realen) Bedingung kann der Zeitraum zwischen zwei staatsrechtlichen Legalitätszuständen als nicht in jeder Hinsicht rechtlos begriffen werden. Die legitimatorische Quelle allen Staatsrechts bliebe dann auch im sekundären Naturzustand (d. h. der Legalitätslücke zwischen zwei staatsrechtlichen Legalitäten) konstant. Dabei ist es wichtig, die Befugnis einer Gesellschaft, sich vertraglich zu einem Staatsvolk zu konstituieren, als Konsequenz des „einzigen angeboren Rechtes [der Menschen][17] auf „Freiheit [im Sinne von] Unabhängigkeit von eines anderen nötigender Willkür [...], sofern sie mit jedes Anderen Freiheit nach einem allgemeinen Gesetz zusammen bestehen kann", zu begreifen.[18] Das Recht einer Gesellschaft zur Instituierung eines gesetzgebenden Souveräns und einer diesem unterstellten monopolisierten Zwangsgewalt ist somit zu verstehen als notwendige Folge des allen Individuen angeborenen Rechts auf Freiheit von willkürlicher Gewaltsamkeit.
Die Gesellschaftsvertragstheorien der Aufklärung bieten – auch aus heutiger Sicht – zweifellos die anspruchsvollste Konzeption für die Legitimation eines in der Regel gewaltsam oder mindestens doch kontingent entstandenen staatlichen Gewaltmonopols. Dabei wird jedenfalls sowohl der faktische Souverän als auch die Gültigkeit seiner Rechtsbefehle auf den (impliziten oder expliziten) Willen der Normunterworfenen zurückgeführt.

> Der actus, da die Menge durch ihre Vereinigung ein Volk macht, constituiert schon eine souveraine Gewalt, welche sie durch ein Gesetz auf irgend einen übertragen. Denn die pacta sind Gesetze und supponieren schon eine Gesetzgebende Gewalt.[19]

Kennzeichnend für die kontraktualistischen Legitimationstheorien ist die Annahme, dass alle Souveränität ursprünglich der Gesellschaft und ihren Mitgliedern eigen ist, während deren Artikulation durch Repräsentanten nur als stellvertretende

jedem anderen Staat durch Revolution zu Stande gekommene Verfassung in ihre alte mit Gewalt zurückzubringen berechtigt und berufen seien, das gehört zum Völkerrecht" (*Kant* 1797, S. 322f.).

17 Bezeichnenderweise verwendet Kant den Ausdruck „Recht der Menschen" gelegentlich auch dort, wo vom ursprünglichen Vertrag die Rede ist, durch den zugleich ein Souverän, eine Staatsgewalt und ein Staatsvolk erzeugt wird. Dieses ursprüngliche (angeborene) Recht auf Freiheit von willkürlicher Gewaltsamkeit scheint der letzte naturrechtliche ‚Anker' zu sein, an dem die gesamte Lehre vom dreifaltigen öffentlichen Recht aufgehängt ist (vgl. z. B. *Kant*, Reflexion 7974, in: AA, Bd. XIX, S. 568).

18 *Kant* 1797, S. 237.

19 *Kant* 1934, S. 511.

Ausübung jenes Rechtes angesehen werden kann, nicht aber als deren eigentümliches Recht.

> Supreme Power [...] is a delegated Power from the people [...] a Fiduciary Power [...] Power given with trust.[20]

Auch wenn alle Gesellschaftsvertragstheorien in dem Punkt übereinstimmen, dass das Volk „die Souveränität gehabt haben [muss], um solche auf einen andern zu transferieren",[21] so ist das Kriterium, an dem die Legitimität der Ausübung jenes übertragenen Souveränitätsrechtes festgemacht wird, höchst unterschiedlich: während beispielsweise für Hobbes ordnungspolitische Aspekte (die effektive Herstellung innergesellschaftlichen Friedens) dominieren, sind es für Fichte – besonderes im *Naturrecht* von 1796 und dann im *Geschlossenen Handelsstaat* von 1800 – wirtschafts- und sozialpolitische Leistungen des Staates. Beiden Konzeptionen gemeinsam ist die Überzeugung, dass sich die Legitimität staatlicher Herrschaft vorrangig an den jeweiligen Politikergebnissen messen lässt. Zwar finden sich z. B. bei Hobbes deutliche Hinweise auf liberale Komponenten seiner Legitimationstheorie.[22] Auch lassen manche Passagen im *Leviathan* sogar demokratietheoretische Züge durchscheinen, doch ändert dies sicher nichts an der Dominanz output-orientierter Legitimationskriterien.[23] Auf der anderen Seite stehen Autoren, die vorrangig, wenn nicht ausschließlich eine input-orientierte Legitimationskonzeption vertraten. Einig sind etwa Sieyes und Kant allemal in der Überzeugung, dass der wohlfahrtsstaatliche Zweck, den ein faktischer Souverän mit seiner Politik verfolgen mag, in keiner Weise ausreicht, um den Einsatz despotischer Mittel rechtfertigen zu können. So heißt es bei Kant, dem dabei sicher auch Fichtes Naturrecht vor Augen stand:

> Wohlfahrt aber hatte kein Prinzip, weder für den, der sie empfängt, noch der sie austeilt (der eine setzt sie hierin, der andere darin): weil es dabei auf das Materiale des Willens ankommt, welches empirisch und so der Allgemeinheit einer Regel unfähig ist. Ein mit Freiheit begabtes Wesen kann und soll also im Bewusstsein dieses seines Vorzuges vor dem vernunftlosen Tier nach dem formalen Prinzip seiner Willkür keine andere Regierung für das Volk, wozu es gehört, verlangen, als eine solche, in welcher dieses mit gesetzgebend ist: d. i. das Recht der Menschen, welche gehorchen sollen, muss notwendig vor aller Rücksicht auf Wohlbefinden vorhergehen, und dieses ist ein Heiligtum, das über allen Preis (der Nützlichkeit) erhaben ist, und welches keine Regierung, so wohltätig sie auch immer sein mag, antasten darf.[24]

Kants im Kern prozedurale Lösung der Frage nach den Legitimitätsgründen politischer Herrschaft kommt daher zu dem Schluss, dass nicht nur die faktische Aus-

20 *Locke* 1689, II, § 149.

21 *Kant* 1934, S. 506.

22 Vgl. *Maus* 2006.

23 Für Fichte gilt dies noch in höherem Maße, denn dessen ‚wohlfahrtsdespotische' Staatslehre ist weitestgehend frei von Plädoyers zugunsten rechtsstaatliche, insbesondere gewaltenteiliger Staatsmachtbegrenzung (vgl. *Thiele* 2002).

24 *Kant* 1798, S. 87.

übung usurpierter Herrschaft am Prüfstein der Zustimmungsfähigkeit von Seiten der Normunterworfenen gemessenen werden kann. Denn unter diesen defizitären Bedingungen hinge alles an der Moralität des Herrschaftsinhabers.[25] Vielmehr bedürften – allein schon der Rechtssicherheit der Untertanen wegen – sowohl die gesetzgebende Souveränität als auch die ‚ausübenden Gewalten' einer bestimmten organisatorischen Form, deren Regeln erstens positiv-rechtlich fixiert sein müssen und zweitens dem Willen der Untertanen zugerechnet werden können. Schon Locke insistiert daher auf dem positivrechtlichen Charakter des staatsrechtlichen Gründungsaktes:

> Das erste und grundlegende positive Gesetz aller Staaten ist daher die Begründung der legislativen Gewalt – so wie das erste und grundlegende natürliche Gesetz, welches selbst über der legislativen Gewalt gelten muss, die Erhaltung der Gesellschaft und [...] jeder einzelnen Person in ihr ist. Diese legislative Gewalt ist nicht nur die höchste Gewalt des Staates, sondern sie liegt auch geheiligt in jenen Händen, in die Gemeinschaft sie einmal gelegt hat.[26]

Soll das Postulat des pouvoir constituant des Volkes freilich nicht nur den Status einer „bloßen Idee" im Sinne einer Legitimation fingierenden Illusion oder den eines von den Untertanen angestellten kontrafaktischen Gedankenexperiments oder aber den eines vom Herrschaftsinhaber behaupteten Konsenses seitens der Untertanen einnehmen, sondern den einer echten „praktischen Idee" genießen, dann muss sie – wenigstens im Groben – ein bestimmtes Prozedere der Verfassunggebung normativ auszeichnen. Dies gilt sowohl hinsichtlich eines ursprünglichen Gründungsaktes, durch den ein staatliches Gewaltmonopol zugleich erzeugt und verfasst wird, wie es im Fall der Vereinigten Staaten geschah, als auch bezüglich eines Staatsformwechsels bei schon vorhandenem Gewaltmonopol, wie im Fall der Französischen Revolution. Entscheidend ist, dass im Fall eines ursprünglichen Gründungsaktes spezielle Repräsentanten für die Erarbeitung eines Verfassungsentwurfs autorisiert werden, der hernach den sich zu Staatsbürgern konstituierenden Gesellschaftsmitgliedern zur endgültigen Entscheidung vorgelegt werden. Dasselbe gilt für den Revolutionstyp des Staatsformwechsels bei gegebener Staatsgewalt: auch hier dürfen für die Aufgabe der Verfassungsredaktion keine Repräsentanten, die nach den Verfahrensregeln des alten Systems autorisiert wurden, mit dieser außerordentlichen Tätigkeit betraut werden. Konsequenterweise gilt nach Sieyes diese Norm der Unabhängigkeit konstituierter und konstituierender Repräsentation selbst noch für nachrevolutionäre Verfassungsänderungen.

Sieyes – so lässt sich zusammenfassen – kommt zweifellos das Verdienst zu, das exakte prozedurale Design eines Legitimationsmodells für konstituierende Akte ausdifferenziert zu haben,[27] das bei Kant unter dem Namen „ursprünglicher Vertrag" firmiert, und das auch hier, jedenfalls im denkbaren legitimatorischen Idealfall ein gesteigert demokratisches Entscheidungsverfahren erfordern würde.

25 Vgl. dazu die bekannten Bemerkungen zur Regierungsart Friedrichs II in *Kant* 1795, S. 352f.
26 *Locke* 1689, XI, S. 134.
27 Vgl. dazu die Beiträge von Asbach und Thiele in *Thiele* (Hg.) 2009, S. 13ff. u. 111ff.

So erklärt sich, weshalb Kant, wenn er das legitimatorische Konstrukt des ursprünglichen Vertrages beschreibt, oftmals Formulierungen wählt, die eine realprozedurale Deutung zumindest nicht ausschließen können:

> Principium constitutivum ist der Gemeinschaftliche Wille. Pactum originarium.[28]

Da hier und an zahlreichen weiteren Stellen nicht von der Idee des Gemeinwillens, sondern *von diesem selbst* die Rede ist, kann man schlussfolgern, dass Kant der Sieyesschen Doktrin zuneigte, nach der verfassungsändernde und erst recht: verfassungssubstanzändernde Akte erstens gesetzgebende zu sein hätten und zweitens (in quantitativer und qualitativer Hinsicht) weniger repräsentativ ausfallen müssten,[29] als dies bei einfachen Gesetzgebungsakten erforderlich wäre: Regeln setzende Legislationsakte, insbesondere reflexive Gesetzgebungsakte, müssten ‚demokratischer' geartet sein als die durch sie geregelten Legislationsakte. Reflexive Gesetze, die die Organisation der Legislative betreffen, wertet Kant als die bedeutendsten Elemente desjenigen Vertrages, der der „oberste Grund der Errichtung einer bürgerlichen Verfassung" ist.[30]

Wenn man aber den Gesellschaftsvertrag als normatives Legitimationskriterium mit praktischen Implikationen erkennt, dann ergibt sich folgende Perspektive: Insofern der ursprüngliche Vertrag zugleich ein verfassungsgebender Akt ist, bedarf er eigenständiger Verwilligungsmodalitäten, die sich jedenfalls qualitativ von den im hernach konstituierten Staat geltenden zu unterscheiden haben. Nun erst wird ersichtlich, wie intensiv Kant die französische Theorie des pouvoir constituant des Volkes rezipierte und wie umsichtig er sie in seine Rechtslehre einbaute, ohne dass er sich offiziell als deren Anhänger hätte präsentieren müssen.

Die allgemeine Regel, die Kant zwar nicht ausdrücklich nennt, die aber seiner mehrdimensionale Theorie der demokratischen Gesetzgebung systematisch zugrunde liegt, würde lauten:

‚Je „bedeutsamer und schwerwiegender"[31] der Gegenstand der Gesetzgebung für die bürgerliche Freiheit ist, desto größer ist das entsprechende Legitimationserfordernis und desto mehr hat sich das jeweilige Entscheidungsverfahren am Ideal der reinen Republik zu orientieren. Je geringer umgekehrt die Relevanz eines Gesetzes für die bürgerliche Freiheit wäre, desto geringer würde die Anforderung an das betreffende Entscheidungsverfahren ausfallen.[32]

28 *Kant* 1934, S. 566.

29 Kant verwendet den Ausdruck *Repräsentation* sowohl in Hinblick auf Personen als auch in Hinblick auf Stimmenverhältnisse: Ein Parlament wäre, so betrachtet, ebenso als Repräsentation des Volkes zu werten wie auf der anderen Seite jedwede Mehrheitsregel als Repräsentation der Einstimmigkeit gelten muss. Repräsentationslos wäre demzufolge nur der einstimmige Beschluss des vollständig ‚versammelten' und abstimmenden Volkes.

30 *Kant* 1793, S. 296.

31 Vgl. *Rousseau* 1977, S. 117.

32 Zu Kants mehrdimensionaler Theorie demokratischer Gesetzgebung vgl. *Thiele* 2003, S. 96ff.

Konstituierende Gesetzgebungsakte etwa, die die „Errichtung einer bürgerlichen Verfassung“[33] bezwecken, indem sie die Organisationsform der öffentlichen Gewalten, d. h. eine Bestimmung der Staatsform oder der Regierungsform zum Inhalt haben, müssten jedenfalls maximalen Ansprüchen genügen. Zu diesen höchststufigen Abstimmungsmaterien zählt Kant jedenfalls die Optionen zugunsten der Repräsentativgesetzgebung und des Mehrheitsprinzips, aber auch alle anderen Gesetze, die die Partizipation an der legislativen Willensbildung regeln. So heißt es beispielsweise, an der (einfachen) Gesetzgebung könne niemand anderer (effektiven) Anteil haben, „als derjenige, dem durch das Constitutionalgesetz auch eine hinreichende Gewalt und Befugnis zu dem Gebrauch verliehen ist“. Wollte man etwa, um ein zeitgenössisches Beispiel zu nennen, dem Monarchen ein Vetorecht insofern zuerkennen, als seine „Einstimmung [...] zum Gesetz [...] erforderlich“ sein soll, so könne dies jedenfalls nicht durch einfache Gesetzgebung, sondern nur durch „[C]onstitutionalgesetz[gebung]“ geregelt werden.[34]

Weil der „oberste Grund der Errichtung einer bürgerlichen Verfassung“ in „Constitutionalgesetz[en]“[35] besteht und die Verfassung ausschließlich durch „Constitutionalgesetz[e]“ geändert werden kann, sind diesem speziellen Gesetzgeber im Verhältnis zu allen durch die Verfassung geregelten Kompetenzen höherstufige Rechte zuerkannt. Und diese außerordentliche Befugnis müsse sich, so deutet Kant an, in besonderen Ansprüchen gegenüber dem betreffenden (faktischen oder hypothetischen) Entscheidungsverfahren niederschlagen. Nach der Vernunft wäre die Geltung aller „lois fondamentales“[36] an Entscheidungsverfahren gebunden, die durch die größtmögliche Annäherung an das Ideal der reinen Republik gekennzeichnet wären. Erst unter dieser Voraussetzung könnten Verfassungsgesetze maximale demokratische Legitimität beanspruchen. Das Verfahren (und nicht die bloße Zuschreibung von Untertanenkonsens seitens des Herrschers) würde dafür bürgen, dass sie als „mit allgemeiner Zusammenstimmung, als durch einen Contract, angenommen“ gelten können.[37]

Eine Auskunft, die an Deutlichkeit nichts zu wünschen übrig lässt, findet sich in Kants Nachlass. Er verknüpft hier die für die Legislation geforderte Unmöglichkeit, Unrecht zu tun, mit der Selbstgesetzgebung, die, so mag man herauslesen, im Ideal repräsentationslos von statten gehen würde:

> Die potestas legislatoria muss auf der Bedingung beruhen, dass sie nicht Unrecht tun kann. Daher ist nur beim Volk originarie potestas legislatoria. Diese ist illimitata, weil keiner sich selbst Unrecht tun kann; alle andre ist eingeschränkt. Diese potestas originaria bezieht sich auf die Idee eines pacti originarii, weil, wenn alle einstimmig beschließen, dieses ein pactum ist.[38]

33 Vgl. *Kant* 1793, S. 296.
34 Vgl. *Kant* 1934, S. 576.
35 Vgl. *Kant* 1794, S. 80.
36 Vgl. *Rousseau* 1762, II, XII, S. 79.
37 Vgl. *Kant* 1793, S. 296.
38 *Kant* 1934, S. 503.

Weil – so die Lockeanische Argumentation – das Volk ursprünglicher Eigner aller Souveränität ist, kann es die stellvertretende Ausübung dieses seines Rechtes beliebig auf andere Personen transferieren, diesen beauftragten Personen aber ebenso gut auch wieder entziehen und eigenhändig ausüben oder eine neue Personengruppe mit ihrer stellvertretenden Ausübung betrauen.

> Das Recht der Gesetzgebung ist beim Volk originariae aber beim Monarchen derivativae.[39]

Noch deutlicher wird der Zusammenhang von ursprünglicher Volkssouveränität und pouvoir constituant in der folgenden Überlegung: „Summus imperans kann also vom Volk nicht unterschieden sein".[40]

Doch das bedeutet nicht, dass Kant nur solche Staatsformwechsel für legitim erklärt hätte, die plebiszitär-demokratisch zustande gekommen wären. Vielmehr finden sich besonders in den veröffentlichten Schriften, aber auch im Nachlass nicht wenige Passagen, die den Gesellschaftsvertrag als *Gedankenexperiment* und *Prüfstein* thematisieren.

> Vor aller wirklichen Herrschaft [...] und Unterwerfung muss ein Recht der Menschheit vorhergehen, nach welchem sie ursprünglich möglich ist. [...] Also muss alles Gemeine Wesen von einem idealen ursprünglichen Contracte als abgeleitet *angesehen* werden.[41]

Jede Verfassung, also auch jede neue Verfassung, deren Zentralpunkt die Umorganisation der gesetzgebenden Gewalt darstellt, kann demnach unter Umständen auch dann noch als dem „gemeinschaftliche[n] Willen" entsprungen gelten,[42] wenn das Verfahren ihres Zustandekommens erhebliche Legitimationsdefizite aufweist. Dennoch kann es kaum überzeugen, wenn manche Interpreten bemüht sind, diese Kantische Argumentation als die eigentliche erscheinen zu lassen. Zu prominent sind Kants Rückbezüge auf die prozeduralen Volkssouveränitätstheorien der Aufklärung, als dass man den ursprünglichen Vertrag bloß im Sinne einer legitimatorischen Fiktion und allenfalls noch eines kognitiven Zustimmungskonsenses auslegen dürfte.[43]

KONTINUITÄTSKONSTRUKTION II: ERLAUBNISGESETZE ALS AUSNAHMELEGITIMATION FÜR VERNUNFTWIDRIGE VERFAHREN

Analoge Überlegungen stellten auch die französischen und amerikanischen Aufklärer des 18. Jahrhunderts an. Zwar ist sich Sieyes vollständig im Klaren darüber, dass die Umdeutung der Versammlung des Dritten Standes zur Konstituante einen eklatanten Verstoß gegen die von ihm postulierte Verfahrensregel der Trennung

39 *Kant* 1934, S. 482.
40 *Kant*, Reflexion 7742, S. 505.
41 *Kant* 1934, S. 567, Herv. U.T.
42 *Kant* 1934, S. 566.
43 Vgl. z. B. *Kersting* 1992, S. 128.

der pouvoir constituant von den verfassten Kompetenzen darstellte. Auch wenn Sieyes in Hinblick auf die Organisation der Gesetzgebung und das entsprechende Modell der Gewaltenteilung in schärfstem Gegensatz zur Position der Federalists steht, so greift er doch in diesem speziellen Fall auf eine Argumentation zurück, die sich jene zu eigen gemacht hatten, um eine nachträglich und implizite Beauftragung des Philadelphia-Kongresses zur Erarbeitung einer Verfassungsentwurfs konstruieren zu können.[44]

Was den ursprünglichen Akt der Verfassunggebung anbetrifft, so liegen die Überlegungen der Federalists auf derselben Linie wie die Sieyesens. ‚Nach der Vernunft' bzw. nach volkssouveränitären Prinzipien – so die gemeinsame Überzeugung – erfordere die Verfassunggebung auf jeden Fall eine außerordentliche Versammlung, deren Repräsentanten durch einen besonderes, auf diesen Zweck beschränktes Mandat autorisiert sein müssten. Daher nimmt es nicht Wunder, dass sowohl die Amerikaner als auch der Franzose erhebliche Mühe aufwenden, wenn sie dahingehend argumentieren, dass – als Ausnahme von der Regel – den de facto zu anderen Zwecken einberufenen Konventen nicht zuletzt aufgrund außergewöhnlicher politischen Umstände ein implizites Mandat zur Verfassunggebung zugewachsen sei.[45]

44 Zum Typus der „nachträglichen Genehmigung […] des eigenmächtigen Organhandels durch die verfasssunggebende Gewalt" vgl. *Winterhoff* 2007, S. 430ff.

45 Auch in den amerikanischen Verfassungsdebatte mühte man sich, die Kluft zwischen legitimatorischem Verfahrensideal und faktischer Praxis zu schließen: Bezogen auf den Fall einer demokratisch unterlegimierten verfassunggebenden Versammlung vertritt Madison – ähnlich wie kurze Zeit später Sieyes in seinem Pamphlet über den Tiers Etat – die Auffassung, dass „die Versammlung [...] dazu autorisiert war, eine [...] Verfassung zu entwerfen und zur Annahme vorzuschlagen" (*Hamilton u.a.* 1993, S. 250). Man dürfe und müsse die Vollmachten, die im September 1786 vom Konvent in Annapolis und im Februar 1787 vom Verfassungskonvent in Philadelphia erteilt wurden, extensiv auslegen; andernfalls nämlich sei eine Verfassunggebung schon aus pragmatischen Gründen unmöglich: Die eigentlich nur zu Beratungen autorisierten Delegierten des Philadelphia-Konventes „müssen sich überlegt haben, dass bei allen großen Veränderungen etablierter Regierungen die Form dem Inhalt zu weichen hat; in solchen Fällen starr an der Form festhalten, würde [...] das vorzügliche und wertvolle Recht des Volkes, seine Regierung aufzuheben oder zu verändern, wie es für seine Sicherheit und sein Glück am zuträglichsten zu sein scheint', gehaltlos und unwirksam machen, weil es dem Volk unmöglich ist, sich spontan und in allgemeiner Übereinstimmung auf sein Ziel hinzubewegen. Deshalb ist es auch unabdingbar, solche Veränderungen durch informelle und von niemandem autorisierte Vorschläge einiger patriotischer und ehrbarer Bürger oder einer Gruppe von Bürgern in die Wege zu leiten." Auch wenn die Federal Covention von Philadelphia „ihre Kompetenzen überschritten hätte, waren ihre Mitglieder durch die Umstände, in die sie versetzt waren, als treue Diener ihres Landes nicht nur bevollmächtigt, sondern sogar verpflichtet, die Freiheit, die sie sich genommen hatten, auch zu gebrauchen" (*Hamilton u.a.* 1993, S. 255ff.; vgl. dazu *Scheuerman* 1997, S. 156). Sieyes argumentiert sehr ähnlich wie die Federalists, wenn er sagt, es sei zu erwarten und auch zu rechtfertigen, dass die aus der vom König einberufenen Ständeversammlung hervorgegangene Versammlung des Dritten Standes als authentische Repräsentation der verfassunggebenden Gewalt des Volkes agieren könne, obwohl sie ursprünglich nicht zu diesem Zweck einberufen worden war: „Die Umstände sind jedoch so, dass man nicht allzu sehr auf den besten Grundprinzipien bestehen darf; man muss die Gewalten daher unbestimmt lassen, ohne ausdrücklich darauf hinzuwei-

Zwar sei die „Nation von jeder Form unabhängig; und auf welche Art und Weise sie auch will, die bloße Äußerung ihres Willens genügt, um gleichsam angesichts der Quelle und des obersten Herrn jedes positiven Rechts alles positive Recht außer Kraft zu setzen".[46] Demnach wäre die Form, in der sich die Nation als verfassunggebendes Subjekt artikuliert, beliebig und es spräche nichts dagegen, dass sich eine Repräsentativkörperschaft, die ursprünglich im Rahmen der geltenden Verfassung zu einem bestimmten Zweck vom faktischen Souverän einberufen wurde, als Repräsentation des pouvoir constituant des Volkes umdefinierte und als solche tätig würde. Da, so Sieyes, die verfassunggebende Nation „den Naturzustand nie [...] verlässt, [...] sind alle Formen gut, und ihr Wille ist immer höchstes Gesetz".[47]

Doch genauer besehen, sagt Sieyes lediglich, die Nation sei in der „Ausübung ihres Willens [...] frei und unabhängig von allen *gesetzlichen* Formen", und weiter heißt es, sie könne und dürfe sich „nicht die Fesseln einer bestimmten *Verfassungsform* anlegen".[48]

> Eine Nation darf und kann sich nicht an bestimmte Verfassungsformen binden; denn beim ersten Konflikt zwischen den verschiedenen Teilen dieser Verfassung, was würde da aus einer Nation, die so eingerichtet und geordnet wäre, dass sie nur nach der umstrittenen Verfassung handeln könnte. [...] Wenn eure Gesetzgebungskörperschaft selber zerstritten ist, wenn die verschiedenen Teile jener ersten Verfassung nicht miteinander harmonieren, wer ist dann der oberste Richter? Denn einen solchen muss es geben, oder die Ordnung weicht der Anarchie [...] Man muss sich also bewusst sein, dass es in einem Lande schon bei dem geringsten Zusammenstoß zwischen seinen Verfassungsgewalten keine Verfassung mehr geben würde, wenn die Nation nicht unabhängig von jeder Regel und Verfassungsform existierte.[49]

Existierte die Nation (oder das Volk) lediglich als Verfassungsorgan, dann wäre sie wie die anderen Verfassungsorgane an die geltende Konstitution gebunden und im Falle eines Verfassungskonfliktes lediglich Partei. Jede gültige Entscheidung in einem Verfassungsstreit sei aber wesentlich ein überkonstitutioneller Souveränitätsakt, der selbstverständlich keiner verfassungsrechtlich gebundenen öffentlichen Gewalt, auch nicht einem demokratisch gewählten Parlament, zustehen könne.

Nach Sieyes' Lehre ist es daher aus praktisch-politischen, legitimatorischen und auch logischen Gründen ausgeschlossen, dass die verfassunggebende Gewalt, die doch immerhin einen Souverän allererst zu bestimmen hätte, von einer Personengruppe ausgeübt würde, die an einer verfassungsrechtlich definierten Gewalt teilhat. Und dieses *Verbot* würde nach Sieyes voll und ganz auch dann auf die

sen; die von uns oben aufgesetzten Beschlüsse zeigen ja zur Genüge, dass man den Abgeordneten von 1789 das Schicksal Frankreichs anvertraut" (*Sieyes* 1988, S. 227f.).

46 *Sieyes* 1988, S. 169.

47 *Sieyes* 1988, S. 169.

48 *Sieyes* 1988, S. 168, Herv. U.T.

49 *Sieyes* 1988, S. 169.

vom König einberufenen Generalstände zutreffen, wenn sie die reguläre Funktion eines permanent tagenden Parlamentes besäßen:

> Selbst wenn die Nation ihre regelmäßigen Generalstände hätte, stünde es dieser durch die Verfassung begründeten Körperschaft nicht zu, eine Streitigkeit über ihre eigene Verfassung zu entscheiden. Sonst geriete man in einen Teufelskreis, in eine Folge von Behauptungen, die das zu Beweisende voraussetzen.[50]

Sieyes moniert eine Diskrepanz zwischen dem Vernunftrechtsprinzip, das als lex generalis keine Ausnahmen zulässt, und dem von der Versammlung des Dritten Standes praktizierten Verfahren. Das Prinzip sagt:

> Die verfassunggebende und von der Verfassung gegebene Gewalt sollten keinesfalls vermengt werden.[51]

Anstatt – wie geschehen – die nach altem Verfassungsrecht einberufene Ständeversammlung zur verfassunggebenden Versammlung umzudeuten und dieser Repräsentation ein entsprechendes, ihren Funktionswandel rechtfertigendes implizites Mandat seitens des Volkes zuzuschreiben, hätte es eines eigenständigen Delegationsverfahrens bedurft, durch welche besondere Repräsentanten der Nation, d. h. des Volkes, mit dieser außerordentlichen Aufgabe betraut worden wären.

> Was man hätte tun sollen? In mitten der Verwirrung und des Streits über die bevorstehenden Generalstände? [...] Man hätte zum großen Mittel einer außerordentlichen Stellvertretung greifen müssen. [...] Man hätte die Nation einberufen müssen, damit sie außerordentliche Stellvertreter zur Hauptstadt abgeordnet hätte mit einer besonderen Vollmacht, die Verfassung der gewöhnlichen Nationalversammlung zu ordnen. Ich hätte aber nicht gewollt, dass diese Stellvertreter außerdem noch die Vollmacht erhalten hätten, entsprechend der Verfassung, die sie selbst erarbeitet haben, in anderer Eigenschaft anschließend als gewöhnliche Versammlung zusammenzutreten; ich hätte befürchtet, dass sie, statt allein für das Nationalinteresse zu arbeiten, ihrem Gruppeninteresse zu viel Aufmerksamkeit gewidmet hätten. Immer wieder machen in der Politik die Vermischung, das Durcheinander der Gewalten die Errichtung der wahren gesellschaftlichen Ordnung auf Erden unmöglich.[52]

Sieyes' Auffassung lässt sich als Radikalisierung des Rousseauschen Gewaltenteilungsprinzips verstehen, insofern sie personelle Inkompatibilität nicht nur für die konstituierten, nach ihren Funktionen gegeneinander abgegrenzten öffentlichen Gewalten, sondern ebenso für das Verhältnis der einfachen Gesetzgebung zur Verfassungsgesetzgebung einfordert: Weil die letzteren partielle Verfassunggebungsakte seien, dürften sie grundsätzlich nicht, wie heute üblich, von ordentlichen Gesetzgebungskörperschaften vollzogen werden, sondern erforderten ein selbständiges Repräsentationsverfahren. Die Personengruppe, der im Falle des Souveränitätswechsels die Ausübung des pouvoir constituant übertragen wird,

50 *Sieyes* 1988, S. 170.
51 *Sieyes* 1988, S. 54.
52 *Sieyes* 1988, S. 171f., 174f.

dürfte sich weder, wie geschehen, aus den Gesetzgebungsorganen des alten Staates rekrutieren noch könne sie sich, nachdem sie ihren Zweck erfüllt hätte, zur ordentlichen Legislative des neuen Staates erklären. Dies jedenfalls seien die elementaren Anforderungen, die das Vernunftrecht bzw. das „droit naturel" gegenüber der revolutionären Praxis erhoben hätte.

Der Sache nach bringt Sieyes ein Ausnahmen rechtfertigendes *Erlaubnisgesetz* Kantischen Typs ins Spiel,[53] wenn er argumentiert, die ursprünglich vom König zur Neuordnung der Staatsfinanzen einberufene Ständeversammlung besitze ein *inoffizielles Mandat* seitens der Nation zur Verfassunggebung. Die aus der Ständeversammlung hervorgegangene Versammlung des Dritten Standes, so Sieyes im Februar 1789, könne demnach aufgrund *singulärer Umstände ausnahmsweise* als authentische Repräsentation der verfassunggebenden Gewalt des Volkes gelten, obwohl sie ursprünglich nicht zu diesem Zweck einberufen worden war:

> Die den Generalständen zugedachten Gewalten sind zweifellos zu ausgedehnt, und ich wiederhole es immer wieder: die verfassunggebende Gewalt und die durch die Verfassung konstituierte Gewalt dürfen nicht verquickt sein, der Auftrag der Ausübung der gewöhnlichen Gesetzgebung ist völlig verschieden von dem Auftrag, die Verfassung zu gründen oder zu reformieren. Die Umstände sind jedoch so, dass man nicht allzu sehr auf den besten Grundprinzipien bestehen darf; man muss die Gewalten daher unbestimmt lassen, ohne ausdrücklich darauf hinzuweisen; die von uns oben aufgesetzten Beschlüsse zeigen ja zur Genüge, dass man den Abgeordneten von 1789 das Schicksal Frankreichs anvertraut.[54]

Noch im Juli 1789 besteht Sieyes darauf, dass dem prozeduralen und damit auch legitimatorischen Mangel, der an der nur impliziten Mandatierung der Nationalversammlung durch das Volk haftet, dadurch Rechnung getragen werden müsse, dass die von ihr zu beschließende Verfassung lediglich provisorische Geltung beanspruchen könne und der endgültigen Verwilligung durch eine wahrhaft demokratisch autorisierte neue verfassunggebende Versammlung bedürftig sei. Sein Vorschlag für den Text der Einleitung zur Verfassung lautet:

> Die zur Nationalversammlung vereinigten Repräsentanten der Französischen Nation erkennen an, dass sie durch ihr Mandat den besonderen Auftrag haben, die Verfassung des Staates zu erneuern. In dieser Eigenschaft werden sie folglich die verfassunggebende Gewalt ausüben; da jedoch die gegenwärtige Vertretung den Erfordernissen einer solchen Gewalt nicht streng entspricht, erklären sie, dass die Verfassung, die sie der Nation geben werden, zwar vorläufig für alle verbindlich, jedoch erst dann endgültig sein wird, nachdem eine neue, außerordentliche, nur zu diesem Zweck einberufene verfassunggebende Gewalt ihr diejenige Zustimmung gegeben haben wird, die die Strenge der Prinzipien erfordert.[55]

53 In Kants Terminologie hätte es zur rechtsphilosophischen Rechtfertigung dieser prinzipienwidrigen Selbstdefinition der Standesversrammlung als verfassunggebende Versammlung eines vermittelnden „Erlaubnisgesetzes der Vernunft" bedurft: „Das Erlaubnisgesetz gebietet die provisorische Duldung von etwas in einer lex generalis [...] Verbotenem" (*Brandt* 1995, S. 78).

54 *Sieyes* 1988, S. 227f.

55 *Sieyes* 1988, S. 242.

Nach Sieyes weist der in Frankreich eingeschlagene Weg eklatante Mängel auf. So habe die Versammlung des Dritten Standes das Prinzip der Trennung von pouvoir constituant und pouvoir constitué organisatorisch und personell verletzt. Damit die neue Verfassung als Resultat der Tätigkeit der nach alten Recht einberufenen Ständeversammlung, die sich zur Nationalversammlung und schließlich zur Konstituante umdefinierte, dennoch volkssouveränitätstheoretische Legitimität beanspruchen könnte, musste eine rechtfertigende Regel gefunden werden, die zwischen der Vernunftforderung und der diskrepanten empirischen Praxis vermitteln würde. Dies konnte nur unter Hinweis auf die ‚Gunst der Stunde' und das Konstrukt impliziter Mandatierung seitens des Volkes einerseits und den Vorgriff auf ein *nachträgliches* prinzipiengemäßes Ratifizierungsverfahren andererseits geschehen.

KONTINUITÄTSKONSTRUKTION III: FAHRLÄSSIGE SOUVERÄNITÄTSTEILUNG SEITENS DES HERRSCHAFTSINHABERS

Die Französische Revolution wird von Kant, aber auch von Sieyes insofern als uneigentliche diskutiert, als beide von einer relativen Legalitätskontinuität ausgehen: dem vormaligen Souveränitätsinhaber wird eine unabsichtliche Verursachung des Souveränitätswechsels zugeschrieben. Dieser spezielle Typ der Systemtransformation beruht darauf, dass der Herrschaftsinhaber, die Folgen seines Tuns nicht bedenkend, diejenigen, die von ihm repräsentiert werden, aus Not in die Gesetzgebung involviert. Vor dem theoriegeschichtlichen Hintergrund der Bodinschen Lehre von der Unteilbarkeit der Souveränität und der Lockeschen Doktrin ursprünglicher Volkssouveränität bedeutet dies, dass der Herrschaftsinhaber sein stellvertretend ausgeübtes Souveränitätsrecht zur Gänze an seinen ursprünglichen Eigner zurückgibt.

Für die Französische Revolution sei es nämlich kennzeichnend, dass der Wechsel des faktischen Trägers der Souveränität durch einen „Fehltritt" des vormaligen Herrschers,[56] mithin fahrlässig ermöglicht wurde. De facto habe damit der verfassungsmäßige Souverän seinen Anspruch, ihr alleiniger Inhaber zu sein, aufgegeben. Damit wird gemäß der Lockeanischen Volkssouveränitätsdoktrin unterstellt, dass dem Monarchen die stellvertretende Ausübung der Legislative vom Volk übertragen worden war, was ihn dazu verpflichtet hätte, die Souveränität auch zur Gänze auszuüben. Diese hätte demnach als eine von der Gesellschaft auferlegte Verpflichtung in keiner Weise geteilt werden dürfen. Insofern das Volk als beauftragende Instanz in Gestalt seiner demokratisch legitimierten Repräsentanten nun selbst die politische Bühne betreten habe, stehe ihnen nämlich die Ausübung des gesamten Gesetzgebungsrechtes zu, die dem durch den ideellen

56 *Kant* 1797, S. 341.

Gesellschaftsvertrag, aber nicht durch demokratische Entscheidungsverfahren legitimierten Repräsentanten des Volkes, dem Monarchen, versagt gewesen sei.[57]

> In Frankreich konnte die Nationalversammlung die constitution ändern, ob sie zwar nur, um das Creditwesen der Nation in Ordnung zu bringen, zusammengerufen war. Denn sie war Repräsentation des Ganzen Volks, nachdem der König erlaubt hatte, nach unbestimmten Vollmachten zu decretieren. Der König repräsentierte sonst das Volk; hier war er also vernichtet, weil das Volk selbst gegenwärtig war. [...] Weil er das Ganze vorstellt, so wird er nichts, wenn er dieses Ganze, von dem er kein Teil sondern nur dessen Stellvertreter ist, sich selbst stellen lässt.[58]

In den *Reflexionen zur Rechtsphilosophie*, die in vielfacher Weise als Subtext der offiziellen Rechtslehre gelten können, betont Kant unzweideutig die legitimatorische Höherwertigkeit des Volkswillens gegenüber dem königlichen Willen. Damit rekurriert er jedoch nicht nur auf Locke und Sieyes, sondern ebenso auf das populäre Diktum Rousseaus, nach dem alle Repräsentation dort zu enden habe, wo der Repräsentierte für sich selbst spreche und agiere.[59]

Zunächst wird nochmals betont, dass auch die monarchische Staatsform gesellschaftsvertraglich legitimiert ist. Der contractus originarius, der öffentliches Recht allererst konstituiert, besitze nämlich zwei komplementäre Momente: Im Vertragsschluss konstituiere das Volk zugleich sich selbst als Staatsvolk,[60] dem ursprünglich alle Gesetzgebung rechtlich angehört, und einen repräsentativen Souverän, dem die Ausübung dieses unveräußerlichen Rechtes kommissarisch übertragen wird.

57 „Die demokratische Perspektive ‚von unten' wird bei Kant trotz der Trennschärfe, mit der er die modernen Rechtsbegriffe behandelt, darin festgehalten, dass der monarchische Souverän als bloßer Agent des allgemein gesetzgebenden Willens jedenfalls keine neue Verfassung, nicht einmal die der Demokratie gegen den Willen des Volkes einführen darf"; vgl. *Maus* 1992, S. 78.

58 *Kant* 1934, S. 595f.

59 „Von dem Augenblick an, da das Volk rechtmäßig als souveräne Körperschaft versammelt ist, endet jede Rechtsprechung der Regierung, ist die Exekutive ausgesetzt und die Person des letzten Bürgers genauso geheiligt unverletzlich wie die des ersten Beamten, weil es keinen Stellvertreter mehr gibt, wo sich der Vertretene befindet"; vgl. *Rousseau* 1977, S. 101.

60 Die Legitimationskonzeption des Gesellschaftsvertrages, die „das Volk überhaupt nur als Produkt eines rechtlichen Willensaktes, d. h. als rein verfassungsrechtliche Kategorie" kennt, unterscheidet sich vom Typ des Herrschaftsvertrages, dessen Inbegriff die *Magna Charta Libertatum* darstellt (vgl. dazu *Reibstein* 1972, Bd. 1, S. 149ff.), vor allem in zweierlei Hinsicht: Der Herrschaftsvertrag setzt erstens die Relata des Vertragsschlusses, das Volk und den Herrscher, als vorgängig Existierende voraus, und er ist zweitens „notwendig ein inhaltlicher Vertrag, aus dem [...] sich unmittelbar wechselseitige Rechte und Pflichten zwischen Herrscher und Untertanen ergeben, die justizförmiger Überprüfung oder der Ausübung eines positiv-rechtlich geregelten ‚Widerstandsrechts' [...] zugrundegelegt werden können"; vgl. *Maus* 2001, S. 147; vgl. *Kant* 1934, S. 593: „Zwischen dem Souverän und dem Volk findet kein pactum statt, welches die Bedingung enthielte, der Nichthaltung einen Teil berechtigte, dasselbe aufzuheben."

> Der actus, da die Menge durch ihre Vereinigung ein Volk macht, constituiert schon eine souveräne Gewalt, welche sie durch ein Gesetz auf irgend einen übertragen.[61]

Doch noch in einem weiteren Punkt rekurriert Kant auf Rousseaus Diktum von der Prävalenz des Repräsentierten gegenüber dem Repräsentierenden: Das Volk habe z. B. in Frankreich die treuhänderische Wahrnehmung seines Rechtes nur deswegen und insoweit einem monarchischen Stellvertreter übertragen, als es sich „unvermögend fühlt, sich selbst zu beherrschen".[62] Solange der Monarch als der gesellschaftsvertraglich (und nicht: herrschaftsvertraglich) Beauftragte faktisch in der Lage sei, seine ihm vom Volk zugewiesene Gesetzgebungsaufgabe auszuüben, habe der Wille des Repräsentanten als rechtmäßige Stellvertretung des Willens der Repräsentierten und mithin als „untadlig" zu gelten.[63]

> Wenn aber der Monarch als Souverain sich selbst unvermögend fühlt, den Staat zu erhalten und beruft das Volk durch seine Repräsentanten den Staat zu erhalten, so ist dieses wiederum kein contract, sondern, da er nur Stellvertreter des Volks war, eine Niederlegung seiner Würde.[64]

Wenn – so die Rousseau orientierte Argumentation – der Stellvertreter des Volkes seine ihm auferlegte Gesetzgebungs*pflicht* de facto nicht mehr wahrnimmt, gibt er diese ihm lediglich übertragene Kompetenz an den ursprünglichen Eigner zurück.[65] Und der ist nun seinerseits berechtigt, aber auch gezwungen, dieses Recht entweder selbst auszuüben oder durch gewählte Repräsentanten ausüben zu lassen:

> Endlich fragt es sich, ob, wenn ein Souverän die ganze Nation zusammenruft und sie sich vollständig repräsentieren lässt, er alsdann die Rechte eines Souveräns in dieser Zeit behalte? Dies aber hieße, dass zwei Souveräne existierten, womit, jedenfalls latent, der Naturzustand wieder eingetreten wäre. Er war nichts mehr als Stellvertreter, Statthalter, mit welchem das Volk nicht Contract gemacht hat sondern ihm bloß seine Rechte zu vertreten aufgetragen hat. So lange er dieses tut, kann er alle Bewegungen des Volks hindern, dadurch sie sich zu constituieren Vorhabens sind. Hat er sie aber einmal zusammen berufen und constituieren sie sich, so ist seine Autorität nicht allein suspendiert, sondern sie kann gar aufhören, wie das

61 *Kant* 1934, S. 511.
62 *Kant* 1934, S. 593.
63 Vgl. *Kant* 1797, S. 316.
64 *Kant* 1934, S. 593.
65 Die unter Umständen erforderliche Delegierung der Ausübung von Souveränität hat in Kants Verständnis nichts mit Souveränitätsteilung zu tun, denn solange die Übertragung nicht widerrufen wird, kommt dem Repräsentanten das Gesetzgebungsrecht ungeteilt zu; wird das repräsentative Ausübungsrecht aber widerrufen, so verbleibt das gesamte Ausübungsrecht der Souveränität solange beim Volk, bis es einen neuen Stellvertreter autorisiert. Jede partielle Entäußerung der Souveränität selbst käme dagegen ihrer Teilung gleich, die dem Begriff der Souveränität widersprechen würde: „Kein Teil der souveränen Gewalt kann dem anderen widerstreiten, weil sonst keine obere Gewalt sein würde, die [...] entschiede"; vgl. *Kant* 1934, S. 511.

> Ansehen eines jeden Repräsentanten, wenn sein Machtgeber selbst gegenwärtig ist.[66]

Da Kant in diesem Passus ausdrücklich vom „Ansehen eines jeden Repräsentanten" (und nicht nur des Monarchen) spricht, das durch die Aktivität seines „Machtgeber[s]" zunichte werde, folgt, dass auch die unmittelbare Gesetzgebungsdemokratie im Vergleich mit ihrer repräsentativen Variante als legitimatorisch höherwertig anzusehen ist.

Schließlich rekurriert Kant auf Sieyes' Auslegung dieses Rousseauschen Diktums. Jener hatte aus dem Faktum, dass der König zur Bewältigung der Staatsfinanzkrise die Generalstände einberief und diese mit unbestimmten Vollmachten ausgestattete,[67] den Schluss gezogen, der ‚Nationalversammlung' sei mit dem Recht der Besteuerung nolens volens auch das Gesetzgebungsrecht überhaupt zuerkannt worden.[68] Hieraus aber habe sich notwendig ergeben, dass der neue Gesetzgeber auch befugt sei, sein ihm zugewachsenes Souveränitätsrecht durch Verfassungsgesetzgebung zu kodifizieren.[69] Bei Kant liest sich diese Argumentation folgendermaßen:

> Wenn also ein König das Volk in seinen Repräsentanten zusammen beruft, um den Staat zu reformieren, so hält sie nun keine Verbindlichkeit ab, dem Staate eine ganz andre Form zu geben, und sie können so fort die Souveränität an sich nehmen.[70]

Die Auflistung der Argumentationsschritte, die Sieyes seiner berühmten Schrift über die *Ausführungsmittel, die den Repräsentanten Frankreichs 1789 zur Verfügung stehen*, vorangestellt hatte, lässt sich geradezu als praxisbezogene Illustration der Kantischen Theorie des (nichtrevolutionären) Souveränitätstransfers lesen:

> Wir behaupten, dass die Generalstände nur insofern von umfassendem Nutzen sein werden, als sie mit dem Wissen und Willen, die man bei ihnen voraussetzen kann, auch die gesetzgebende und ausführende Gewalt vereinigen; werden sie sie haben? Drei Bedingungen machen diese Gewalt aus: erstens das Recht, zu handeln; zweitens vollkommene Freiheit beim Handeln; drittens Dauerhaftigkeit der Handlungsergebnisse. Diese Einteilung ist klar. Um ihr zu folgen, werden wir in drei Abschnitten beweisen:
>
> 1. dass die Generalstände das Gesetzgebungsrecht haben;
> 2. dass es nur von den Generalständen abhängt, die gesetzgebende Gewalt auch frei auszu-

66 *Kant* 1934, S. 593.

67 *Sieyes* 1988, S. 255.

68 *Sieyes* 1988, S. 25ff.

69 Auf diese „originelle" Lösungsstrategie Kants wies schon Dieter Henrich hin, allerdings ohne die Parallele zu Sieyes zu berücksichtigen: „Die Französische Revolution trägt ihren Namen zu Unrecht, – sie ist keine Revolution gewesen. Als der König die Generalstände zusammenrief und ihnen die Aufgabe der Reform Frankreichs übertrug, da erwarben sie die Vollmacht, ihrem Vaterland nach eigenem Urteil eine neue Verfassung zu geben. Denn Reformen sind Sache des Souveräns. Der König trat also ab und ließ die Stände gleichsam im status naturalis zurück. [...] Die Konsequenz überrascht: Da nach Kants Meinung der Souverän, der ohne Nachfolger abtritt, die Verfassung stürzt, ist Louis Seize der einzige Revolutionär von 1789" (*Henrich* 1997, S. 363f.; vgl. auch *Langer* 1986, S. 121f.).

70 *Kant* 1934, S. 583.

üben;
3. dass es die Generalstände vermögen, das Ergebnis ihrer Beratungen fest zu verankern und ihm Dauerhaftigkeit zu verleihen.[71]

Dies besagt nicht bloß, die Generalstände könnten nun zusammen mit dem König das Gesetzgebungsrecht ausüben. Gemeint ist vielmehr, dass, der zuvor vom faktischen Souverän, dem König, repräsentierte ursprüngliche Souverän beschloss, die zuvor auf den König übertragenen Befugnisse zu widerrufen und seine Gesetzgebungsbefugnisse in Eigenregie auszuüben.[72] Demnach komme, da die Souveränität unteilbar sei, dem König auch keinerlei Vetorecht in der Gesetzgebung zu.[73] Weiter sei es Sache des neuen Souveräns, d. h. der sich am 17. Juli 1789 als Nationalversammlung definierenden Versammlung des dritten Standes, darüber zu entscheiden, wer in Zukunft die exekutive Gewalt innehaben soll; ihm obliegt nicht nur die Neubestimmung der Staatsform, sondern ebenso der Regierungs-

71 *Sieyes* 1988, S. 25.
72 Vgl. *Sieyes* 1988, S. 25ff.; vgl. *Kant* 1797, S. 342.
73 Sieyes – als strikter Gegner des Montesquieuschen Souveränitätsteilungskonzepts – sprach sich in seiner Rede vom 7.9.1789 entschieden gegen Verfassungspläne aus, die von der Annahme ausgingen, ein königliches Veto gegen Parlamentsgesetze wäre mit demokratischen Prinzipien vereinbar. Sieyes stellte der Montesquieuschen Lehre, nach der Gewaltenteilung vor allem geteilte Souveränität bedeute, ein striktes funktionales Gewaltenteilungsmodell entgegen, das die Tätigkeiten der ‚Staatsgewalten' auch in zeitlicher Hinsicht stratifizierte: Die „Ausführung des Gesetzes folgt seinem Zustandekommen; die ausführende Gewalt und alles was dazu gehört, gilt erst dann als existent, wenn das Gesetz in Kraft ist"; vgl. *Sieyes* 1988, S. 263. Daraus folgert Sieyes keineswegs, die monarchische Regierung als „Treuhänder aller Bereiche der ausführenden Gewalt" wäre aus der Gesetzesberatung strikt auszugrenzen. „Wenn also die Ausübung der ausführenden Gewalt Erfahrung verleiht und Einsichten vermittelt, die dem Gesetzgeber nützlich sein können, so mag man durchaus ihre Ratschläge einholen und sie zur Stellungnahme auffordern; diese ist etwas anderes als ein Wille." Umso rigoroser aber sei zu verhindern, dass der König „als integrierender Bestandteil an der Gesetzgebung teilhaben" kann: „Wenn also die Ausübung der ausführenden Gewalt Erfahrung verleiht und Einsichten vermittelt, die dem Gesetzgeber nützlich sein können, so mag man durchaus ihre Ratschläge einholen und sie zur Stellungnahme auffordern; diese ist aber etwas anderes als ein Wille. Denn ich wiederhole, sie darf keinesfalls als integrierender Bestandteil an der Gesetzgebung mitwirken; mit einem Wort, wenn die ausführende Gewalt zu einem Gesetz raten kann, so darf sie es doch nicht machen"; vgl. *Sieyes* 1988, S. 263. Dem König ein Vetorecht gegenüber dem repräsentativen Gesetzgeber zuzugestehen, hieße aber, ihn zur indirekten Gesetzgebung zu ermächtigen: „Meiner Meinung nach besteht zwischen dem Recht, ein Gesetz zu machen, und dem, es zu verhindern, kein Unterschied"; vgl. *Sieyes* 1988, S. 263. Ein suspensives Vetorecht ermächtigte nämlich seinen Inhaber, sein negatives Gesetzgebungsrecht so lange zu benutzen, bis ein ihm genehmes Resultat vorgelegt würde. Vor diesem Hintergrund ist es nur allzu verständlich, dass Sieyes auch einen plebiszitären „Appell an das Volk" ablehnt, weil er ihn ausschließlich als Instrument königlicher Obstruktionspolitik gegen den parlamentarischen Gesetzgeber betrachtet: Das „Volk oder die Nation kann nur eine Stimme haben, nämlich die der nationalen Gesetzgebungskörperschaft. Wenn man also von einem Appell an das Volk redet, so kann das nichts anderes bedeuten, als dass die ausführende Gewalt im Auftrag der Nation an diese Nation selbst appelliert"; vgl. *Sieyes* 1988, S. 269.

form. Damit aber werde dem Volk bzw. seinen von ihm autorisierten Repräsentanten zweifellos die Befugnis der Verfassunggebung zuerkannt.[74]

Zusammenfassend lässt sich sagen: Kant verwendet sehr ähnliche Argumente zur Rechtfertigung der Französischen Revolution wie Sieyes. Beide betonen, dass die Einberufung der Generalstände seitens des Königs de facto einer nicht nur partiellen, sondern totalen Aufgabe seines Souveränitätsrechtes gleichkam. Das stellvertretend ausgeübte Gesetzgebungsrecht sei, nun, da der Auftraggeber selbst die politische Bühne betreten habe, an diesen zurückgefallen. Beide Interpreten weisen widerstandsrechtliche Konstruktionen zurück und rekurrieren stattdessen auf das Prinzip ungeteilter Volkssouveränität, das auch der monarchischen Verfassung zugrundegelegen hätte und nun die ultimative Legitimationsquelle einer verfassunggebenden Neuordnung der Staats- und Regierungsform bilde.[75]

KONTINUITÄTSKONSTRUKTION IV: REFORM NACH VERNUNFTPRINZIPIEN

Schließlich erwägt Kant, ob nicht das Transformationskonzept einer legalitätswahrenden „Reform nach Prinzipien" nicht nur als „negatives Surrogat" im Sinne eines minderwertigen Ersatzes in Frage käme, sondern als echte Alternative und vollwertiges Äquivalent der Revolution vorzuziehen wäre. Das Plädoyer zugunsten der Vorzugswürdigkeit der Systemtransformation mittels „aufgeklärter Regierungsart" muss sich keineswegs nur auf die Vermeidung des Naturzustandes und seiner freiheitsrechtlichen Risiken beziehen,[76] sondern kann sich – aus einer

74 *Sieyes* 1988, S. 164ff. Dahinter steht die „Vorstellung, dass die vordem von der bisherigen Verfassung kreierten und dieser unterworfenen Organe sich zu dem Zeitpunkt gewissermaßen aus ihrer Verfasstheit lösen und in den Dienst der verfassunggegebenden Gewalt stellen"; vgl. *Winterhoff* 2007, S. 421.

75 So auch Wolfgang Kersting, der freilich die Parallele zwischen Kant und Sieyes nur im allgemeinen benennt, ohne die spezifischen Divergenzen zwischen beiden Argumentationen zu bestimmen: „Wenn Kant die Reformpflicht des Fürsten auch als ‚Verbindlichkeit der konstituierenden Gewalt' bezeichnet: ‚Aber der Geist jenes ursprünglichen Vertrages [...] enthält die Verbindlichkeit der konstituierenden Gewalt, die Regierungsart jener Idee angemessen zu machen [...]', dann nimmt Kant damit offensichtlich die verfassungstheoretische Unterscheidung Sieyès' zwischen pouvoir constituant und pouvoir constitué auf: der Fürst, das Herrschaftssubjekt, hat sich in seiner rechtlichen Existenz als abhängig, gebunden und konstituiert zu betrachten: gebunden an die Grundverfassung der Republik, die ihm den einzig rechtmäßigen Weg der Herrschaftsausübung weist, und damit in seiner rechtlichen Existenz konstituiert durch die verfassunggebende Gewalt des vereinigten Volkswillens"; vgl. *Kersting* 1984, S. 298f.

76 „Die Revolution eines geistreichen Volks, die wir in unseren Tagen haben vor sich gehen sehen, mag gelingen oder scheitern; sie mag mit Elend und Greueltaten dermaßen angefüllt sein, dass ein wohldenkender Mensch sie, wenn er sie zum zweitenmale unternehmend glücklich auszuführen hoffen könnte, doch das Experiment auf solche Kosten zu machen nie beschließen würde, — diese Revolution, sage ich, findet doch in den Gemütern aller Zuschauer (die nicht selbst in diesem Spiele mit verwickelt sind) eine Teilnehmung dem Wunsche nach, die nahe an Enthusiasm grenzt, und deren Äußerung selbst mit Gefahr verbunden war, die al-

Hobbesianische Lektüreperspektive betrachtet – zugleich auf die Stabilitätschancen des staatsrechtlichen Ergebnisses beziehen. Dabei sollte die Zweidimensionalität des Kantischen Reformkonzeptes in Rechnung gestellt werden: Zum einen soll mittels einer allmählichen Überwindung gesellschaftlicher Ungleichheiten (insbesondere der Ständeordnung), die vom Gesetzgeber mit der gebotenen Behutsamkeit und Beharrlichkeit zu initiieren sei, der sozialstrukturelle Boden für egalitäres Recht geebnet werden.[77] Zum anderen aber hat der Gesetzgeber im Zusammenspiel mit der deliberierenden Öffentlichkeit[78] Schritt für Schritt die institutionellen Vorbedingungen für einen staatsrechtlichen Endzustand zu realisieren, der dem Ideal der reinen Republik so nahe wie möglich kommen sollte. Als deren wichtigste Stadien wären zu nennen: die Entwaffnung der Gesellschaft zugunsten eines staatlichen Gewaltmonopols, die Selbstdisziplinierung staatlicher Allmacht durch Als-Ob-Gewaltenteilung im Medium „aufgeklärter Regierungsart", sodann die förmliche Institutionalisierung eines gewaltenteiligen Rechtsstaates und schließlich die Überführung der Gesetzgebungskompetenz in die Hände des Volkes oder der von ihm autorisierten Vertreter,[79] wobei eine Kombination aus plebiszitären und repräsentativen Gesetzgebungsmodi (je nach der Relevanz der Entscheidungsinhalte) besonders gut geeignet wäre.[80]

Es ist demnach nicht abwegig anzunehmen, dass Kants *Reform nach reinen Rechtsprinzipien*[81] die wichtigsten Stadien der politischen Ideengeschichte Europas in sich reflektiert. Er scheint überzeugt, der Prozess der allmählichen Republikanisierung autokratischer Staats- und Regierungsformen könne nur dann dauerhaft gelingen, wenn eine ganz bestimmte *Stufenfolge* von Transformationsschritten eingehalten würde, wie sie in den Schriften Bodins, Hobbes', Achenwalls, Lockes, Rousseaus und schließlich Sieyesens dokumentiert seien. Das Transformationskonzept der Reform nach Prinzipien wäre dann nicht das „negatives Surrogat" der Revolution, sondern ihr erfolgverheißender Fahrplan, der den Vorzug besäße, Handlungsanweisungen auch für *failed states* bereit zu halten.

Daraus im Umkehrschluss zu folgern, Kant hätte dazu tendiert, die von ihm aufgestellte normative Hierarchie mehr oder minder demokratisch legitimierter Verfahren des Staatsformwechsels zu revidieren, wäre allerdings verfehlt: Die Systemtransformation mittels republikanischer Regierungsart seitens des autokratischen Herrschaftsinhabers ist die dem Prinzip legislativer Volkssouveränität fernststehende Variante, die dennoch, insofern sie das Ziel buchstäblicher Verfassungswechsels zugunsten des demokratischen Rechtsstaats systematisch verfolgt,

so keine andere als eine moralische Anlage im Menschengeschlecht zur Ursache haben kann" (*Kant* 1798, S. 85).

77 Zu Kants Ausführungen zu Kindsmord und Duell vgl. *Brandt* 1999.

78 *Niesen* 2005.

79 Vgl. z. B. *Kant* 1797, S. 321f.; *Kant* 1795, S. 352f.

80 Vgl. dazu *Thiele* 2003, S. 96ff.

81 Vgl. *Langer* 1986.

als provisorisch (mithin nur auf Zeit) legitim gelten kann.[82] Die *Reform nach Prinzipien* verwandelt das Prinzip des Gesellschaftsvertrages – die Identität von Gesetzgeber und Untertanen – von einem Verfahrensprinzip in ein Finalprinzip, ohne dass sich Volkssouveränität damit aber zwangsläufig zu einer bloßen Legende bzw. Chimäre verdünnen muss. Der Verzicht auf prozedurale Volkssouveränität (besonders in Hinblick auf reflexive Gesetzgebungsakte) ist nach Kant nämlich nur bedingt zulässig, insofern die republikanische Regierungsart das republikanische Organisationsziel nur aufschiebt, nicht aber aufhebt.

LITERATUR

Achenwall, Gottfried/Pütter, Johann Stephan, 1750: Anfangsgründe des Naturrechts, hg. u. übers. v. Jan Schröder, Frankfurt a.M./Leipzig (1995).

Brandt, Reinhard, 2000: Der Contrat social bei Kant, in: Jean-Jacques Rousseau: Vom Gesellschaftsvertrag oder Prinzipien des Staatsrechts (Reihe: Klassiker Auslegen), hg. v. Reinhard Brandt u. Karlfriedrich Herb, Berlin, S. 272–294.

Brandt, Reinhard, 1995: Das Problem der Erlaubnisgesetze im Spätwerk Kants. In: Otfried Höffe (Hg.), Immanuel Kant. Zum ewigen Frieden, Berlin 1995, S. 69–86.

Brandt, Reinhard, 1995: Das Problem der Erlaubnisgesetz im Spätwerk Kants, in: Otfried Höffe (Hg.), Immanuel Kant. Zum ewigen Frieden, Berlin, S. 69–86.

Brandt, Reinhard, 1999: Kants Forderung der Todesstrafe bei Duell- und Kindesmord, in: Hauke Brunkhorst/Peter Niesen (Hg.), Das Recht der Republik, Frankfurt a.M.

Fulda, Hans Friedrich, 1997: Kants Postulat des öffentlichen Rechts (RL § 42), in: Jahrbuch für Recht und Ethik, 5, S. 267–290.

Hamilton, Alexander/Madison, James/Jay, John, 1993: Die Federalist Papers, hg. v. Brabara Zehnpfennig, Darmstadt.

Henrich, Dieter, 1976: Kant über die Revolution, in: Zwei Batscha (Hg.), Materialien zu Kants Rechtsphilosophie, Frankfurt a.M., S. 359–365.

82 „Die Staatsformen sind nur der Buchstabe (*littera*) der ursprünglichen Gesetzgebung im bürgerlichen Zustande, und sie mögen also bleiben, *so lange sie*, als zum Maschinenwesen der Staatsverfassung gehörend, durch alte und lange Gewohnheit (also nur subjectiv) *für notwendig gehalten werden*. Aber der Geist jenes ursprünglichen Vertrages (*anima pacti originarii*) enthält die Verbindlichkeit der constituierenden Gewalt, die Regierungsart jener Idee angemessen zu machen und so sie, wenn es nicht auf einmal geschehen kann, *allmählich und continuierlich* dahin zu verändern, dass sie mit der einzig rechtmäßigen Verfassung, nämlich der einer reinen Republik, ihrer Wirkung nach zusammenstimme, und jene alte empirische (statutarische) Formen, welche bloß die Untertänigkeit des Volks zu bewirken dienten, sich in die ursprüngliche (rationale) auflösen, welche allein die Freiheit zum Prinzip, ja zur Bedingung alles Zwanges macht, der zu einer rechtlichen Verfassung im eigentlichen Sinne des Staats erforderlich ist und dahin *auch dem Buchstaben nach endlich führen wird*. — Dies ist die einzige bleibende Staatsverfassung, wo das Gesetz selbstherrschend ist und an keiner besonderen Person hängt; der letzte Zweck alles öffentlichen Rechts, der Zustand, in welchem allein jedem das Seine peremtorisch zugeteilt werden kann; indessen dass, so lange jene Staatsformen dem Buchstaben nach eben so viel verschiedene mit der obersten Gewalt bekleidete moralische Personen vorstellen sollen, nur ein *provisorisches* inneres Recht und kein absolut-rechtlicher Zustand der bürgerlichen Gesellschaft zugestanden werden kann" (Kant 1797, S. 340f. Herv. U.T.).

Kant, Immanuel, 1900 ff.: Gesammelte Schriften, hrsg. v. d. Preußischen Akademie der Wissenschaften (zitiert als „AA“; Schreibweise behutsam modernisiert, UT.), Berlin/Leipzig.
Kant, Immanuel, 1793: Über den Gemeinspruch: Das mag in der Theorie richtig sein, taugt aber nicht für die Praxis, in: AA, Bd. VIII.
Kant, Immanuel, 1794: Die Religion innerhalb der Grenzen der bloßen Vernunft, in: AA, Bd. VII.
Kant, Immanuel, 1795: Zum ewigen Frieden, in: AA, Bd. VIII.
Kant, Immanuel, 1797: Metaphysische Anfangsgründe der Rechtslehre, in: AA, Bd. VI.
Kant, Immanuel, 1798: Der Streit der Fakultäten, in: AA, Bd. VII.
Kant, Immanuel, 1934: Reflexionen zur Rechtsphilosophie, in: AA, Bd. XIX.
Kersting, Wolfgang, 1984: Wohlgeordnete Freiheit. Immanuel Kants Rechts- und Staatsphilosophie, Berlin.
Kersting, Wolfgang, 1992: Liberalismus, Kommunitarismus, Republikanismus, in: Karl-Otto Apel/Matthias Kettner (Hg.), Zur Anwendung der Diskursethik in Politik, Recht und Wissenschaft, Frankfurt a.M., S. 127–148.
Langer, Claudia, 1986: Reform nach Prinzipien. Untersuchungen zur politischen Theorie Immanuel Kants, Stuttgart.
Locke, John, 1689: The Second Treatise of Government, in: Two Treatises of Government: In the Former, The False Principles and Foundation of Sir Robert Filmer, And His Followers, are Detected and Overthrown. The Latter is an Essay concerning The True Original, Extent, and End of Civil-Government, London.
Maus, Ingeborg, 1992: Zur Aufklärung der Demokratietheorie. Rechts- und demokratietheoretische Überlegungen im Anschluss an Kant, Frankfurt a.M.
Maus, Ingeborg, 2006: Das Verhältnis der Politikwissenschaft zur Rechtswissenschaft. Bemerkungen zu den Folgen politologischer Autarkie, in: Michael Becker/Ruth Zimmerling (Hg.), Politik und Recht = Politische Vierteljahresschrift Sonderheft 36, S. 76–120.
Maus, Ingeborg, 2001: Die Verfassung und ihre Garantie: das Ephorat (§§ 16, 17 und 21), in: Jean-Christophe Merle (Hg.), Johann Gottlieb Fichte: Grundlage des Naturrechts, Berlin, S. 139–158.
Möllers, Christoph, 2003: Verfassunggebende Gewalt – Verfassung – Konstitutionalisierung. Begriff der Verfassung in Europa, in: Armin von Bogdandy (Hg.): Europäisches Verfassungsrecht. Theoretische und dogmatische Grundlagen, Berlin, S. 1ff.
Niesen, Peter, 2008: Art. „Souveränität“, in: Stefan Gosepath/Winfried Hinsch/Beate Rössler (Hg.), Handbuch der Politischen Philosophie und Sozialphilosophie, Berlin, S. 1205–1211.
Reibstein, Ernst, 1972: Volkssouveränität und Freiheitsrechte. Texte und Studien zur politischen Theorie des 14. - 18. Jahrhunderts, 2 Bde., hg. v. Claudieter Schott, Freiburg/München.
Ritter, Joachim u.a. (Hg.), 1971ff.: Historisches Wörterbuch der Philosophie, Darmstadt.
Rousseau, Jean-Jacques, 1762: Du Contrat social, hg. v. Pierre Burgelin, Paris (1992).
Rousseau, Jean-Jacques, 1977: Vom Gesellschaftsvertrag oder Grundsätze des Staatsrechts, übers. u. hg. v. Hans Brockard, Stuttgart.
Scheuerman, William E., 1997: Revolutions and Constitutions: Hannah Arendt's Challenge to Carl Schmitt, in: The Canadian Journal of Law & Jurispridence, Vol. X, No.1, S. 141–161.
Sieyes, Emmanuel Joseph, 1988: Politische Schriften 1788–1790, hg. v. Eberhard Schmitt u. Rolf Reichardt, 2. Aufl. München/Wien.
Thiele, Ulrich, 2002: Distributiver Gerechtigkeit und demokratischer Staat. Fichtes Rechtslehre von 1796 zwischen vorkantischem und kantischem Naturrecht, Berlin (2003).
Thiele, Ulrich, 2003: Repräsentation und Autonomieprinzip: Kants Demokratiekritik und ihre Hintergründe, Berlin.
Thiele, Ulrich, 2008: Die politischen Ideen. Von der Antike bis zur Gegenwart, Wiesbaden.
Thiele, Ulrich (Hg.), 2009: Volkssouveränität und Freiheitsrechte. Emmanuel Joseph Sieyes' Staatsverständnis, Baden-Baden.
Winterhoff, Christian, 2007: Verfassung – Verfassunggebung – Verfassungsänderung. Zur Theorie der Verfassung und der Verfassungsrechtserzeugung, Tübingen.

[illegible]

[illegible] Polity [illegible]

[illegible] Staatsrecht [illegible]

[illegible] Rechtsgeschichte [illegible]

[illegible] Gewalt [illegible] 1962 [illegible]

[illegible] Staatslehre [illegible] Bordeaux [illegible] 1998 [illegible]

SOUVERÄNITÄT UND KRIEG

Alle Staaten sind gleich, aber manche sind gleicher[1]

Rüdiger Voigt

> Während das bisherige Völkerrecht jeden Krieg als eine Angelegenheit lediglich unter den Streitparteien und deren Verbündeten betrachtet und auf eine Unterscheidung in erlaubte und unerlaubte Kriege völlig verzichtet, wird der Völkerbund wenigstens einzelne Arten des Krieges ausrotten und ihre Wiederkehr durch die vereinte Menschheit unterdrücken. Das ist die erste wirkliche Schranke, die in der Geschichte der Menschheit der Souveränität und damit der Willkür der Staaten gegenüber aufgerichtet wird.[2]

Krieg und Souveränität stehen in einem unauflöslichen Zusammenhang (Synallagma[3]) miteinander. Für die äußere Souveränität gilt, dass sie nicht vom *Jus ad bellum* zu trennen ist, ohne ihren Sinn zu verlieren. Wer einen Anderen um Erlaubnis fragen muss, ob er einen Krieg beginnen, führen oder beenden darf, ist nicht souverän. Denn Souveränität bedeutet das Recht zur Letztentscheidung sowohl nach innen wie nach außen. Es handelt sich also um einen doppelten Souveränitätsbegriff als Faktor sowohl der innerstaatlichen als auch der zwischenstaatlichen Ordnung.[4] Souverän ist nur, wer allein und letztverbindlich über Krieg und Frieden entscheidet. Dazu gehört auch die Entscheidung über Stärke, Ausrüstung und Bewaffnung der eigenen Streitkräfte sowie über die Stationierung fremder Truppen, militärischer Infrastruktur und Waffensysteme auf dem eigenen Territorium, im Luftraum und im Seegebiet.[5] Das gilt umso mehr für den Einsatz der eigenen Soldaten in einem bewaffneten Konflikt, ungeachtet seiner völkerrechtlichen Qualität als Krieg.

Daraus ergibt sich für Deutschland in der besonderen Situation als Mitglied der NATO – z.B. in Afghanistan – ein Dilemma, das nur schwer zu lösen ist. Einerseits sieht sich die Bundesregierung genötigt, im Rahmen ihrer Verpflichtungen gegenüber der NATO und den USA Soldaten für die ISAF-Truppen zur Verfügung zu stellen. Die deutsche Souveränität ist hierbei – mehr oder weniger

1 In Anlehnung an George Orwells berühmtes Märchen *Animal Farm*, *Orwell* 2002.

2 Botschaft des Schweizer Bundesrats, in: *Maschke* (Hg.) 2005, S. 305–310 [307].

3 Im juristischen Kontext ist das das Gegenseitigkeitsverhältnis zweier Leistungen in einem Vertrag.

4 Von dem Ulrich Haltern meint, dass auf ihm mehr Gewicht laste, als er zu tragen in der Lage sei, *Haltern* 2007, S. 9.

5 Am 23.10.1954 wurde mit dem „Vertrag über den Aufenthalt ausländischer Streitkräfte in der Bundesrepublik Deutschland" eine Rechtsgrundlage für den Aufenthalt der Stationierungsstreitkräfte (ehemalige Besatzungsmächte) in Westdeutschland geschaffen. Der Aufenthaltsvertrag gilt auch nach Abschluss des Zwei-Plus-Vier-Vertrages („Ersatz-Friedensvertrag") weiter.

freiwillig – deutlich eingeschränkt, wenn überhaupt vorhanden. Andererseits hat das Bundesverfassungsgericht schon bei früheren Gelegenheiten festgestellt, dass es der Bundestag ist, der über den Einsatz der Bundeswehr zu entscheiden hat („Parlamentsarmee“).

> Das Grundgesetz hat die Entscheidung über Krieg und Frieden dem Deutschen Bundestag als Repräsentationsorgan des Volkes anvertraut. [...] Das Bundesverfassungsgericht hat aus dem Gesamtzusammenhang wehrverfassungsrechtlicher Vorschriften des Grundgesetzes und vor dem Hintergrund der deutschen Verfassungstradition seit 1918 dem Grundgesetz ein allgemeines Prinzip entnommen, nach dem jeder Einsatz bewaffneter Streitkräfte der konstitutiven, grundsätzlich vorherigen Zustimmung des Deutschen Bundestags bedarf (BVerfGE 90, 286, 381ff.). Die auf die Streitkräfte bezogenen Regelungen des Grundgesetzes sind darauf angelegt, die Bundeswehr nicht als Machtpotential allein der Exekutive zu überlassen, sondern sie als ‚Parlamentsheer‘ in die demokratisch rechtsstaatliche Verfassungsordnung einzufügen [...].[6]

Das Parlament, nicht die Regierung, legt fest, wie viele Soldaten mit welchem Auftrag im Ausland eingesetzt werden dürfen.[7] Auf diesem Umweg erlangt Deutschland zumindest einen Teil seiner Souveränität zurück. Die Bundesregierung muss und kann die Forderungen der Bündnis-„Partner“ nicht bedingungslos erfüllen. Allerdings ziehen dann die USA daraus im Afghanistankonflikt die (nachvollziehbare) Konsequenz, dass sie in dem deutscher „Zuständigkeit“ unterliegenden Norden – wenn auch nicht im Auftrag der ISAF – mit eigenen Truppen operieren.[8] Dieses Souveränitätsdilemma ist solange nicht lösbar, wie sich Deutschland nicht dazu entschließt, eine klar konturierte eigenständige und selbstbewusste Position zu vertreten, die für einen souveränen Staat angemessen wäre.

Freilich hat das Bundesverfassungsgericht in seinem Urteil zum Lissabon-Vertrag ausdrücklich das Recht zu Kriegsführung für Deutschland verworfen und stattdessen die Friedenswahrung und die „Überwindung des zerstörerischen europäischen Staatenantagonismus“ postuliert.

> Das Grundgesetz löst sich von einer selbstgenügsamen und selbstherrlichen Vorstellung souveräner Staatlichkeit und kehrt zu einer Sicht auf die Einzelstaatsgewalt zurück, die Souveränität als ‚völkerrechtlich geordnete und gebundene Freiheit‘ auffasst. [...] Es bricht mit allen Formen des politischen Machiavellismus und einer rigiden Souveränitätsvorstellung, die noch bis zu Beginn des 20. Jahrhunderts das Recht zur Kriegsführung – auch als Angriffskrieg – für ein selbstverständliches Recht des souveränen Staates hielt [...].[9]

6 Urteil des 2. Senats des Bundesverfassungsgerichts vom 7. Mai 2008, 2 BvE 2/08.

7 Der Einsatz der Bundeswehr außerhalb des NATO-Gebietes („out of area“) war bis zum Urteil des BVerfG nur im Rahmen des Bündnisfalles der NATO und nach Zustimmung des Bundestages möglich.

8 Die Bundeswehr, die seit Dezember 2001 an dem ISAF-Einsatz teilnimmt, hat 2006 die Führung im Regionalkommando Nord (Regional Command North) übernommen.

9 Urteil des 2. Senats des Bundesverfassungsgerichts vom 30. Juni 2009, 2 BvE 1/03.

Vor diesem Hintergrund erscheint es als plausibel, dass der Einsatz der Bundeswehr in Afghanistan nicht mit dem eigenen, nationalen Recht, solche Militärinterventionen durchzuführen, gerechtfertigt wird, sondern mit einer Resolution des UN-Sicherheitsrates.[10]

1. DAS WESTFÄLISCHE SYSTEM

Die Souveränität hat sowohl in der politischen Praxis als auch in der theoretischen Aufarbeitung eine lange Geschichte. Gemeinhin gilt Jean Bodin als „Vater" des Souveränitätsbegriffs. Mit seiner Schrift *Les six livres de la République* (Sechs Bücher über den Staat) hat er bereits 1575 die Souveränität als höchste Gewalt (*summa potestas*) des Monarchen beschrieben:

> Souverän ist, wer allen Untertanen das Gesetz vorschreiben kann, über Krieg und Frieden entscheidet, die Beamten und Magistrate im Lande ernennt, Steuern erhebt, von ihnen befreit, wen er will, und zum Tode Verurteilte begnadigt.[11]

Dabei ging es in erster Linie (aber nicht nur) um die innere Souveränität; durch die Stärkung der Position des Königs wollte Bodin den Bürgerkrieg zwischen Katholiken und Hugenotten beenden.[12] Mehr als ein halbes Jahrhundert vor Bodin hat aber bereits Niccolò Machiavelli in seinem Buch *Dell'Arte della Guerra* (Über die Kunst des Krieges),[13] das zwischen 1519 und 1520 entstanden ist, davor gewarnt, die Verteidigung der Republik nach außen Condottieri (Kriegsunternehmern) zu überlassen, die Söldner anwerben und die Kriegsführung für sich so ertragreich wie möglich gestalten. Ein Fürst, der sich auf sie verlasse, sei nie sicher. Stattdessen plädierte Machiavelli für eine aus Bauernsöhnen gebildete Bürgermiliz, die besser den Erfordernissen eines starken und selbständigen Staates entspreche.

Für die äußere Souveränität war vor allem der Westfälische Frieden von 1648 von zentraler Bedeutung. Mit ihm wurde die Souveränität der europäischen Fürsten und mit ihr auch das Recht zum Krieg (*Jus ad bellum*) anerkannt. Fortan beruhte das europäische Staatensystem, das Westfälische System, auf dem Prinzip der „Gleichheit", besser gesagt: der Gleichwertigkeit der Staaten. Jeder Fürst, auch der Herrscher eines kleinen Landes, konnte – z.B. aus dynastischen Gründen – einem anderen Fürsten den Krieg erklären. Denn zur fürstlichen Souveränität gehörte selbstverständlich das Recht, Krieg zu führen. Es entstand ein Gleichgewicht der Flächenstaaten auf dem europäischen Kontinent, das zugleich Voraussetzung für die Anerkennung eines gemeinsamen Rechts, des *Jus Publicum Europaeum*, war, das eine Sphäre des Friedens und der Ordnung gewährleistete.[14]

10 Dies ist in erster Linie die Resolution Nr. 1386 vom 20. Dezember 2001.

11 *Bodin* 1981, S. 285f. (Buch 1, Kap. 10).

12 Bodins Buch erschien vier Jahre nach der blutigen Bartholomäusnacht vom 24. August 1572.

13 *Machiavelli* 2006, S. 710–856.

14 *Schmitt* Nomos, S. 68f.

Souveräne Staaten als geschlossene Machtgebilde mit einheitlicher zentraler Regierung und Verwaltung waren die geeigneten Träger dieses europäischen Völkerrechts. Tatsächlich richtete sich dieses Prinzip gegenseitiger Anerkennung als gleichwertig vor allem gegen den hegemonialen Anspruch einer Großmacht, in der politischen Praxis also gegen England als Träger des britischen maritimen Empire.

Im Jahre 1651 – drei Jahre nach dem Ende des Dreißigjährigen Krieges – hielt Thomas Hobbes in seinem *Leviathan*, der im Innern den Krieg aller gegen alle (*bellum omnia contra omnes*) zu einem Ende bringen sollte, das Recht des Souveräns zum Krieg gegen andere Souveräne für selbstverständlich. Denn die Abgrenzung nach außen war aus seiner Perspektive die unverzichtbare Voraussetzung für den inneren Frieden. Wichtigstes Herrschaftsinstrument neben den staatlichen Bürokratien wurden die stehenden Heere, die nach dem Dreißigjährigen Krieg institutionalisiert wurden. Von nun an wurden Kriege nicht mehr mit Hilfe von Söldnern, Landsknechten und Kriegsunternehmern oder von Bürgermilizen geführt, sondern von staatlichen Armeen, die aus Steuermitteln finanziert wurden. Dabei bedeutete die Existenz stehender Heere, deren Unterhaltung teuer war, dass sie auch – zumindest von Zeit zu Zeit – eingesetzt werden mussten. Die Neigung, Kriege zu führen, nahm damit tendenziell zu, zumal sich der bewaffnete Konflikt nach Erreichen der Kriegsziele jederzeit mit Hilfe eines Friedensvertrages beilegen ließ. Drei Kriterien bestimmten solche Staatenkriege:

1. ‚Krieg im Rechtssinne' ist jeder Krieg, der von souveränen Trägern der höchsten Gewalt (*summa potestas*) geführt wird.
2. Jeder Krieg, der zwischen ‚rechtmäßigen Feinden', also souveränen Fürsten, geführt wird, ist ein ‚gerechter Krieg'.[15]
3. Die Entscheidung darüber, ob ein gerechter Grund (*iusta causa*) vorliegt oder nicht, trifft ausschließlich der staatliche Souverän.

Damit galten fortan nur noch die von Hugo Grotius genannten formalen Kriterien für einen „gerechten Krieg": förmliche Kriegserklärung, Antwort auf eine Rechtsverletzung des Gegners, Beendigung durch Friedensschluss.[16] Hingegen waren die von Thomas von Aquin genannten theologischen Kriterien endgültig obsolet geworden.

Zu Beginn des 19. Jahrhunderts definierte Carl von Clausewitz den Krieg in seinem hinterlassenen Werk *Vom Kriege* folgendermaßen:[17]

> Der Krieg ist also ein Akt der Gewalt, um den Gegner zur Erfüllung unseres Willens zu zwingen. […] Gewalt […] ist also das Mittel, dem Feinde unseren Willen aufzudringen […].

Das eigentliche Ziel des Krieges ist nach Clausewitz, den Feind wehrlos (man möchte ergänzen: und gefügig) zu machen. Genau darum ging es damals und geht

15 Vgl. hierzu: *Walzer* 1982.

16 *Grotius* 1950.

17 *Clausewitz* 2000, S. 27.

es auch in jedem modernen Krieg, wie immer dieser bezeichnet wird. Es ist also kein Wunder, dass vor allem an den US-amerikanischen Militärakademien Clausewitz zur Pflichtlektüre gehört und dass prominente Militärstrategen wie Generalstabschef Colin Powell als Anhänger der Clausewitz-Doktrin gelten. In Europa, speziell in Deutschland, geht man freilich mit diesen Erkenntnissen weit weniger ungezwungen um. So wurde der Afghanistan-Einsatz der Bundeswehr von den Bundesregierungen unterschiedlicher Couleur jahrelang zu einer Hilfsaktion heruntergespielt, bei der Soldaten der Bundeswehr – wider alle Vernunft – zu einer Art bewaffneter Entwicklungshelfer stilisiert wurden. Auf diese Weise hoffte man das schmutzige K-Wort zu vermeiden, also den bewaffneten Konflikt in Afghanistan als Krieg bezeichnen zu müssen. Das half zwar, den Bundeswehreinsatz innenpolitisch durchzusetzen, hatte aber für alle Beteiligten – vor allem für die Soldaten und ihre Angehörigen – z.T. äußerst negative Konsequenzen.

2. KRIEGSERKLÄRUNG UND VERTEIDIGUNGSFALL

Wenn souverän nur derjenige ist, der allein und letztverbindlich über Krieg und Frieden entscheidet, dann müsste sich an der Verfassung eines Staates relativ leicht ablesen lassen, wer der Souverän ist. Dabei ist allerdings zu bedenken, dass die europäische Verfassungsgeschichte in erster Linie eine Geschichte der Diversifizierung von Machtbefugnissen ist. Für das Grundgesetz trifft dies in besonderem Maße zu, hier sind die Gewalten so kunstvoll auf Bund und Länder, Bundesregierung, Bundestag und Bundesrat verteilt, dass ein rasches und einheitliches Handeln des Staates als kaum noch möglich erscheint.

Der machtvolle Monarch, den Bodin im Blick hatte, wurde insbesondere im Gefolge der Französischen Revolution zunächst zu einem an die Verfassung gebundenen konstitutionellen Monarchen, um später entweder durch einen Präsidenten ersetzt und/oder auf eine rein repräsentative Funktion zurückgestutzt zu werden. In England fand die Teilung der Gewalten, die Montesquieu 1748 zu seiner Schrift de *L'esprit de Lois* (Über den Geist der Gesetze) inspiriert hat, bereits zu einem früheren Zeitpunkt statt.[18] Das Ergebnis ist aber überall in Europa ähnlich: Zu Beginn des 21. Jahrhunderts gibt es nirgends – auch nicht im Frankreich der Fünften Republik[19] – eine Person, die allein über Krieg und Frieden entscheiden kann. Es sind vielmehr zumeist zahlreiche Institutionen, deren Zusammenwirken die Verfassung bei dieser schwierigen Entscheidung verlangt. Es kommt hinzu, dass vor allem der NATO-Vertrag die meisten europäischen Staaten dabei an Abstimmungsmechanismen bindet, die Kriegsentscheidungen im Alleingang ohnehin weitgehend unmöglich machen.

18 Der Beginn ließe sich auf das Jahr 1215 datieren, als die Magna Carta zunächst dem Adel und später auch den Bürgern Rechte gegenüber der Krone einräumte.

19 Dieser ist allerdings Oberbefehlshaber der Streitkräfte, Art. 15 der Verfassung vom 4.10.1958.

Betrachtet man die deutschen Verfassungen in ihrer historischen Abfolge von 1871 bis 1949, dann wird deutlich, dass die Souveränität zunächst in Gestalt des Kaisers personalisiert war, dann jedoch mehr und mehr institutionalisiert wurde. Die hervorgehobene Stellung des deutschen Kaisers als souveränes Staatsoberhaupt zeigt sich u.a. in Art. 11 der Reichsverfassung:[20]

> Der Kaiser hat das Reich völkerrechtlich zu vertreten, im Namen des Reichs Krieg zu erklären und Frieden zu schließen.

Nach der Niederlage im Ersten Weltkrieg, dem Kieler Matrosenaufstand, dem Abdanken des Kaisers und dem Ausrufen der Republik war es die Verfassungsinstitution des direkt vom Volk gewählten Reichspräsidenten, auf die sich die Souveränität hätte beziehen können, denn er hatte den Oberbefehl über die gesamte Wehrmacht des Reichs (Art. 47 WRV). Nur der Reichspräsident war befugt, notfalls mit Hilfe der bewaffneten Macht die öffentliche Sicherheit und Ordnung wieder herzustellen (Art. 48 Abs. 2 WRV). Schon hier zeigen sich aber die Einschränkungen der präsidialen Macht, denn der Reichspräsident hatte von diesen Maßnahmen nicht nur unverzüglich den Reichstag zu unterrichten, sondern diese Maßnahmen waren auch auf Verlangen des Reichstags außer Kraft zu setzen. Und noch wichtiger: „Kriegserklärung und Friedensschluß erfolgen durch Reichsgesetz“, mit anderen Worten durch das Parlament.

Nach dem Ende des Zweiten Weltkrieges kam für Westdeutschland eine Phase des absoluten Pazifismus, der einerseits von den alliierten Siegermächten verordnet, andererseits aber auch von den meisten Deutschen für richtig gehalten wurde. Die deutsche Souveränität war ohnehin – auch nach Gründung der alten Bundesrepublik aus den drei westlichen Besatzungszonen und selbst nach Abschluss des Deutschlandvertrages von 1952[21] – durch zahllose Vorbehaltsrechte der Alliierten auf ein Mindestmaß reduziert. Erst durch die Wiederbewaffnung, die auf Betreiben der Amerikaner in den Jahren 1956/1957 die Bundeswehr entstehen ließ, wurde die Frage des Einsatzes von Streitkräften wieder akut. Das Grundgesetz wurde um den Abschnitt Xa „Verteidigungsfall“ ergänzt:

> Die Feststellung, daß das Bundesgebiet mit Waffengewalt angegriffen wird oder ein solcher Angriff unmittelbar droht (Verteidigungsfall) trifft der Bundestag mit Zustimmung des Bundesrates.

Erforderlich sind erstens ein Antrag der Bundesregierung und zweitens ein Beschluss des Bundestages mit einer Zweidrittelmehrheit der abgegebenen Stimmen, mindestens der Mehrheit der Mitglieder des Bundestages (Art. 115a Abs. 1

20 Zur Erklärung des Krieges im Namen des Reichs ist allerdings gemäß Art. 11 Abs. 2 RVerf die Zustimmung des Bundesrates erforderlich, es sei denn, dass ein Angriff auf das Bundesgebiet oder dessen Küsten erfolgt.

21 Der Vertrag über die Beziehungen der Bundesrepublik Deutschland und den Drei Mächten trat in leicht modifizierter Form am 5. Mai 1955 in Kraft. Er war wegen der Einräumung einer gewissen (Teil-)Souveränität die Voraussetzung für die Wiederbewaffnung.

GG). Offenbar ist der Vorgang als langfristiger Prozess gedacht gewesen, denn der Bundespräsident hat die Feststellung des Verteidigungsfalles im Normalfall im Bundesgesetzblatt, nur in „Eilfällen" in anderer Weise zu verkünden. Am Ende einer langen (und daher völlig realitätsfernen) Prozedur kann dann der Bundespräsident völkerrechtliche Erklärungen über das Bestehen des Verteidigungsfalles – wiederum aber nur mit Zustimmung des Bundestages – abgeben. Über das Abgeben einer eigenen oder das Annehmen einer fremden Kriegserklärung gibt das Grundgesetz keine Auskunft. Die Befehls- und Kommandogewalt steht in Friedenszeiten dem Verteidigungsminister zu, sie geht erst im Verteidigungsfall auf den Bundeskanzler über (Art. 115b GG). Allerdings blieb dies bis zur Wiedervereinigung graue Theorie, denn die Bundesrepublik konnte nur über den Teil der Bundeswehr frei verfügen, der mit Heereseinheiten der Territorialverteidigung diente, während Luftwaffe und Marine vollständig in die Befehlsstruktur der NATO eingebunden waren.

Nach dem Ende des Kalten Krieges hätte es sich angeboten, die Chance der Wiedervereinigung auch für eine neue Verfassung zu nutzen, die gemäß Art. 146 GG (a.F.) „von dem deutschen Volke in freier Entscheidung beschlossen" worden wäre. Diese Möglichkeit wurde jedoch vertan, vor allem aus Angst des parteipolitischen Establishments, damit könnten sich auch die Machtverhältnisse in Deutschland ändern. Eine Revision der „Wehrverfassung", die anstelle des – immer unwahrscheinlicher werdenden – großen Verteidigungsfalles den Wirkungsbereich der Bundeswehr den neuen Anforderungen entsprechend gestaltet hätte, unterblieb also. Das im Hinblick z.B. auf Auslandseinsätze der Bundeswehr völlig unzureichende Grundgesetz musste daher im Wege einer Verfassungsentwicklung Stück für Stück durch das Bundesverfassungsgericht auch um den Preis ergänzt werden, dass der Geist des alten (pazifistisch grundierten) Grundgesetzes häufig stark überstrapaziert, wenn nicht in sein Gegenteil verkehrt wurde. Nach der Interpretation des Bundesverfassungsgerichts entscheiden über den Einsatz der Streitkräfte in bewaffneten Konflikten weder der Bundespräsident noch der Bundeskanzler. Es ist vielmehr der Bundestag, der mehrheitlich die Entscheidung über den Einsatz der „Parlamentsarmee" trifft. Das ist offensichtlich eine Verbeugung vor der Volkssouveränität, deren Repräsentant – jedenfalls der Idee nach – der Bundestag ist.

Ob das Parlament freilich bei seinen Entscheidungen über Krieg und Frieden auch die Zustimmung des Volkes genießt, ist spätestens seit den Massenprotesten in Großbritannien gegen die von Premierminister Tony Blair forcierte und vom Unterhaus mehrheitlich beschlossene Teilnahme am Irakkrieg von 2003 fraglich. Auch in Deutschland ist die Mehrheit des Volkes gegen den vom Bundestag beschlossenen Einsatz der Bundeswehr in Afghanistan. Dennoch beschließt der Bundestag regelmäßig mit Mehrheit die Verlängerung des deutschen Militäreinsatzes. Obgleich auch in Deutschland gelegentlich Friedensdemonstrationen stattfinden,[22] müssen Regierung und Abgeordnete nicht damit rechnen, z.B. durch Mandatsverlust abgestraft zu werden. Zu tief ist bei den Deutschen das Gefühl verankert, dass der Bundeskanzler/die Bundeskanzlerin schon irgendwie wissen müssten, was sie tun und dass „wir hier unten" gegen „die da oben" ohnehin nichts machen könnten. Unmut wird allenfalls am Stammtisch geäußert, bleibt jedoch politisch folgenlos. Es scheint auch die Alternative zu fehlen, so dass man sich mit dem Regierungspersonal begnügen muss, das nun einmal da ist.

3. VERBOT DES ANGRIFFSKRIEGES

Seit dem Ersten Weltkrieg, der den Menschen brutal die Schrecken des totalen Krieges vor Augen führte, wuchs der Wunsch nach einem Verschwinden des Krieges. „Nie wieder Krieg!" lautete die Formel der Pazifisten, die sich aber in einer Welt, die auf den rücksichtlosen Gebrauch von Gewalt zur Durchsetzung des eigenen Vorteils gerichtet war (und ist), nicht durchsetzen konnten.

Die Gründung des Völkerbundes schien zumindest einen ersten Schritt in die richtige Richtung zu bedeuten. Vor allem in den Art. 13 und 16 der Völkerbund-Satzung kommt der Wunsch der Initiatoren des Völkerbundes zum Ausdruck, den Krieg wenn nicht zu verbieten, so dich zumindest einzugrenzen. Zwar wurde der Angriffskrieg grundsätzlich verboten, das „unantastbare Recht zur Selbstverteidigung" jedes Staates blieb davon aber unberührt. Diejenigen, die die Entscheidung über Krieg und Frieden auf eine völkerrechtliche Grundlage stellen wollten, setzten sich dem Verdacht aus, lediglich die Souveränität der kleineren Staaten beschränken zu wollen. Denn umgekehrt bestanden die Großmächte darauf, die eigene Souveränität ungeschmälert beizubehalten. Dieses Dilemma zwischen dem Wunsch nach einer stärkeren Verrechtlichung auf der einen Seite und dem strikten Willen der Großmächte, ihre Souveränitätsrechte in vollem Umfang behalten zu wollen, beherrscht die völkerrechtliche Debatte bis heute. So sieht der Atombombensperrvertrag zwar grundsätzlich vor, dass auch die Atommächte ihre Arsenale abrüsten sollen, tatsächlich geht es aber in der Debatte fast immer nur darum, kleinere Staaten daran zu hindern, ebenfalls Atommächte zu werden.

In seiner Botschaft an die Schweizerische Bundesversammlung betreffend die Frage des Beitritts der Schweiz zum Völkerbund vom 4. August 1919 führt der Schweizer Bundesrat, die Regierung der Schweiz, Folgendes aus:

> Der erste Kerngedanke des Völkerbundvertrages ist der, dass *gewisse Arten* von Kriegen verboten sein sollen und daß der Staat, der sie dennoch führt, der Feind aller Glieder des Völkerbundes ist und von allen bekämpft wird. Der Krieg als äußerstes Mittel zur Wahrung staatlicher Interessen ist nicht verboten […]. *Verboten sind nur* die Kriege, die als besonders gefährlich für den allgemeinen Frieden betrachtet werden – nämlich die *Überfallkriege* –, *und*

22 Am Samstag, dem 20. Februar 2010, demonstrierten etwa 1.500 Demonstranten in Berlin gegen den Afghanistaneinsatz der Bundeswehr und anderer Armeen, siehe: http://www.zeit.de/newsticker/2010/2/20/iptc-bdt-20100219-951-23959348xml, Abfrage vom 21.02.2010.

> *sodann die Kriege*, die geführt werden, obwohl die Gegenpartei sich innert nützlicher Frist einem Schiedsspruch oder einem einstimmigen Vorschlag des Rates unterzogen hat. [...]

Tatsächlich trat die Schweiz 1920 dem Völkerbund bei. Im Briand-Kellog-Pakt vom 27. August 1928 wurde der Krieg dann endgültig als „Mittel der Lösung internationaler Streitfälle" geächtet.[23]

> Die Hohen Vertragschließenden Parteien erklären feierlich im Namen ihrer Völker, daß sie den Krieg als Mittel für die Lösung internationaler Streitfälle verurteilen und auf ihn als Werkzeug nationaler Politik in ihren gegenseitigen Beziehungen verzichten (Art. I des Vertrags).

Die folgenden Jahrzehnte zeigen allerdings, dass auch hier „rechtliche Erzählungen und politische Praxis nicht parallel" laufen. Dabei muss man stets im Auge behalten, dass Fortschrittserzählungen die Vergangenheit auf der Basis der heutigen Ambitionen (man könnte auch sagen: Wunschvorstellungen) rekonstruieren[24] Nicht einmal Europa ließ sich auf diese Weise befrieden, von der übrigen Welt ganz zu schweigen. Die Wünsche der Idealisten nach allgemeiner Abrüstung wurden machtpolitisch umgesetzt und damit in ihr Gegenteil verkehrt. Nicht die hochgerüsteten Siegermächte mussten abrüsten, sondern dem geschlagenen Deutschland wurde auferlegt, seine Streitkräfte auf 100.000 Mann zu reduzieren und – zwangsweise – auf alle wirksamen modernen Waffen zu verzichten. Dabei ging es nicht darum, die Welt grundsätzlich friedlicher zu machen, sondern in erster Linie darum, einen ehedem machtvollen geopolitischen Gegenspieler und ökonomisch starken Konkurrenten auf den Weltmärkten auszuschalten. Mit dieser Abwertung Deutschlands durch einen Friedens„vertrag", der wegen seines Zwangscharakters, seiner Einseitigkeit, seiner Ungerechtigkeit und der drastischen Verletzung des Selbstbestimmungsrechts der Völker alles andere als ein Vertrag war, der ja auf „übereinstimmenden Willenserklärungen" der Vertragsparteien hätte beruhen müssen, war bereits der Grundstein für künftige Kriege in Europa gelegt. Unerfüllbare Reparationsforderungen der Sieger sowie absolut inpraktikable Grenzregelungen trugen das Ihre dazu bei.

4. INTHRONISATION EINER WELTREGIERUNG

> Von allen juristischen Begriffen ist der Begriff der Souveränität am meisten von aktuellen Interessen beherrscht.[25]

Nach Kriegsende wurden die Vereinten Nationen auf der Basis der „souveränen Gleichheit aller Mitglieder" (Art. 2 UN-Charta) gegründet, ihr Hauptquartier wur-

23 Das Deutsche Reich war Vertragspartei des „Vertrags über die Ächtung des Krieges" (RGBl. 1929 II S. 29), insgesamt sind 64 Staaten Parteien dieses Vertrags.

24 *Haltern* 2005, S. 3, 7.

25 *Schmitt* PTh, S. 25.

de nicht zufällig in New York errichtet. Die Vereinigten Staaten stellten damit vielmehr ihre überragende Bedeutung für den Ausgang des Zweiten Weltkrieges auch nach außen zur Schau. Sie waren nicht nur der politische, sondern vor allem auch der ökonomische Sieger dieses Krieges. Mit dem Sicherheitsrat verschafften sich die Siegermächte dieses Krieges ein Gremium, mit dem sie fortan gemeinsam die Welt regieren wollten. Als ständige Mitglieder mit absolutem Vetorecht wurden sie als die einzigen noch verbliebenen souveränen Mächte akkreditiert. Für Großbritannien schien das selbstverständlich, hatte es doch selbst einst imperiale Macht besessen. Das geschlagene Frankreich musste hingegen zäh und erbittert um diesen Status kämpfen. Die Sowjetunion, die bei der Gründung des Völkerbundes noch hatte abseits stehen müssen, sah sich nun – nach ihren großen militärischen Erfolgen im Zweiten Weltkrieg – bei der Gründung der UNO in der ersten Reihe. Nationalchina hatte sich als Gegengewicht zu Japan bewährt und wurde – vor allem von den USA – als Alliierter angesehen. Alle anderen Staaten hatten sich mit dem Status von Mitgliedern zweiter Ordnung zu begnügen oder wurden – wie die Verlierermächte – gar nicht erst in die UNO aufgenommen. So wurde Japan erst 1956 Mitglied der UNO, die beiden damaligen deutschen Staaten, die alte Bundesrepublik und die DDR, blockierten sich zunächst gegenseitig und wurden dann – als Kompromisslösung – 1973 beide als von der „Völkergemeinschaft" anerkannte souveräne Staaten Mitglieder der UNO.[26]

Alle Mitglieder der UNO haben sich dazu verpflichtet, ihre internationalen Streitigkeiten durch friedliche Mittel so beizulegen, dass „der Weltfriede, die internationale Sicherheit und die Gerechtigkeit nicht gefährdet werden" (Art. 2 Ziff. 3 UN-Charta). Der UN-Charta lag ein Konzept der Souveränität zugrunde, das den Schutz der schwachen und armen gegenüber den mächtigeren Staaten dienen und damit den internationalen Frieden bewahren sollte.[27] Die Mitglieder sollen auf die Androhung oder Anwendung von Gewalt im Verhältnis untereinander verzichten (Ziff. 4). Es liegt auf der Hand, dass es Sanktionsmöglichkeiten für den Fall geben muss, dass einzelne Mitglieder dieser Verpflichtung nicht nachkommen. Die machtpolitisch bedeutsamste Frage ist allerdings, wer darüber entscheidet, wann der Weltfriede oder die internationale Sicherheit gefährdet sind, was unter Gerechtigkeit zu verstehen ist und ob im konkreten Fall eine unzulässige Androhung oder Anwendung von Gewalt vorliegt. Wird die internationale Sicherheit zwar durch das Streben des Irans nach einer Atombombe gefährdet, durch den Besitz von Atombomben Indiens, Israels und Pakistans aber nicht, die den Atomwaffensperrvertrag nicht unterschrieben haben?

Hier kommt wiederum die bevorrechtige Position der Mitglieder mit Vetorecht zum Tragen.

26 Seit 2001, verstärkt seit 2005 (60. Jahrestag der UNO) fordert Japan, ständiges Mitglied des UN-Sicherheitsrates zu werden. Eine Reform des Sicherheitsrates, bei der auch Deutschland sich Hoffnung auf eine bessere Position machte, wird immer wieder versprochen, liegt aber nicht im Interesse der Vetomächte.

27 *Hilger* 2005, S. 57.

> Der Sicherheitsrat stellt fest, ob eine Bedrohung oder ein Bruch des Friedens oder eine Angriffshandlung vorliegt (Art. 39 UN-Charta).

Diese Feststellung kann – mehrheitlich – nur dann getroffen werden, wenn keines der ständigen Mitglieder sein Veto einlegt, die Entscheidung also nicht den eigenen Interessen dieses Sicherheitsrat-Mitglieds widerspricht. Neben zahllosen Vetos der Sowjetunion,[28] die von der „westlichen Welt" stets als ungerechtfertigt zurückgewiesen wurden, ist bemerkenswert, dass die USA jede Verurteilung Israels wegen der Verletzung von UNO-Resolutionen durch ihr Veto verhindert haben. Diese – teilweise innenpolitisch motivierte – einseitige Haltung der Vereinigten Staaten hat erheblich zu der unsicheren Lage im Nahen Osten beigetragen. Denn auch nach dem Ende der bipolaren Welt fehlt es nun an einem „ehrlichen Makler", der die verfeindeten Parteien beide gleichermaßen zur Aufgabe von Extrempositionen bewegen könnte. Aber nur auf der Grundlage der Feststellung nach Art. 39 UN-Charta kann der UN-Sicherheitsrat gewaltlose oder aber militärische Sanktionen beschließen. Meist begnügt sich die UNO – z.B. im Konflikt um die Golanhöhen – hingegen mit der Entsendung sog. Blauhelm-Soldaten, die eine Art Puffer zwischen den Streitparteien bilden sollen.[29]

5. ABGESTUFTE SOUVERÄNITÄT

Bereits bei der Konstruktion der UNO wurde in der Zusammensetzung des Sicherheitsrates eine abgestufte Souveränität erkennbar. Nur die fünf Vetomächte verfügen über die volle Souveränität, alle anderen Staaten müssen sich mit einer Souveränität von geringerer Qualität zufriedengeben. Mit dem Abwurf der beiden Atombomben auf die japanischen Städte Hiroshima und Nagasaki am 6. und 9. August 1945 erlangten die USA jedoch eine neue Stufe der Souveränität, da sie sich – zunächst allein – im Besitz der Atombombe befanden. Erst vier Jahre später gelang es der Sowjetunion – nicht zuletzt durch Spionage – ihre erste Atombombe zu testen, Großbritannien folgte 1952, Frankreich 1960 und China 1964. Heute sind der Besitz von Atomwaffen und die Entscheidung über ihren Einsatz Essentialien einer vollständigen Souveränität. Nur die fünf offiziellen und allenfalls noch die vermutlich vier faktischen Atommächte (Indien, Israel, Nordkorea, Pakistan) erfüllen (zumindest) diese Voraussetzungen für eine vollwertige Souveränität. Es liegt auf der Hand, dass auch andere Staaten, wie z.B. Iran oder Saudi-Arabien, nach der Atombombe streben. In Japan führten die nuklearen Katastrophen gegen Ende des Weltkriegs zu der Ablehnung jeder Atombewaffnung. Ebenso wie Japan hat sich Deutschland als Nichtkernwaffenstaat in dem Vertrag über

28 Bis 2005 hat die UdSSR/Russland 118mal sein Veto eingelegt, die USA 74mal, vgl. *Voigt* 2003, S. 202.

29 Daneben gibt es weitere Einsatzformen der UNO, die hier jedoch nicht weiter ausgeführt werden sollen.

die Nichtverbreitung von Kernwaffen (Atomwaffensperrvertrag) vom 1. Juli 1968 dazu verpflichtet

> Kernwaffen und sonstige Kernsprengkörper oder die Verfügungsgewalt darüber von niemandem unmittelbar oder mittelbar anzunehmen, Kernwaffen und sonstige Kernsprengkörper weder herzustellen noch sonstwie zu erwerben und keine Unterstützung zur Herstellung von Kernwaffen und sonstigen Kernsprengkörpern zu suchen oder anzunehmen.[30]

Wie bereits beim Sicherheitsrat waren es wiederum die „beati possidentes", diejenigen also, die sich bereits im Besitz der Atombombe befanden, denen es gelang, die meisten anderen Staaten von diesem Besitz, und damit von der vollen Souveränität, auszuschließen. Dabei nutzen die Atommächte geschickt die Angst der Menschen vor der atomaren Vernichtung für ihre eigenen, selbstsüchtigen Ziele:

> [...] In Anbetracht der Verwüstung, die ein Atomkrieg über die ganze Menschheit bringen würde, und angesichts der hieraus folgenden Notwendigkeit, alle Anstrengungen zur Abwendung der Gefahr eines solchen Krieges zu unternehmen und Maßnahmen zur Gewährleistung der Sicherheit der Völker zu ergreifen, [...]

verpflichten sich die Kernwaffenstaaten dazu, die Kernwaffen nicht weiterzugeben (als ob sie daran ein Interesse haben könnten), während die Nichtkernwaffenstaaten sich dazu verpflichten mussten, keine Kernwaffen anzustreben.

Vor allem die USA haben die Perpetuierung dieser nuklearen „Zweiklassengesellschaft" stets mit einer ungeheuren Dreistigkeit betrieben. Mit Barack Obama bekennt sich jetzt zum ersten Mal ein US-Präsident zu der Vision einer Welt ohne Atombomben. Ob er dieses Ziel gegen den erbitterten Widerstand des US-Kongresses jemals durchsetzen könnte, steht freilich auf einem anderen Blatt. Solange die alte atomare Ordnung weiterbesteht, ist dieser Verzicht jedoch vor allem für die Staaten, die über die erforderliche Atomtechnik – z.B. aus der nichtmilitärischen Nutzung der Kernenergie – verfügen und kurzfristig dazu in der Lage wären, Atomwaffen zu produzieren, problematisch. Sie bleiben Staaten zweiter Ordnung und sind durch die Nuklearmächte jederzeit erpressbar. Zudem sind die sog. friedliche und die militärische Nutzung von Kernenergie nicht immer trennscharf auseinanderzuhalten, wie sich am Beispiel Iran zeigt. Die Anreicherung von Uran gilt aber gewissermaßen als Lackmustest für die mehr oder weniger friedlichen Absichten einer potenziellen Atommacht.[31] Aus diesem Grund wurde die Internationale Atomenergie-Kommission mit Sitz in Wien errichtet, um die Einhaltung des Vertrages kontrollieren zu können. In einem Zusatzprotokoll haben die Vertragsparteien einer Erweiterung ihrer Informationspflichten zugestimmt, die nun auch Forschung und Industrie einschließt.[32] Auch der Iran hat dieses Zusatzproto-

30 Für die Bundesrepublik Deutschland trat dieser Vertrag am 2. Mai 1975 in Kraft.

31 Zur Verwendung in einer Atombombe muss das Uran zu 80% mit U235 angereichert werden.

32 Die Angst vor einer Industriespionage durch die Atommächte scheint zumindest nicht ganz unbegründet zu sein.

koll – nach anfänglichem Zögern – im Jahre 2003 unterzeichnet, ohne daraus allerdings die von der „westlichen Welt" gewünschten Konsequenzen zu ziehen.

6. DIE SONDERROLLE DER IMPERIEN

Imperien führen grundsätzlich Krieg, wann und wo immer sie wollen. Sie verstehen sich als Schöpfer und Garanten einer Ordnung, fühlen sich hingegen nicht in diese Ordnung eingebunden.[33] Carl Schmitt hat dieses Grundprinzip des modernen Imperialismus bereits 1932 in einem Aufsatz auf den Punkt gebracht:

> Es ist nicht denkbar, daß eine Großmacht, und noch weniger, daß eine imperialistische Weltmacht sich juristisch auf einen Codex von festen Normen und Begriffen festlegt, den ein außenstehender Fremder gegen sie selber handhaben dürfte.[34]

Imperien lassen sich also in ihrer Souveränität, Kriege aufgrund eigener Entscheidung zu führen, auch durch internationale Vereinbarungen, denen sie beigetreten sind, nicht wirkungsvoll beschränken. Allenfalls ersinnen sie zu ihrer Rechtfertigung Rechtsformeln, politische Konstruktionen oder Denkschablonen, die es ihnen ermöglichen, den von ihnen geführten Krieg immer als „gerecht" erscheinen zu lassen. Neben dem Schutz eigener Staatsbürger kommen dafür Formeln wie „Verhinderung einer humanitären Katastrophe", „(Wieder-)Herstellung der Demokratie" etc. in Betracht. Die Propaganda muss dann ein Übriges tun, um diese Sicht weltweit zu verbreiten und wenn möglich auch durchzusetzen. Dass es bei allen seinen Aktionen stets eine gerechte Sache vertritt, ist für das US-amerikanische Imperium selbstverständlich. Schon Präsident Thomas Jefferson (1801–1809) hatte klargestellt, dass Amerika die Interessen der Welt wahrnehme, wenn es die eigenen Ziele verfolge. Die Vereinigten Staaten führen bevorzugt „moralische Kriege" gegen einen Feind, der seiner menschlichen Züge entkleidet wird. George W. Bush hatte mit seiner Formel von der „Achse des Bösen" den Bezug zur göttlichen Ordnung (*America is God's own country*), die durch das Böse in Gefahr gerät, unmissverständlich zum Ausdruck gebracht.

Am deutlichsten zeigt sich Amerikas fester Entschluss, seine Souveränität, Kriege aufgrund eigener Entscheidung zu führen, nicht aufzugeben, an seiner Haltung zu dem Statut von Rom. Damit wurde ein Internationaler Strafgerichtshof geschaffen, der die Ad-Hoc-Tribunale ablösen sollte. Diese Ad-Hoc-Tribunale wurden im Jahre 1993 für das frühere Jugoslawien (ICTY) und im Jahre 1995 für Ruanda (ICTR) eingerichtet. Die USA saßen zwar – vergleichbar der Situation bei der Beratung der Volkerbundsatzung – mit am Verhandlungstisch, um das Statut möglichst weit abzuschwächen, beigetreten sind sie aber nicht.[35] Am 17. Juli 1998 wurde im Statut von Rom beschlossen, in Den Haag einen ständigen Internationa-

33 *Münkler* 2005, S. 8.
34 *Schmitt* 1932/33, in: Maschke (Hg.) 2005, S. 349–377 [355].
35 *Deller/Makhijani/Burroughs* (Hg), 2004, S. 22f.

len Strafgerichtshof (ISGH) einzurichten, der Genozid, Verbrechen gegen die Menschlichkeit und bestimmte Kriegsverbrechen aburteilen kann.[36] Wie weit die Souveränität der Unterzeichnerstaaten dabei eingeschränkt wurde, zeigt sich am Beispiel Deutschlands, das sogleich den Art. 16 Abs. 2 des Grundgesetzes änderte, der bis dahin (aus gutem Grund) festgelegt hatte, dass kein Deutscher, also auch nicht ein vor den ISHG zitierter Staatsbürger, an das Ausland ausgeliefert werden darf. Für die USA hatte zwar Präsident Bill Clinton selbst den Vertrag unterschrieben, der Kongress verweigerte aber die Ratifizierung. Später (1998) zog Clintons Nachfolger, George W. Busch, die Unterschrift sogar ganz zurück. Stattdessen schlossen die USA mit 38, meist kleineren und armen Staaten bilaterale Verträge, in denen diese zusichern mussten, US-Staatsbürger in keinem Fall an den Internationalen Strafgerichtshof auszuliefern. Die USA stimmen zudem keinem UNO-Einsatz zu, in dem nicht ihren eigenen Soldaten Immunität gegenüber dem ISHG zugesichert wird.

Mit dem vom Kongress im Jahre 2002 verabschiedeten und von US-Präsident Bush in Kraft gesetzten *American Service-Members' Protection Act* sollen die Mitglieder der Regierung der USA, des US-Militärs und anderer Stellen vor der Strafverfolgung durch den ISGH geschützt werden.[37] Zugleich soll – erklärtermaßen – mit diesem Gesetz, das auch *The Hague Invasion Act* genannt wird, die Position des Internationalen Strafgerichtshofs geschwächt werden. Zudem wurde der Präsident ermächtigt (man könnte auch sagen: verpflichtet), alle „notwendigen Mittel", einschließlich militärischer Invasionen, einzusetzen, um vor dem ISGH angeklagte US-Bürger aus dem Gewahrsam des Gerichts zu befreien. Als Nichtvertragspartei betrachten sich die USA durch das Statut von Rom als nicht gebunden und sind nicht bereit, die Rechtsprechung des ISGH ihre eigenen Staatsangehörigen betreffend anzuerkennen. Eine der Passagen dieses Gesetzes ist von besonderem Interesse, zeigt sie doch die einseitige Sicht Amerikas auf das internationale Recht. Wer gegen die amerikanischen Interessen handelt, wird auch dann durch einen internationalen Vertrag als gebunden betrachtet, wenn er diesem gar nicht beigetreten ist (Beispiel: Indien und Pakistan[38]). Schließt die sog. Staatengemeinschaft jedoch einen Vertrag, der den Interessen der Vereinigten Staaten nicht entspricht, sind sie selbstverständlich durch diesen Vertrag nicht gebunden (Beispiel: Statut von Rom).

36 Das Statut ist am 1. Juli 2002 mit der Hinterlegung der Ratifikationsurkunde in New York in Kraft getreten.

37 Der Fall von Oberst Klein, der 2009 bei Kundus zwei von den Taliban gekaperte Tanklastwagen bombardieren ließ, wobei eine größere Zahl Unbeteiligter ums Leben gekommen ist, könnte ein Testfall für die deutsche Bereitschaft sein, sich dem Statut von Rom zu unterwerfen.

38 Beide Staaten sind im Besitz von Atomwaffen, haben den Atomwaffensperrvertrag aber nicht unterschrieben.

> Es ist ein fundamentaler Grundsatz des internationalen Rechts, dass ein Vertrag nur die Vertragsparteien bindet und dass er keine Verpflichtungen für Nichtvertragsparteien ohne deren Zustimmung, sich dadurch binden zu lassen, schaffen kann. (Title II, Sec. 2002)

Dass diese Haltung nicht nur theoretische Bedeutung hat, sondern auch ganz konkrete praktische Konsequenzen haben kann, zeigte sich am Irakkrieg des Jahres 2003. Die Vereinigten Staaten griffen – gemeinsam mit einigen Verbündeten („coalition of the willing") – den Irak an, wobei es vordergründig um die Vertreibung des Diktators Saddam Hussein und die Errichtung einer vorbildlichen Demokratie ging, tatsächlich aber vor allem geostrategische und geoökonomische Ziele (Erdöl) im Vordergrund standen. Ein halbherziger Versuch der USA, mit gefälschten „Beweisen" den UN-Sicherheitsrat zu einer Zustimmung zu dem Irakangriff zu bewegen, scheiterte trotz massiver Einschüchterungsversuche gegen nichtständige Mitglieder des Sicherheitsrates.[39] Die USA begannen den Krieg also ohne den erforderlichen Beschluss des Sicherheitsrates, so dass es sich bei strikter Auslegung des Rechts dabei um einen völkerrechtswidrigen Angriffskrieg handelte, gegen den wiederum der UN-Sicherheitsrat hätte einschreiten müssen. Dass er dies nicht tat, zeigte deutlich die Schwäche dieser „Weltregierung" – gegen die mächtigste Militärmacht der Welt ließ sich das Völkerrecht nicht durchsetzen.

7. VERDRÄNGUNG DES SOUVERÄNITÄTSBEGRIFFS

Im Gefolge Kelsens ist vor allem von französischen Philosophen die Verdrängung der Souveränität gefordert worden, so bei Jacques Derrida,[40] Michel Foucault etc. Sie sahen bzw. sehen in der Souveränität die Wurzel des Übels. Hans Kelsen hatte bereits 1920 in seiner Schrift *Das Problem der Souveränität und die Theorie des Völkerrechts* gefordert:

> Der Souveränitätsbegriff muß radikal verdrängt werden.[41]

Bekanntlich sah Kelsen den Staat als Rechtsordnung, an deren Spitze die Verfassung als Grundnorm steht.[42] Die höchste Kompetenz kommt dann nicht Menschen (Monarch oder Politikern) zu, sondern nur der souveränen Ordnung selbst in der Einheit des Normensystems. Die Vorstellung von einem persönlichen Befehlsrecht hielt er für den eigentlichen Irrtum der Lehre von der Staatssouveränität.[43] Kelsen konnte sich dabei auf den niederländischen Rechtsgelehrten Hans Krabbe berufen, der bereits im Jahre 1906 die Lehre von der Rechtssouveränität entwi-

39 Allerdings verlor US-Außenminister Colin Powell dabei viel von seinem bis dahin auch im Ausland hohen Ansehen.

40 *Derrida* 1991.

41 *Kelsen* 1920, S. 320.

42 Vgl. *Brunkhorst/Voigt* (Hg.) 2008.

43 *Schmitt* PTh, S. 36.

ckelt hatte. In der Herrschaft der Normen, denen die Menschen freiwillig Gehorsam leisten, offenbart sich für ihn die moderne Staatsidee. Krabbes Credo lautete:

> Die Lehre von der Rechtssouveränität ist, je nachdem man es nehmen will, entweder die Beschreibung eines wirklich bestehenden Zustandes oder ein Postulat, nach dessen Verwirklichung gestrebt werden soll.[44]

Damit wird auch das Dilemma der heutigen Situation deutlich. Während die eine Seite davon ausgeht, dass es sich um einen bestehenden Zustand handele, versteht die andere Seite darunter lediglich ein Postulat, das möglicherweise sogar sehr weit von seiner Realisierung entfernt ist. Das hat jedoch weitgehende Konsequenzen für das Recht des Staates, Krieg zu führen. Gibt es nämlich eine globale Rechtsordnung, dann müsste dem Nationalstaat die Souveränität aberkannt und dem internationalen Recht oder sogar einer Weltorganisation zuerkannt werden. Diese von Kelsen vertretene Vorstellung lehnte Hermann Heller kategorisch ab.[45] Er hatte dabei vor allem den Begriff *World Sovereignty*, den Robert Lansing, US-Außenminister unter Präsident Wilson, im Jahre 1921 entwickelt hatte, im Blick. Obwohl Lansing die politischen Probleme bei der Verwirklichung dieser Idee in der heutigen Welt durchaus sah, war er trotzdem davon überzeugt, dass „die Vereinigung der physischen Stärke aller Menschen in der Welt die kollektive Macht der Menschheit repräsentiert"[46]. Aus dieser Weltsouveränität folgte für Lansing die Notwendigkeit eines Weltstaates, der freilich in weiter Ferne lag (und liegt).

Diese Sicht hatte aber auch innerstaatliche Konsequenzen, vor allem die Verfassung, in diesem Fall die Weimarer Reichsverfassung, betreffend. Hugo Preuß, der als „Vater" dieser Verfassung gilt, sah – unter Bezugnahme auf Otto von Gierkes Genossenschaftstheorie – die Souveränität als Residuum des Obrigkeitsstaates an und lehnte sie daher gänzlich ab. Seiner Ansicht nach brauchte der genossenschaftlich organisierte Staat kein Herrschaftsmonopol und daher auch keine Souveränität.[47] Aber was tritt an deren Stelle, wenn es um Frieden und Fortschritt geht? Ulrich Haltern zählt als „Fortschrittserzählungen" des Völkerrechts die Deutungsangebote auf, die das Problem vorgeblich lösen: „internationale Gemeinschaft", „internationales Verfassungsrecht", „Weltinnenrecht" und „Weltverfassung". Sie sind jedoch letztlich bloße Worthülsen oder „Papiertiger", da sie im Ernstfall zumeist versagen. Der Staat Israel hat daraus eine nachvollziehbare Konsequenz gezogen. Er wäre längst von der Landkarte verschwunden, wenn sich die israelische Regierung auf die „Staatengemeinschaft" verlassen hätte. Israel nimmt daher sein Schicksal in die eigene Hand und führt Krieg, wann immer es das für richtig hält. Als kleines Land kann es sich dies aber nur deshalb leisten, weil es der Unterstützung der USA und weiterer Länder, u.a. Deutschlands, sicher sein kann.

44 *Krabbe* 1906, S. 39.
45 *Heller* 1992, S. 31ff.
46 *Lansing* 1921, S. 55ff. (58).
47 *Preuß* 1908, S. 236.

8. EINGRIFF IN DIE SOUVERÄNITÄT

Eingriffe in die Souveränität eines Staates werden dann als gerechtfertigt angesehen, wenn sie dem Schutz von Menschen dienen sollen, die sich in einer außergewöhnlichen und schwerwiegenden Notlage befinden. Eine humanitäre Intervention wäre also z.B. nur dann zulässig, wenn das Leben oder die körperliche Unversehrtheit von Menschen bedroht ist oder schwerwiegende Menschenrechtsverletzungen vorliegen bzw. zu befürchten sind. Die Grenze zu einem Krieg aus egoistischen Motiven verschwimmt allerdings leicht, wenn argumentiert wird, die Unterdrückung der Zivilbevölkerung stelle zugleich eine Bedrohung des Weltfriedens dar. Zu erwartende Menschenrechtsverletzungen dienen dann eher als „Deckmäntelchen" für machtpolitisch motivierte Interventionen.[48] Als Beispiel hierfür kann die UN-Resolution 688 gelten, welche die USA und Großbritannien ermächtigten, im Irak Flugverbotszonen einzurichten. Die irakischen Bodenstreitkräfte hatten sich daraufhin aus einem großen Teil des nördlichen Territoriums zurückzuziehen, bereits das Erfassen von Kampflugzeugen der Alliierten mit Radarstrahlen wurde zum Anlass von Luftangriffen auf die irakischen Radarstationen genommen. Formal war dieser Eingriff in die Souveränität des Irak – trotz des irakischen Protests – allerdings von der UN-Charta gedeckt, da vom UN-Sicherheitsrat eine Gefährdung des Weltfriedens festgestellt worden war. Immerhin gehört die Wahrung des Weltfriedens zu den wichtigsten Aufgaben der UNO.

Problematisch ist eine militärische Intervention mit humanitärer Begründung aber immer dann, wenn eines der drei humanitären Prinzipien verletzt ist: Humanität, Neutralität, Unparteilichkeit. Es liegt auf der Hand, dass ein Genozid, wie beispielsweise der 1994 in Ruanda, unter allen Umständen hätte verhindert werden müssen. Hier versäumte es die UNO freilich, rechtzeitig einzugreifen. Eine Intervention ist im Sinne einer „Nothilfe" dann zulässig, wenn anders der Schutz für eine bedrohte Bevölkerungsgruppe nicht gewährleistet werden kann. Dabei müssen allerdings Neutralität und Unparteilichkeit strikt gewahrt bleiben. Ein negatives Beispiel ist hier der Kosovokrieg, den eine von den USA angeführte Koalition – unter Einschluss Deutschlands – im Jahre 1999 gegen die Bundesrepublik Jugoslawien in der Provinz Kosovo geführt hat.[49] Abgesehen von den gefälschten Beweisen („Hufeisen-Plan") zur Begründung des Krieges wegen der Unmenschlichkeit der Serben verhielten sich die Alliierten auch nach Beendigung des Krieges weder neutral noch unparteilich. Vielmehr stützten sich die USA auf die UČK, die Untergrundorganisation der albanischen Kosovaren, und versorgten diese einseitig mit Waffen. Ein grundlegender Bruch mit der bisher üblichen Doktrin von der Unverletzlichkeit der Nachkriegsgrenzen bestand schließlich jedoch darin, dass der Kosovo – gegen den ausdrücklichen Willen Serbiens – von den westlichen Staaten als unabhängiger Staat anerkannt worden ist.[50] Damit wurde nicht

48 Vgl. *Ross* 1999, S. 43.

49 Vgl. *Tenbergen* 2002, S. 193–220.

50 Am 17. Februar 2008 hat sich das Parlament der Provinz Kosovo für unabhängig erklärt.

nur Russland, das sich traditionell als Schutzmacht Serbiens versteht, vor den Kopf gestoßen, sondern auch andere Minderheiten in Europa zur Abspaltung geradezu ermuntert.

Weniger Probleme ergeben sich – jedenfalls auf den ersten Blick – dann, wenn es sich um einen gescheiterten Staat wie Somalia handelt, denn dieser verfügt offensichtlich nicht über staatliche Souveränität. Am 3. Dezember 1992 beschloss der UN-Sicherheitsrat in der Resolution 794 eine militärische Intervention in Somalia. Dabei ging es zunächst vor allem um die durch UN-Soldaten gesicherte Verteilung von Hilfsgütern. Die Begründung des Sicherheitsrates legte das Schwergewicht allerdings auf Gewalttätigkeit und Gewaltandrohung:

> [...] – mit dem Ausdruck höchster Beunruhigung angesichts der anhaltenden Berichte über weitverbreitete Verletzungen des humanitären Völkerrechts in Somalia, insbesondere über Gewalttätigkeit und Gewaltandrohungen gegen das rechtmäßig an den unparteiischen humanitären Hilfsmaßnahmen mitwirkende Personal [...].[51]

Durch den Mord an 24 pakistanischen UN-Soldaten, für den General Aidid persönlich verantwortlich gemacht wurde, eskalierte die Situation. Unter Führung der USA intervenierte eine multinationale UN-Streitmacht – unter Einschluss der Bundeswehr – im Mai 1993 in Somalia. Diese Mission kostete insgesamt etwa 5 Milliarden Dollar: als die UN-Soldaten 1995 Somalia verließen, war die Lage der Menschen jedoch eher schlimmer geworden. Den 131 gefallenen UN-Soldaten stand der Tod von mehreren tausend Somalis, unter ihnen zahlreiche Frauen und Kinder, gegenüber. Die USA verließen das Schlachtfeld vorzeitig, als die johlende Menge 1993 tote US-Soldaten durch die Straßen Mogadischus schleifte. Für die Bundeswehr zeigte sich, dass sie einem solchen Auslandseinsatz (noch) gar nicht gewachsen war. Mit der Resolution 794 hatte sich die UNO in die inneren Angelegenheiten eines bis dahin als souverän geltenden Mitgliedstaates eingemischt, der Sicherheitsrat hatte die Zuständigkeit für die Ausübung der inneren Gewalt und für die Wiederherstellung von Recht und Ordnung in Somalia übernommen. Erstmals in der Geschichte der UNO wurde so ein direkter Zusammenhang zwischen friedensbewahrenden und friedensschaffenden Maßnahmen hergestellt. Die damit verbundene Neuinterpretation des Völkerrechts, insbesondere des Kapitels VII der UN-Charta, hat nachhaltige Folgen für die Souveränität kleinerer Staaten.

9. FAZIT: PROBLEME EINER MITTELMACHT

Das synallagmatische Verhältnis von Souveränität und Krieg ist durch das Nachkriegs-Völkerrecht einseitig zu Lasten der kleineren Staaten aufgehoben worden. Sie haben sich sowohl der UN-Charta als auch dem Atomwaffensperrvertrag unterworfen. Weder über Krieg und Frieden, noch über Besitz oder Verzicht auf Atomwaffen können sie selbständig entscheiden. Die Weltmächte, allen voran die

51 Zitiert nach: Europa-Archiv, Folge 9/1993, S. D 185ff.

Vereinigten Staaten von Amerika, achten peinlich genau darauf, dass die mittleren und kleineren Staaten die internationalen Verpflichtungen auch einhalten. Freilich ist dies nicht im Sinne der Gleichberechtigung der Staaten – wie noch im Westfälischen System – gedacht, sondern als Über- und Unterordnungsverhältnis. Denn die Weltmächte USA, China, Russland haben sich bei Abschluss dieser Verträge im Wege einer „reservatio mentalis", eines inneren Vorbehalts, ein Exitrecht vorbehalten. Die Beschränkungen gelten im Ernstfall selbstverständlich nicht für sie, sondern nur für die anderen Staaten, die allenfalls als semi-souverän betrachtet werden. Michael Moore hat das in seinem Buch *Stupid White Men* auf die satirische Formel gebracht: Belgische UNO-Truppen sorgen in Amerika für die Einhaltung der Menschenrechte.[52]

Soll eine Mittelmacht wie Deutschland angesichts dieser Situation eigensinnig auf dem letzten Rest der verbliebenen Souveränität bestehen? Dazu könnte die Entscheidung gehören, die eigenen Truppen aus einem Krieg (Afghanistan) zurückzuziehen, in dem vitale deutsche Interessen nicht auf dem Spiel stehen. Oder soll sie sich nicht doch lieber in die Rolle des Mitglieds einer supranationalen Organisation mit einem gewissen, wenn auch beschränkten Mitbestimmungsrecht finden? Das hätte den Vorteil für die Bundesregierung, sich innenpolitisch stets auf Vertragspflichten (UN-Sicherheitsratsresolutionen, EU-Ratsentscheidungen etc.) zurückziehen zu können. Oder soll sie sich in die Rolle eines halbsouveränen Mündels eines großen Imperiums flüchten? Das würde bedeuten, dass die USA weitgehend die deutsche Außenpolitik, vor allem aber die Militärpolitik, bestimmen. Dabei fragt es sich natürlich, ob die beiden letzteren Rollen von Deutschland nicht stets nebeneinander zu spielen sind. Angesichts des deutschen Engagements in Europa und der Allianz mit Frankreich wirft das allerdings die Frage auf, ob sich diese beiden Optionen überhaupt miteinander vereinbaren lassen.

LITERATUR

Bodin, Jean, 1981–1986: Sechs Bücher über den Staat (franz. Original: Paris 1583), übers. v. Bernd Wimmer, hg. v. Peter-Cornelius Mayer-Tasch, 2 Bände, München.

Brunkhorst, Hauke/Voigt, Rüdiger (Hg.), 2008: Rechts-Staat. Staat, internationale Gemeinschaft und Völkerrecht bei Hans Kelsen, Baden-Baden.

Deller, Nicole/Makhijani, Arjun/Burroughs, John (Hg), 2004: US-Politik und Völkerrecht. Recht des Stärkeren oder Stärke des Rechts? Münster.

Derrida, Jacques, 1991: Gesetzeskraft. Der „mythische Grund der Autorität", übers. v. Alexander García Düttmann, Frankfurt a.M.

Grotius, Hugo, 1950: De Jure Belli ac Pacis Libri tres, Paris. Drei Bücher vom Recht des Krieges und des Friedens nebst einer Vorrede von Christian Thomasius zur ersten deutschen Ausgabe des Grotius vom Jahre 1707, deutsch hg. v. Walter Schätzel, Tübingen.

Heller, Hermann, 1992: Die Souveränität – Ein Beitrag zur Theorie des Staats- und Völkerrechts (1927), In: Müller, Christoph (Hg.): Hermann Heller. Gesammelte Schriften, Bd. 2, 2. Aufl. Tübingen 1992, S. 31ff.

52 *Moore* 2003.

Hilger, Ewelina, 2005: Präemption und humanitäre Intervention – gerechte Kriege? Frankfurt a.M.
Hobbes, Thomas, 1992: Leviathan oder Stoff, Form und Gewalt eines bürgerlichen und kirchlichen Staates (Leviathan or the Matter, Forme and Power of Commonwealth, Ecclesiasticall and Civill, 1651), hg. von Iring Fetscher, 5. Aufl. Frankfurt a.M.
Kelsen Hans, 1920: Das Problem der Souveränität und die Theorie des Völkerrechts, Tübingen.
Krabbe, Hugo, 1906: Die Lehre der Rechtssouveränität – Beitrag zur Staatslehre, Groningen.
Lansing, Robert, 1921: Notes on Sovereignty from the Standpoint of the State and of the World, Washington D.C.
Machiavelli, Niccolò, 2006: Gesammelte Werke in einem Band, nach den Übersetzungen v. Johann Ziegler u. Franz Nicolaus Baur, hg. von Alexander Ulfig, Frankfurt a.M.
Mäder, Werner, 2007: Vom Wesen der Souveränität. Ein deutsches und ein europäisches Problem, Berlin.
Maschke, Günter (Hg.), 2005: Carl Schmitt: Frieden oder Pazifismus? Arbeiten zum Völkerrecht und zur internationalen Politik 1924–1978, Berlin.
Moore, Michael, 2003: Stupid White Men. Eine Abrechnung mit dem Amerika unter George W. Bush, München.
Münkler, Herfried, 2005: Imperien. Die Logik der Weltherrschaft – Vom Alten Rom bis zu den Vereinigten Staaten, 3. Aufl. Berlin.
Orwell, George, 2002: Farm der Tiere. Ein Märchen, 36. Aufl. Zürich.
Preuß, Hugo, 1908: Festschrift für Paul Laband von der rechts- und staatswissenschaftlichen Fakultät der Kaiser-Wilhelm-Universität Straßburg, Bd. II (Reprint 1987), Tübingen.
Ross, James, 1999: Die verlorene Illusion, in: Die Zeit vom 6.10.1999, S. 43.
Schmitt, Carl, 1922: Politische Theologie. Vier Kapitel zur Lehre von der Souveränität (8. Auflage 2004), Berlin (zit.: PTh).
Schmitt, Carl, 1932/33: USA und die völkerrechtlichen Formen des modernen Imperialismus [1932/33] in: Maschke (Hg.) 2005, S. 349–377.
Schmitt, Carl, 1938: Der Leviathan in der Staatslehre des Thomas Hobbes. Sinn und Fehlschlag eines politischen Symbols, Köln (zit.: Leviathan).
Schmitt, Carl, 1950: Der Nomos der Erde im Völkerrecht des Jus Publicum Europaeum (4. Aufl. 1997), Berlin (zit.: Nomos).
Tenbergen, Rasmus, 2002: Krieg zur Durchsetzung einer neuen Völkerrechtsordnung. Das Beispiel Kosovo, in: Voigt (Hg.) 2002, S. 193–220.
Voigt, Rüdiger (Hg.), 2002: Krieg – Instrument der Politik. Bewaffnete Konflikte im Übergang vom 20. Zum 21. Jahrhundert, Baden-Baden.
Voigt, Rüdiger, 2005: Weltordnungspolitik, Wiesbaden.
Voigt, Rüdiger, 2008: Krieg ohne Raum. Asymmetrische Konflikte in einer entgrenzten Welt, Stuttgart.
Voigt, Rüdiger, 2009: Den Staat denken. Der Leviathan im Zeichen der Krise, 2. Aufl. Baden-Baden.
Walzer, Michael, 1982: Gibt es den gerechten Krieg? (amerik. Original: New York 1977), Stuttgart.

3. TEIL

SOUVERÄNITÄT IN DER KRITIK

KRITISCHE SKIZZEN ZU STAAT, VERFASSUNG UND SOUVERÄNITÄT

Walter Pauly/Gunter Heiß

Die Frage nach der Souveränität kreist im Verhältnis von Staat und Recht, Staat und Verfassung einerseits, Staat und Völkerrecht andererseits. Souveränität findet sich einesteils in der Literatur als Kategorie der Macht und Eigenschaft des Staates, dem Recht vorgeordnet als Quelle und Garant seiner Geltung. Hiervon kritisch abgesetzt besteht ein Verständnis von Souveränität im Sinne eines reinen Rechtsbegriffs, der die Geltung einer Rechtsordnung bezeichnet, mit der der Staat identifiziert wird. Staat und Souveränität existieren danach nicht vor oder außerhalb von Recht und Verfassung. Andere Positionen behaupten dagegen eine dialektische Wechselwirkung von souveräner Staatlichkeit und Verfassung, wobei Souveränität und Staatlichkeit sowohl eine Voraussetzung von Recht und Verfassung beschreiben als auch ihrerseits durch und durch juristisch geprägt und geformt erscheinen. Wiederum anderen Ansätzen zufolge ist schließlich das rechtliche Element Staat und Souveränität in der Weise vorgeordnet, dass nur so viel Staatlichkeit existieren soll, wie die Verfassung konstituiere. Dabei löst sich die Souveränität in der juristischen Kompetenz- und Institutionenordnung auf.

Die aufgezeigten Begriffszuordnungen betreffen alte Fragen der Wissenschaft von der Politik und Jurisprudenz: Ob die Souveränität eine formal-sachlogische oder lediglich historische, eine empirische oder normative Größe umschreibe, ob sie jedem Staat eigne oder nur ein mögliches Attribut abgebe, ob sie beibehalten, weiterentwickelt oder gänzlich aufgegeben gehöre, ob der Staat dem Recht oder das Recht dem Staat vorausgehe. Eben diese Grundfragen treiben seit geraumer Zeit die europa- und völkerrechtliche Publizistik um, wenn eine staatsrechtliche Lehrmeinung die Verfassungsfähigkeit der Europäischen Union abstreitet, weil jede echte Verfassung einen Staat als Regelungsgegenstand voraussetze, während die Gegenauffassung den Verfassungs- vom Staatsbegriff löst und die Union folglich auch dann für verfassungsfähig und -bedürftig erklärt, wenn sie sich nicht zum (Bundes)Staat entwickelt. Entsprechend schreibt erstere Auffassung die Souveränität allein den Mitgliedstaaten zu, während Vertreter der Gegenmeinung sie tendenziell zwischen Union und Mitgliedstaaten aufgeteilt sehen. Auf die Frage, ob und wie eine Verfassung ohne Staat gedacht werden kann und welchen Platz Souveränität einnimmt, finden sich unterschiedliche Antworten, eben solche, die Staat und Souveränität als Bezugsobjekte erfordern, und solche, die sie erübrigen, ohne jedoch lediglich die jedweder Organisation eigene Verfasstheit auf den Begriff zu bringen.[1]

1 Hierzu und den Arten von Souveränität zuletzt *Grimm* 2009, S. 9ff.

Staat, Verfassung und Souveränität stehen zudem in einem klärungsbedürftigen Verhältnis zur menschlichen Individualität, wie sie namentlich mit Thomas Hobbes in den Mittelpunkt der politischen Philosophie der Neuzeit getreten ist. Souverän und Staat werden hier erstmalig als Produkte eines durch die Vernunft der Individuen diktierten Gesellschaftsvertrages rational rekonstruiert, abgeschlossen um deren individueller Selbsterhaltung und Sicherheit willen. Obgleich Hobbes auf diesem Wege eine „Einigkeit der Gesinnungen und des politischen Wollens“[2] sowie absolute Befehlsgewalt des Souveräns konzipiert, anerkennt er ein unaufgebbares Selbsterhaltungsgesetz des Einzelnen, das bei Leib und Leben bedrohenden Akten des Souveräns von der Gehorsamspflicht des bürgerlichen Gesetzes befreit, etwa im Fall von Kriegsdienst und (Todes)Strafe.[3] Resultiert Souveränität aus der „Logik kalkulierter Selbsterhaltung“,[4] so gerät sie aus der Perspektive des Einzelnen an eine Rationalitätsgrenze, sobald sich die staatliche Gewalt gegen das eigene Leben wendet. Eben dieser individuelle Selbsterhaltungsvorbehalt vermag jedoch den absoluten Souveränitätsanspruch des Staates zu untergraben. Die Diskrepanz zwischen der so unter Vorbehalt gestellten Gehorsamspflicht des Bürgers einerseits und dem absoluten Gehorsamsanspruch des Souveräns andererseits begründet Hobbes, indem er im Gesellschaftsvertrag nur eine gegenseitige Verzichtserklärung der Vertragsparteien zugunsten des souveränen Dritten sieht, mit der die Kontrahierenden zwar grundsätzlich auf die individuelle, der Selbsterhaltung dienende Ausübung des *jus naturale*, nicht aber auf die Position des Selbsterhaltungsgesetzes selbst verzichten. Trotz Unterwerfungs- und Autorisierungserklärung des Bürgers zugunsten des Souveräns besteht so eine dem souveränen Einfluss entzogene, weil dem Gewissen zugeordnete individuelle Urteilskompetenz hinsichtlich der Frage eigener Selbsterhaltung fort. Souveränität ist jedoch durch diese individuelle, auf das Selbsterhaltungsgesetz rekurrierende Urteilskompetenz in ganz prinzipieller Weise gefährdet, muss sie doch, ebenso wie die durch sie gestiftete Rechtsordnung und deren Berechtigungen, vor dem Gewissen des Einzelnen letztlich immer künstlich, bedingt, vermittelt und abgeleitet, damit aber auch im grundlegenden Sinne änder-, ja sogar abschaffbar gelten. Hobbes stand der Verfall und Verlust der mit Leviathan bezeichneten Gestalt von Staatlichkeit im englischen Bürgerkrieg, letzterer mit dem ebenfalls alttestamentarischen Namen Behemoth benannt, vor Augen. Immerhin führt der Leviathan aus der unmittelbaren Selbstzerstörung der Einzelnen über gesetztes und mit Gewalt bewährtes Recht zu einer zumindest in allen unpolitischen Bereichen gesicherten individuellen Entfaltungsmöglichkeit, wenn auch um den Preis einer unter Vorbehalt stehenden individuellen politischen Selbstentmündigung. Insofern konstituiert sich der Souverän zwar durch ein „mystisches Aufgehen“ des politischen

2 *Schelsky* 1941, S. 415.
3 Vgl. *Hobbes* 1966, S. 99ff., 163ff.
4 *Höffe* 1981, S. 120.

Individuums im Staat,[5] jedoch bleibt die politische Absorption unvollständig und zeigt ihre lebensbedrohliche Konsequenz erst im Ausnahmefall der Strafverfolgung und des Krieges.[6]

Für Hobbes' wie für jede an die Individualität des Einzelnen anknüpfende Staatskonzeption ergibt sich also ein „grundlegendes staatsrechtliches Dilemma“,[7] weil einerseits eine auf den einzelnen Menschen abstellende Vorstellung von Individualität erst im Staat wirklich sein soll, während andererseits kein Staat souverän genannt werden kann, der sich nicht über Individuen und ihr Leben hinwegzusetzen vermag. Dem Einzelnen, sofern an seiner Individualität gelegen, bleibt angesichts des drohenden Behemoth unter den Bedingungen des Naturzustandes daher keine andere Wahl, als sich souveräner Staatlichkeit unterzuordnen, was nicht mit einer Identifizierung zu verwechseln ist, und im Fall der Fälle den Gehorsam gegenüber souveräner Staatlichkeit zu verweigern, also ggf. Reißaus zu nehmen, sobald souveräne Gewalt Leib und Leben einfordert. In der Unabdingbarkeit der Selbsterhaltung sowie der darin gründenden Beschränktheit des Bürgergehorsams bei Hobbes liegt umgekehrt der „wunde Punkt“ des Staates.[8] Ob seiner Sprengkraft will seit Hobbes politische Philosophie und in deren Gefolge die staats- wie verfassungsrechtliche Lehre den individualistischen Vorbehalt, diesen „Todeskeim“ souveräner Staatlichkeit,[9] variantenreich wegdenken. Unter diesem Blickwinkel lassen sich auch die Leitbegriffe Souveränität, Individualität sowie Staat und Verfassung in Zusammenhang bringen. Dem Primat einer vorgeordneten Staatlichkeit folgend hat namentlich Carl Schmitt gegen den Vorbehaltstheoretiker Hobbes den Vorwurf liberaler Staatszersetzung erhoben und den Stein des Anstoßes in der eigenen Theoriebildung getilgt. Der souveräne Staat, so Schmitt, finde sein Fundament in der politischen Einheit, weswegen deren Ansprüche und nicht die des Individuums letztlich bestimmend seien. Gegen diese staatszentrierte Sicht und deren im Anschluss an Schmitt vorgenommenen Modifikationen setzt Hans Kelsen das „reine“ Recht und Peter Häberle im Anschluss an Hermann Heller schließlich die kulturbedingte Verfassung. Trotz solcher Theorie- und Begriffsumstellungen besteht die Hobbessche Frage nach der individuellen Rationalitätsgrenze souveräner Staatlichkeit aber fort, wenn das staatsbürgerliche Glücksversprechen sich für den Einzelnen in ein lebensbedrohendes Szenario verwandelt. Wo bleibt der Anspruch ohne Furcht als Individuum unterschieden und frei

5 *Schelsky* 1941, S. 418; pointiert *Riedel* 1975, S. 177: „Der einzig politische Akt […] – die Konstituierung politischer Vernunft in der ursprünglichen Vereinigung der Bürger (unio civilis) –, ist zugleich derjenige Akt, in dem die vernünftige Selbständigkeit des politischen Handelns erlischt.“

6 *Hüning* 1998, S. 243; *Neumann* 1937, S. 33 insistiert darauf, dass in der Kompetenz des Einzelnen zur Verweigerung des Opfers, das für den Souverän erbracht werden soll, die Freiheit des Individuums – wenn auch schwach – betont werde.

7 *Hüning* 1998, S. 242.

8 *Hüning* 1998, S. 242.

9 *Schmitt* 1938, S. 86.

leben zu können, wenn das Leben des Einzelnen im Zwang überindividueller Zusammenhänge geopfert wird?

VORORDNUNG VON SOUVERÄNITÄT UND STAAT GEGENÜBER DER VERFASSUNG

Die Doktrin einer der Verfassung vorgeordneten Souveränität und eines vorkonstitutionellen Staates sucht den Ursprung alles Normativen in einer ontologisch-existentiellen Bestimmung, die jeder Verfassunggebung vorhergehen müsse. „Es ist der innewohnende Geist und die Geschichte“, so noch Hegel, „von welchen die Verfassungen gemacht worden sind und gemacht werden.“[10] An der Stelle des opaken Geistes verortet Carl Schmitt die politische Einheit, andere den rechtlich unverfassten, aber existenten und daher elementaren Staat, die Umwelt im systemtheoretischen Sinne, diskursiv-konsensuale Zustimmung, Letzteres auch als konkludente Äußerung in Form von Handlungen und Leistungen der Bürger.[11] In einer – in ihrer Komplexität je nach Geschmack Begriffe wie Volk, Kultur, Sprache, Menschenwürde u. ä. aufnehmenden – Schrittfolge konkretisiere sich der eher des Be- als der Erkenntnis fähige Ursprung in Raum und Zeit, forme sich die politische Einheit, welche den vorkonstitutionellen Staat und die vorkonstitutionelle „Verfasstheit“ bestimmt, um schließlich seinen positiven Niederschlag im Verfassungsgesetz zu finden. Die ihm vorgeordneten Entscheidungen reproduziert und überformt das Verfassungsgesetz und bewirkt damit im Nachgang eine historischen Anforderungen entsprechende Stabilisierung des Fundaments.

Carl Schmitt zufolge bedarf es immer eines handlungsfähigen Subjekts, das als verfassunggebende Gewalt überhaupt erst zum entsprechenden Willensakt fähig ist und einer konkreten politischen Einheit, auf die sich die Verfassungsentscheidung bezieht.[12] Soll das Volk die verfassunggebende Gewalt innehaben, so sei ein vorgängiger bewusster Wille zur politischen Existenz, genannt Nation, als Urgrund politischen Seins vorausgesetzt.[13] Unerlässlich erscheint hiernach eine gewisse organisatorische Ausbildung und Verfestigung politischer Gewalt, die sich in der politischen Realität als herrschafts- und rechtsbildungsfähig ausweisen muss. Verfassunggebung als bewusster Willensakt bezieht sich zudem immer auf ein schon bestehendes oder zumindest nach Konstituierung existentes Substrat politischer Herrschaftsordnung. Was sich auf diese Weise als notwendige Bedingung von Verfassunggebung fassen lässt, beschreiben heutige Vertreter einer der Verfassung vorgeordneten Staatlichkeit als „Anlaß und Organisationsgrundlage der

10 *Hegel* 1830, S. 336.

11 Vgl. *Schmitt* 1928, S. 21ff.; *Kirchhof* 2004, Rn. 25ff., 43, 69; *Isensee* 2004, Rn. 1, 22, 33, 46; ders. 1995, S. 93f., 100; *Böckenförde* 1997, S. 144; *Grimm* 1994, S. 15.

12 *Schmitt* 1928, S. 21f. u. pass.

13 *Schmitt* 1928, S. 79. Zur Möglichkeit fest organisierter Minderheiten als Subjekt politischer Einheit a.a.O., S. 81.

Verfassunggebung“,[14] als „partiell vorgeformte, aber noch weiter formbedürftige und formbare Materie“ sowie als „Torso“, dessen „vollständige Gestalt“ sich erst in der Verfassung ausbilde.[15] Angesichts dieser Absetzung von prä- und postkonstitutioneller Staatlichkeit löse sich in der zeitlichen Abfolge auch der „vermeintliche Widerspruch“ eines der Verfassung vorausgehenden und zugleich nachfolgenden Staates auf.[16]

Beide Staatsbegriffe sind also nicht identisch, und die Verfassunggebung überholt und überformt die präkonstitutionelle Staatlichkeit inhaltlich wie geltungstheoretisch zugunsten einer neu entstehenden Verfassungsstaatlichkeit. Folglich zielt die Annahme, jede den Staat verfassende Ordnung setze den Staat als „Gegenstand, als Garant und auch als Gegner dieser Ordnung“ voraus,[17] teils auf den prä-, teils den postkonstitutionellen Staat. Statt die von den Rechtsunterworfenen anerkannte rechtsetzende und -durchsetzende Autorität,[18] die dem „Nur-Recht“ die Macht hinzufüge,[19] zur postkonstitutionell fortbestehenden, aber präkonstitutionell gegebenen Verfassungsvoraussetzung zu erheben, wäre vielmehr auf die konkrete Autorität und Mächtigkeit als Produkt verfassungsrechtlich gelungener Herrschaftsorganisation abzustellen. Dass die Verfassung lediglich eine schon vorher bestehende „Fähigkeit“ und „Bereitschaft“, die sie selbst nicht stiften könne, fördere, ohne sie hervorzubringen, mag historisch und soziologisch zutreffen, erscheint aber für eine normativistische Betrachtung angesichts der geltungstheoretischen Zäsur jeder Verfassunggebung zu substantialistisch gedacht. Lässt sich auch als Mindestbedingung von Verfassunggebung und damit Verfassungsstaatlichkeit eine „Schrumpfstaatlichkeit“ ungeklärten Status postulieren, die eine gewisse Organisiertheit und Durchsetzungsmacht beinhaltet, so kann bereits diese ohne bestimmte Rechtsinhalte nicht sinnvoll vorgestellt werden.[20] Was immer an Einheit, Organisiertheit und Ordnung vor einer zeitlich fixierten Verfassunggebung bestand, muss selbst schon als normativ konstituiert gelten.[21] Insofern geht jede Form von Staatlichkeit mit einer Normativität im materiellen Sinne einher, die mit dem Staat ab ovo verbundene, unhintergehbare normative Ordnungsstrukturen formuliert, gleich ob diese im Zuge bewusster Verfassunggebung modifiziert und inhaltlich fortgeschrieben werden. Eine Vorordnung unverfasster Staatlichkeit im Sinne fehlender Normativität gegenüber dem Verfassungsgesetz lässt sich also nicht erweisen, wohl aber, dass kein Staat normativ unverfasst zu existieren vermöchte.

14 *Kirchhof* 2004, Rn. 27.
15 *Isensee* 2004, Rn. 33f.
16 *Kirchhof* 2004, Rn. 27.
17 *Kirchhof* 2004, Rn. 35.
18 *Kirchhof* 2004, Rn. 69ff.
19 *Isensee* 2004, Rn. 172.
20 *Möllers* 2000, S. 271 u. pass.
21 Prominent *Heller* 1934, S. 394: „Ohne Normierung hat aber eine Menschenmenge weder einen entscheidungsfähigen Willen, noch eine aktionsfähige Macht, am allerwenigsten aber besitzt sie Autorität.“

Was das Phänomen einer mit dem Staat untrennbar verbundenen ursprünglichen Normativität ausmacht, darauf verweist der Begriff „Souveränität“. Er leistet das „Kunststück“ des Übergangs vom scheinbar vorgeordneten Ursprung zur nachgeordneten Verfasstheit und bildet das Bindeglied zwischen jedem einzelnen die Konkretisierung voranbringenden Vermittlungsschritt: einerseits „Entscheidung eines existentiellen Konflikts“,[22] „existentielle Überlegenheit über die Normierung“[23] und Fähigkeit zu „nicht abgeleitete[r] und nicht unmittelbar verfremdbare[r] Macht“,[24] andererseits ideelle „Letztinstanzlichkeit“[25] und „der letzte rechtlich zugewiesene, also normative Ort des Gewaltmonopols“.[26]

Die Verbindung von Macht und Normativität subjektiviert Schmitt in der Figur des Souveräns, der, unmittelbar identisch mit politischer Einheit oder bloß deren Repräsentant, über den Ausnahmezustand entscheidet, indem er eine vorhandene normative Ordnung dispensiert, um perspektivisch eine neue zu begründen. Souveränität erscheint dann als politischer, normierender Ordnung entzogener und insofern autonomer Selbstbestimmungsakt, der nicht nur Normativität setzt, sondern auch feststellt, ob eine die Ausnahme begründende Lage gegeben ist.[27] Ihre eigene Bestimmung erhält eine souveräne politische Entscheidung hierbei durch die Unterscheidung von Freund und Feind, die spezifisch politischen Kategorien, insofern, als überhaupt eine Feindbestimmung erfolgen muss, sobald politisch entschieden werden soll. Hierbei obliegt es dem Souverän in concreto festzustellen, „ob das Anderssein des Fremden im konkret vorliegenden Konfliktsfalle die Negation der eigenen Art Existenz bedeutet und deshalb abgewehrt oder bekämpft wird, um die eigene, seinsmäßige Art von Leben zu bewahren“.[28] Die gegenüber normativer Ordnung autonome politische Entscheidung bleibt dabei immer an eine die politische Existenz konstituierende Freund-Feind-Unterscheidung gebunden, unabhängig von jeweils zu treffenden Konkretisierungen. Die mittels Souveränität zu leistende „Überbrückung“ der Differenz zwischen einerseits vorgeordneter politischer Einheitsbildung und andererseits nachgeordneter verfassungsrechtlicher Normierung kehrt bei anderen Autoren in variationsreichen Terminologien als „Zauberwort“, „Urknall“, „machtbildende Gewalt“, „das letzte Wort“, Idee, „Ereignis“ oder gar Geburt wieder.[29] Referenzsubjekt dieser Beschreibungen

22 *Schmitt* 1928, S. 371f.
23 *Schmitt* 1928, S. 107.
24 *Kirchhof* 2004, Rn. 71.
25 *Di Fabio* 1998, S. 124.
26 *Di Fabio* 1998, S. 124.
27 *Schmitt* 1928, S. 371ff.; vgl. ders. 1934, S. 13 mit der berühmten Aussage: „Souverän ist, wer über den Ausnahmezustand entscheidet.“
28 *Schmitt* 1932a, S. 27.
29 *Fleiner/Fleiner* 2004, S. 315; *Di Fabio* 1998, S. 124; *Krüger* 1964, S. 855; *Böckenförde* 1997, S. 142; *Haltern* 2007, S. VII; *Kirchhof* 2004, Rn. 24, das Entstehen des Verfassungsgesetzes im Blick; *Randelzhofer* 2004, Rn. 10: „Allein die souveränen Staaten sind geborene Völkerrechtssubjekte“.

bleibt die politische Einheit, um deren Existenz es geht,[30] so dass sie „gegebenenfalls das Opfer des Lebens verlangen" kann.[31]

Die Schwierigkeit des Begriffs der Souveränität liegt demnach darin, dass eine unhintergehbare Existenz der politischen Einheit, die gegen ihren Untergang zu sichern sei, jedweder Bestimmung vorausgesetzt wird. Unter dieser Voraussetzung gilt die politische Einheit als quasi natürlich vorgegeben, vergleichbar den Naturgewalten oder leiblichen Menschen, was zu mythischen, personifizierenden und quasi naturhaften Bebilderungen von Volk und Staat führt. Das Leben des einzelnen Menschen wird mit der politischen Einheit identifiziert, in deren Dienst er sich – im Frieden vermittelt über Geld als Resultat privatwirtschaftlicher produktiver Arbeit, im Krieg unmittelbar den leiblichen Körper – stellt, um das Leben der politischen Einheit und damit die eigene politische Existenz zu erhalten.[32] Mit solcher Inklusionsbewegung korrespondiert eine Exklusion, verkörpert durch den Feind, welcher „unsere eigene Frage als Gestalt" sei.[33] Solche auf die Existenz abzielende Infragestellung und letztendliche Vernichtungsdrohung durch den Feind erfordere eine sich behauptende Antwort, d.h. die Bereitschaft den Feind zu vernichten, um selbst existieren zu können.[34]

Danach zielt Souveränität in der begrifflichen Verbindung von Macht und Legitimität der politischen Einheit ihrem materiellen Sinn nach in letzter Konsequenz auf die Opfer- und Vernichtungsbereitschaft des Einzelnen im Namen und Auftrag politischer Einheit.[35] Ohne Selbstaufgabe des Einzelnen kann mithin kein Volk und Staat dem Grunde nach existieren.[36] Mythisch ist Souveränität dabei insofern, als die Selbstaufgabe und schließlich der Tod zugunsten der politischen Einheit nur vom Standpunkt der politischen Einheit, des Volkes und des Staates,

30 „Die Souveränitätsidee ist derjenige Baustein im Gebilde modernen Staatsdenkens, der nicht hinausbewegt werden kann, ohne daß die gesamte Architektur zum Einsturz käme." *Di Fabio* 1998, S. 124.

31 *Schmitt* 1932a, S. 70; bereits *Hegel* 1813/16, S. 465 hatte hier deutliche Worte gefunden: Den Individuen sei der „Begriff des Staats so wesentlich ihre Natur" und ein „so mächtiger Trieb in ihnen, daß sie ihn, sei es auch nur in der Form äußerer Zweckmäßigkeit, in Realität zu versetzen oder ihn so sich gefallen zu lassen gedrungen sind, oder sie müssten zugrunde gehen".

32 *Haltern* 2007, S. 47ff.

33 *Schmitt* 1963, S. 87.

34 *Schmitt* 1963, S. 91ff.; kritisch *Heller* 1934, S. 314.

35 *Löwith* 1935, S. 44, hat früh auf diese Konsequenz hingewiesen: „Wenn man wie Schmitt zur Bestimmung des Politischen durch den Begriff einer souveränen Entscheidung von jedem zentralen Sachgebiet abstrahiert, bleibt als Wozu der Entscheidung folgerichtig nur übrig der jedes Sachgebiet übersteigende und es in Frage stellende Krieg, d.h. die Bereitschaft zum Nichts, welches der Tod ist, verstanden als Opfer des Lebens an einen Staat, dessen eigene ‚Voraussetzung' schon das Entscheidend-Politische ist. [...] Allein die Bereitschaft zum Tod und zum Töten [...] wird zur ‚obersten Instanz' für Schmitts Begriff vom Wesen der Politik".

36 Für den demokratischen Verfassungsstaat heißt es hierzu bei *Hennis* 1951, S. 98, dass die „aktive verantwortungsbewusste Staatsgesinnung" eine „Voraussetzung der Souveränität des demokratischen Einzelstaates" sei. Wenn er zudem noch die „wertbestimmte Individualität (‚Einheit') als Voraussetzung des souveränen Staates" angibt (ebd., S. 89ff.), so ist damit eben Individualität des Staates, nicht die des einzelnen Menschen gemeint.

nicht aber vom Standpunkt des lebenden einzelnen Menschen rational erklärt werden kann. Im Vollzug der Opfer- und Vernichtungsbereitschaft zerreißt die Identität von politischer Einheit und Einzelnen in lebendes Volk und Staat einerseits sowie tote Individuen andererseits, womit eine Rationalitätsgrenze erreicht wird. Der Begriff des Mythos soll hierbei aus individueller Perspektive eine Grenze der Verstaatlichungslogik benennen, ungeachtet aller Kooperationsvorteile, die sich auch für den Einzelnen aus Staatlichkeit ergeben.

Angesichts des unzeitgemäßen Gehalts von Mythen mangelt es nicht an Versuchen, die politische Einheit vom mythischen Grund zu lösen. Der Mythos der verfassunggebenden Gewalt des Volkes als eine präkonstitutionelle und zugleich juridische Figur etwa sei ein „Klapperstorchenmärchen für Volljuristen", könne aber als „Abbreviatur eines komplexen Themas" für nichtwissenschaftliche Diskurse nutzbar gemacht werden.[37] Aufgabe der Wissenschaft sei es, dessen verfassungstheoretische Substanz in eine „Lehre von der Rechtfertigung, der Geltung und der Wirksamkeit der Verfassung" zu überführen.[38] Im politischen Diskurs wirke er integrativ, juristisch hingegen würde das verfassunggebende Volk mehr und mehr Grenzbegriff,[39] wenn nicht gar schlicht obsolet.[40] Jeder Mystik entkleidet, zeige sich eine apriorische Struktur des modernen Verfassungsstaates im Sinne einer politischen Friedens-, Entscheidungs-, Rechts- und Machteinheit, die „als politische Selbstverständlichkeit" zwar „kein politisches Regelungsthema für den Verfassungsgeber" gewesen sei, gleichwohl aber die reale Geltungsbedingung und den juristischen Horizont der materiellen Verfassung bilde.[41] Flankiert von der Gehorsamspflicht, die im Verfassungsstaat Pflicht zum Rechtsgehorsam sei, komme es wesentlich auf den „Willen der beteiligten Menschen" zu nationaler Einheit, d.h. nationaler Gemeinsamkeit des Volkes an.[42] Solche „subjektive Basis" und „Solidarpflicht" trage die „Normalität der gedeihlichen Entwicklung der gemeinsamen Angelegenheiten" und aktualisiere sich „im Ernstfall der Existenzbedrohung, in der Naturkatastrophe oder im Krieg".[43] Die nationale Einheit sei eine „dauerhafte, unauflösliche Schicksals- und Gefahrengemeinschaft, gegründet auf der Pflicht aller ihrer Mitglieder, füreinander einzustehen".[44] In Abgrenzung zur Annahme einer substantiellen Präformation gelte die „Idee des Gemeinwohls, das Eigeninteressen und Gruppeninteressen transzendiert", nicht mehr als vorgegeben, vielmehr sei es eine erst noch zu verwirklichende Aufgabe, zu der jedes

37 *Isensee* 1995, S. 72 f.

38 *Isensee* 1995, S. 105.

39 *Di Fabio* 1998, S. 135.

40 *Isensee* 1995, S. 104f.

41 *Isensee* 2004, Rn. 82ff., 195.

42 *Isensee* 2004, Rn. 82 ff., 119ff.; betont Isensee hier die Nation, so noch in der 1. Aufl. des Handbuchs des Staatsrechts der Bundesrepublik Deutschland von 1987 die Verfassung (vgl. *Isensee* 1987, Rn. 111ff.). Zum Interimscharakter des Verfassungsbezuges *Kirchhof* 1993, S. 72f.

43 *Isensee* 2004, Rn. 123f.

44 *Isensee* 2004, Rn. 124; in der Sache ähnlich *Kirchhof* 2004, Rn. 66.

Glied der politischen Einheit selbstbewusst beitragen kann.[45] Grundsätzlich subsidiär greife hierbei erst die Letztverantwortung der staatlichen Institutionen ein.[46] So bleibe das Gemeinwohl schließlich in seinem material-ethischen Gehalt gewahrt, werde aber zur Kompetenz- und Verfahrensfrage.[47]

Solches Trennen zwischen Mythos als Abbreviatur einerseits und entmythologisierter Legitimation andererseits denkt politische Einheit nicht mehr von einem materialen Ursprung aus, den es durch alle Wandlungen hindurch zu bewahren gelte, sondern sieht in der Bestimmung materialer Gehalte eine in der Zukunft zu verwirklichende Aufgabe. Damit wandelt sich das Denken politischer Einheit von der Vorstellung eines unmittelbar vorgegebenen Substrats hin zu einem Projekt, das durch ausstehende Entscheidungen und Handlungen in einem ordnungsgemäßen Verfahren noch realisiert werden muss. Der Mythos gilt als überwunden, da politische Einheit nun eine lediglich formale und damit nicht substanzhaft definierte Grundstruktur aufweist, deren materiale Fülle zunächst unbestimmt ist. Unter Verzicht auf Substanz und Natur wird das Volk als ein sowohl universelles Prinzip als auch Partikularisierung der Menschheit rechtfertigendes Kriterium im Sinne einer Form politischer Einheit bestimmt, deren Existenz für eine entsprechend veränderte Legitimationstheorie nichts desto trotz einen unaufgebbaren wie unantastbaren Status einnimmt. Mit der vorausgesetzten politischen Einheit erhält sich insofern ein mythisches Element, besteht doch auch hier das Einheit stiftende Prinzip letztlich in der Opfer- wie Vernichtungsbereitschaft des Einzelnen, unabhängig davon, ob der Einheit bereits materiale Setzungen eingeschrieben sind oder diese erst noch erfolgen sollen. Scheinbar als „Abbreviatur“ im Dienst politischer Komplexitätsreduktion rationalisiert, kehrt der Mythos implizit im Gemeinwohlbegriff als legitimatorische Zielvorgabe wieder. Nicht mehr das Volk, sondern die apriorisch Geltung beanspruchende Nation und deren Staat bilden nun den gemeinsamen Referenzpunkt für das Opfer des Einzelnen wie ggf. die Suche nach dem Feind.[48]

45 *Isensee* 2004, Rn. 130f.; ders. 1995, S. 99ff.

46 *Isensee* 2004, Rn. 130.

47 *Isensee* 2004, Rn. 130.

48 Ansatzpunkte für eine Feindbestimmung müssen nicht unbedingt aus dem Gegensatz zwischen den Nationen herrühren, sondern können sich auch aus einer europäischen Identitätsbestimmung ergeben: „Was Europa ist, das bestimmt von jeher allein der Europäer. Das ist der wesentliche Unterschied [...]: Europa definiert sich selbst, die anderen Erdteile werden durch Europa definiert. Europa, und allein Europa, verfügt über die Definitionskompetenz. Europa ist der Standort des Subjekts, das die Welt erkennt, vermisst und einteilt, sie mit dem Netz seiner Kategorien überzieht und sie seinen Kategorien unterwirft. [...] Europa schafft seine Identität dadurch, daß es sich als Erdteil beschreibt und gegen andere Erdteile abgrenzt, denen [...] die Eigenschaft gemeinsam ist, daß sie nicht Europa sind.“ (*Isensee* 1993, S. 113) Was nicht Europa ist, reduziert sich dann u.a. auf das, was als Amerikanisch gilt: „Europas Einheit verträgt nicht die staatliche Form, auch nicht die bundesstaatliche. Die Vereinigten Staaten von Amerika sind kein taugliches Vorbild. [...] Vielleicht werden alle [...] Besonderheiten Europas einmal aufhören zu existieren, nivelliert von einer kosmopolitischen Zivilisation oder überlagert durch Einwanderer aus anderen Weltgegenden. [...] Doch wenn der amerikanische

Durch Umstellung des Denkens gesellschaftlicher Konstitution auf die Beschreibung horizontal-egalitärer System/Umwelt-Differenzen wollen systemtheoretische Entwürfe schließlich jeglichem Einheitsdenken entrinnen.[49] Zu differenzieren sei zwischen dem Individuum, dessen Operationsweise Bewusstsein ist, sowie der über Kommunikation konstituierten Gesellschaft. Gesellschaft bildet dabei keine an sich existierende Einheit, sondern liegt im Vollzug der kommunikativen Operationen von Subsystemen. Als solche gelten auch Politik und Recht; ihre strukturelle Kopplung liefert die Verfassung, genauer der Verfassungsstaat, wobei aufgrund der System/Umwelt-Differenz im Verhältnis von Recht und Politik die Geltung der Verfassung prekär bleibt.[50] Die hieraus resultierende Zwitterstellung der Verfassung vermag systemspezifische, mangels Metaregeln und fehlender systeminterner logischer Lösungen auftretende Selbstreferenzprobleme und Paradoxien dieser Subsysteme zu entfalten und in diesem Sinne zu bewältigen: So schafft Verfassung „politische Lösungen für das Selbstreferenzproblem des Rechts und rechtliche Lösungen für das Selbstreferenzproblem der Politik. Sie ist eine Verfassung des ‚Staates', setzt also diesen als zu verfassendes Realobjekt voraus. Nicht der Text allein, sondern nur der Verfassungsstaat erfüllt die Kopplungsfunktion".[51] Wie die Verfassung zwischen Politik und Recht einen simultanen Verweisungszusammenhang stiftet, liefert die sinnhafte Sprachstruktur eine strukturelle Kopplung zwischen sozialem und psychischem System.[52] Hierdurch werde das Bewusstseinssystem „sozialisiert", d.h. es verarbeitet die als Irritation sich zeigende Kommunikation des sozialen Systems, während dieses die irritierende „Eigendynamik von Menschen in körperlicher und mentaler Hinsicht" kommunikativ prozediert und inkludiert.[53] Demokratie bezeichnet hierbei einen Mechanismus, mit dessen Hilfe die Inklusion des einzelnen Bewusstseins in das soziale System, insbesondere das der Politik, erfolgt.[54] Sie liefert die Abschlussformel des Souveränitätsparadoxons, das in der Einheit ungebundener Selbstbindungsmacht bestehe: Durch Temporalisierung der Differenz von Regierung und Opposition werde das Aufbrechen der Souveränitätsfrage im nationalstaatlichen Kontext verhindert und dem Kommunikationsprozess des Weltsystems Politik überlassen, das freilich des nationalen Staates als Organisationsstruktur kollektiver Kommunikationsfähigkeit bedürfe.[55]

Wenn hierbei die für die Systemizität zentralen strukturellen Kopplungen eine „Realitätsbasis" benötigen, zudem jede „Gefährdung oder Destruktion" struktureller Kopplungen „katastrophale Folgen haben muß, auf die die Systeme nicht rea-

Traum sich auf dem alten Kontinent verwirklichen sollte, wäre der europäische Traum zu Ende. Mit ihm die Realität des politischen Europa." (*Isensee* 1993, S. 137).

49 Grundlegend *Luhmann* 1984.

50 *Luhmann* 1993, S. 407ff., 440ff., 477; ders. 2000, S. 388ff.

51 *Luhmann* 1993, S. 407ff., 478.

52 Eingehend *Luhmann* 1988; ders. 1997, S. 101, 108ff.; kompakter ders. 1994.

53 *Luhmann* 1988, S. 900.

54 *Luhmann* 2000, S. 356ff.; *Di Fabio* 1998, S. 45.

55 *Kastner* 2007, S. 95ff.

gieren können, weil alle Möglichkeiten der Reaktion auf Vorwegfilterung durch strukturelle Kopplungen angewiesen sind" und folglich auf Ausschließung gründen,[56] erinnert diese Beschreibung an Bestimmungen, die traditionell für die politische Einheit konstitutiv waren: Freilich mit dem Unterschied, dass durch Gleichordnung des politischen gegenüber allen anderen Systemen zumindest im nationalstaatlichen Rahmen offen bleibt, welchen im Wege systemeigener Operationsweisen zu verarbeitenden Umweltirritationen das Einzelbewusstsein in seiner Identitätsbildung folgt, d.h. wofür es ggf. eine Opfer- und Vernichtungsbereitschaft zu entwickeln bereit ist. Aus der Warte des Einzelnen als isoliertem Bewusstseinsträger stellt sich das Leben in solcher systemtheoretischen Differenz zunächst immer nur als autopoietische Reproduktion von Bewusstsein dar, das „je nach Interaktion" von sich „verschiedene Selbstbeschreibungen" anfertigt.[57] Welche konkrete Ausgestaltung solche Identität bildende Selbstbeschreibung erfährt, bleibt dem Einzelbewusstsein überlassen, da es durch eine „basale Souveränität" quasi entscheidungsfähig ist.[58] Demnach kommt es einzig und allein darauf an, „Irritationen" – gleich welcher Art – von vorgeordneten Sinneinheiten selbstbewusst anzunehmen, nur so könne eine eigene identitäre Lebenswirklichkeit aufgebaut und reproduziert werden. Bei Luhmann nicht vorgesehen sind Irritationen, die Informationen darüber liefern, ob überhaupt systemische Identitätsbildung stattzufinden habe und ob also immer nur innerhalb der vorgeordneten Systemstrukturen Entscheidungen zu treffen sind. Außersystemische Alternativen werden so von vornherein ausgeschlossen. An dieser Stelle ist die Frage zu stellen, wie auf systemtheoretischer Grundlage eine Integration der Systeme, d.h. Einheit zwischen den Systemen gedacht wird, und die Systemtheorie antwortet zunächst mit dem Verweis auf die je spezifische Systemfunktion. Einheit bezieht sich damit zunächst nur auf ein Teilsystem. Sofern ein über den Einzelsystemen stehender, die Systeme integrierender Gesamtzusammenhang deutlich wird, zeigt dieser sich nicht direkt, sondern nur über innergesellschaftliche System-Umwelt-Differenzen, zwischen denen Einheit oszilliert.[59] Gesellschaftliche Determinierung bleibt den Systemen daher äußerlich. Von ihnen kann nicht auf ein Ganzes der Systeme geschlossen werden, womit ein Freiheitsgewinn diagnostiziert wird:

> Gewonnen wird mit der Unterscheidung von System und Umwelt [...] die Möglichkeit, den Menschen als Teil der gesellschaftlichen Umwelt zugleich komplexer und ungebundener zu begreifen, als dies möglich wäre, wenn er als Teil der Gesellschaft aufgefasst werden müßte; denn Umwelt ist im Vergleich zum System eben derjenige Bereich der Unterscheidung, der höhere Komplexität und geringeres Geordnetsein aufweist. Dem Menschen werden so höhere Freiheiten im Verhältnis zu seiner Umwelt konzediert.[60]

56 *Luhmann* 1997, S. 102f.
57 *Luhmann* 1984, S. 374.
58 *Luhmann* 1976, S. 38, am Beispiel des Rechtssystems.
59 Vgl. die Darstellung bei *Breuer* 1987, S. 99f.
60 *Luhmann* 1984, S. 289.

Die Systemtheorie weist dem Menschen einen Ort zu, der ihm Raum für individuelle Entfaltung in Form identitätsbildender Selbstbeschreibung belässt, ohne dass es hierfür der systeminternen Eingliederung in einen bestimmten übergeordneten Zusammenhang bedarf, unverzichtbar ist allein die Einbindung in Systeme überhaupt und damit die gegenseitige Irritation durch strukturelle Kopplungen.[61] Eine Trübung erhält diese individuelle Freiräume eröffnende Systemperspektive aufgrund der strikt systemisch präformierten und in diesem Sinne defizitären Umweltverarbeitung, da eine übergeordnete Einheit in den Systemen selbst nicht vermittelt und ihnen daher äußerlich ist. Vermittlung kann nur durch ein System im System auf Basis eigener Operationen erfolgen, so dass Gefährdungen, die aus selbstreferentiellen Systemoperationen für die systemeigene Umwelt resultieren, im System selbst nicht adäquat abgebildet werden können. Diese Inadäquatheit des Systems kann nicht nur Gefahren für die Systemumwelt mit sich bringen, sondern schlussendlich auch zur Selbstgefährdung des Systems bis hin zu dessen Eliminierung führen.[62] Das dramatische Ergebnis entfällt lediglich, wenn die Erfolge evolutionärer Entwicklung, die auf dem Komplexitätsgewinn funktionaler Differenzierungsleistungen beruhen, gegenüber dem Gefährdungs- und Verlustszenario überwiegen. Zwar thematisiert die Systemtheorie Gefahren für die Systemizität mit streckenweise ernüchternden und pessimistisch anmutenden Zeitdiagnosen, doch gilt vom Prä einer Erfolgsgeschichte aus die Unantastbarkeit des Fortschritts; Abschaffung systemischer Differenzierung erscheint als ein Rückfall in regressive, weil entdifferenzierte Einheit. Differenzierung im systemischen Sinne erhält damit den Status eines – zumindest die Gegenwart und Zukunft umfassenden – überzeitlichen Gesetzes, an das geglaubt werden muss, weil es in seinem die historische Entwicklung abschließenden Charakter jeder Relation, außer der vergangenheitsbezogenen, enthoben ist.[63] Für den individuellen Einzelnen kehrt die irrationale Zumutung, Opfer zugunsten überindividueller Einheit erbringen zu müssen, hier im Gewand des systemischen Evolutionsdenkens wieder. Gleich einer Radaranlage muss der Einzelne „in Enttäuschungslagen die Richtung der Erwartungsänderung hinreichend rasch und hinreichend eindeutig ausmachen“, sein natürliches und psychisches System anpassen, will er nicht als Um-

61 So *Meuter* 1999, S. 69 ff., der mit Luhmann den Übergang vom empirischen zum systemisch eingebundenen Menschen vernachlässigt, ebd., S. 83 u. 75f.

62 Anhand der Ökologie führt *Luhmann* 1986, S. 38, hierzu aus: „Man muß mindestens auch mit der Möglichkeit rechnen, daß ein System so auf seine Umwelt einwirkt, daß es später in dieser Umwelt nicht mehr existieren kann. Die primäre Zielsetzung autopoietischer Systeme ist immer die Fortsetzung der Autopoiesis ohne Rücksicht auf Umwelt [...]. Die Evolution sorgt langfristig gesehen dafür, daß es zu ‚ökologischen Gleichgewichten‘ kommt. Aber das heißt nichts anderes, als dass Systeme eliminiert werden, die einem Trend der ökologischen Selbstgefährdung folgen.“ Gleiches, so ist hinzuzufügen, lässt sich aus der Warte der Systemtheorie für das psychische und gesellschaftliche Systeme sagen.

63 Ideologiekritisch verortet *Breuer* 1987, S. 109f., unter Verweis auf Theodor W. Adorno Luhmanns überzeitlichen Gehalt des systemtheoretischen Differenzierungspostulats als eine Verabsolutierung des unreflektiert vorausgesetzten Tauschwertes im Sinne einer Vermittlung zweiten Grades, durch die sich die systemische Autonomie der Subsysteme bestimmt.

welt gesellschaftlicher Systeme zugrunde gehen.[64] Ob solche Anpassung gelingt oder der Einzelne zur systemischen Selbstgefährdung wird und daher eliminiert gehört, bleibt letztlich kontingent. Für den Einzelnen heißt das in permanenter Unsicherheit und Furcht hinsichtlich seiner Existenz leben zu müssen, und es ist nicht ausgemacht, dass solche Furcht schließlich nicht zu einem systemkonformen regressiven Aktionismus führt, der bewusst die Eliminierung jener in Kauf nimmt oder betreibt, die als systemgefährdend identifiziert werden.[65]

NORMATIVISTISCHE IDENTITÄTSTHESE

In der Annahme einer existenzial-ontologischen Vorordnung gleich welcher Art sieht Hans Kelsen einen methodischen Grundfehler, indem „man den inhaltlichen Gegensatz zwischen der *Soll*ordnung und einer *Seins*tatsache als logischen Widerspruch voraussetzt und durch eine *Fiktion*, die Fiktion eines mit der Ordnung übereinstimmenden *Seins* [...] aufzuheben versucht, während die Erkenntnis, daß von den beiden einander widersprechenden Inhalten der eine in der Form des Seins, der andere in der des Sollens auftritt, das Fehlen eines logischen Widerspruchs zeigt und jede Fiktion überflüssig macht; insbesondere die Fiktion der ‚realen' sozialen Einheit des Staates, die sich als eine irgendwie organismusartige Verbindung der als real fingierten Staatsglieder darstellt".[66] Es kommt demnach allein auf eine normative Betrachtungsweise an, auf deren Grundlage sich der Staat mit der die Verfassung einschließenden Rechtsordnung identifizieren lasse, so dass im Staat immer eine Verfassung zu sehen ist.[67] Was kennzeichnet diese mit der Verfassung identische Staatlichkeit inhaltlich, und was für ein Verfassungsbegriff liegt dem zugrunde? Den Staat als soziales Gebilde und politische Organisation begreift Kelsen wesentlich als rechtliche Zwangsordnung menschlichen Verhaltens und löst die bislang eher dinglich, ja anschaulich konzipierten

64 *Luhmann* 1982, S. 55; vgl. dazu *Breuer* 1987, S. 114; affirmativ *Di Fabio* 2003, S. 78: „Das Prinzip der Gegenseitigkeit aller Gemeinschaftsbildung, auch die Einsicht, dass derjenige in einer Gemeinschaft besondere Achtung verdient, der etwas für sie leistet und für sie Opfer bringt, ist eine uralte Einsicht, die nicht durch Ideologie hedonistischer Selbstverwirklichung verschüttet werden darf."

65 *Breuer* 1987, S. 123. Am Ende ist es in den Augen solchen regressiven Aktionismus, welcher sich auf die Suche nach den Verursachern der Gefährdung systemischer Zusammenhänge begibt, der Jude, der, als Störer identifiziert, um des Systemerhaltes willen vernichtet werden soll. So sahen es die Nationalsozialisten und sehen es die heutigen Antizionisten mit Blick auf Israel, das ihnen als „Jude unter den Staaten" (Léon Poliakov) und zu beseitigendes Hindernis auf dem Weg zum Weltfrieden gilt.

66 *Kelsen* 1922b, S. 73; Die ideologische Funktion, so ders. 1934, S. 116f., dieses auch als Hypostasierung bezeichneten Grundfehlers bestehe in der Rechtfertigung staatlicher Autorität. Als Ursache gibt *Kelsen* 1922a, eine individual-psychologische Erklärung, womit er laut *Scheit* 2004, S. 177ff., den im Recht kritisierten methodologischen Individualismus außerhalb juridischer Normativität selbst reproduziert, da er Strukturen menschlicher Verdinglichung schlicht als reale Beziehungen begreife.

67 *Kelsen* 1925, S. 16f.; ders. 1934, S. 117ff.

Staatselemente normativ auf.[68] Das Staatsvolk wird juristisch nach Maßgabe positiv-rechtlicher Unterworfenheit menschlichen Verhaltens abgezirkelt, das Staatsgebiet entsprechend definiert als die räumlich unscharfe Geltungsgrenze in ihrer Reichweite keineswegs kohärenter Rechtssätze.[69] Die Staatsgewalt wird von einer natürlichen Kraft in eine Rechtsgewalt überführt, deren spezifischer Gehalt in der Rechtsgeltung liege.[70] Unter Verfassung im materiellen Sinne versteht Kelsen diejenigen Normen des positiven Rechts, die bestimmen, „von welchen Organen und in welchen Verfahren [...] die generellen Normen der die Gemeinschaft konstituierenden Rechtsordnung zu erzeugen sind".[71] Auf formelle Gesichtspunkte wie urkundliche Fixierung oder erschwerte Abänderbarkeit kommt es hierbei nicht an.[72] Nur als gedankliche Fiktion steht für Kelsen im Stufenbau der Rechtsordnung über der Verfassung im materiellen Sinne noch die Verfassung im rechtslogischen Sinne, genannt Grundnorm.[73] Mit ihrer Hilfe soll die Verfassung als objektiv geltend, mithin die Verfassunggebung als objektiv normerzeugender Akt gedeutet werden.[74]

In bestimmten Konstellationen durchbricht Kelsen jedoch die grundsätzliche Identität von Staat und Recht, um eine Verfassung ohne Staat anzuerkennen. Über- und zwischenstaatliche wie ansonsten primitive Rechtsordnungen sollen nicht einmal Kelsens rein normativ gefasstem Staatsbegriff genügen. Um Staat zu sein, müsse die Rechtsordnung „den Charakter einer Organisation im engeren und spezifischen Sinne des Wortes" haben, also „für die Erzeugung und Anwendung der sie bildenden Normen arbeitsteilig funktionierende Organe einsetzen".[75] Gefordert wird ein gewisser Grad an Zentralisation, konkret ein zentrales Gesetzgebungsorgan sowie eine Regierung, Gerichte und Vollstreckungsorgane. Der Staat ist hiernach eine „relativ zentralisierte Rechtsordnung".[76] Nicht, dass am Ende einer längeren Entwicklung kein Weltstaat in einer universalen Weltrechtsgemeinschaft möglich wäre, aber das Völkerrecht seiner Zeit scheint Kelsen in einem „Stadium weitgehender Dezentralisation" und darin dem Recht der primitiven Gesellschaft ähnlich.[77] Dieselbe relative Differenzierung von Staat und Nichtstaat kehrt bei Kelsen wieder, wenn er Bundesstaat und Staatenbund als nicht prinzipi-

68 *Kelsen* 1922a, S. 138; ders. 1925, S. 16ff., 95ff.; ders. 1934, S. 117ff.; ders. 1934, S. 28, wirft der zeitgenössischen Rechtstheorie vor, auf „das Zwangsmoment als empirisches Kriterium des Rechts" wegen eines „inneren Zwang[es]" zu verzichten, den göttliche oder natürliche Ordnung produziere.

69 *Kelsen* 1960, S. 290f.; ders. 1934, S. 50, 124.

70 *Kelsen* 1960, S. 291f.; ders. 1934, S. 125.

71 *Kelsen* 1960, S. 201; vgl. auch ders. 1934, S. 75.

72 *Kelsen* 1960, S. 228ff.; anders noch ders. 1934, S. 76.

73 Die materielle Verfassung bezeichnet die „positivrechtlich höchste Stufe", die Grundnorm ist demgegenüber keine gesetzte, sondern eine vorausgesetzte Norm; vgl. *Kelsen* 1960, S. 228; ders. 1934, 66f.

74 Zum rechtstheoretischen Status der Grundnorm *Pauly* 1996a.

75 *Kelsen* 1960, S. 289.

76 *Kelsen* 1960, S. 289.

77 *Kelsen* 1960, S. 328, 323.

ell geschiedene, sondern lediglich graduell voneinander abgesetzte Phänomene präsentiert. Beide Grundformen aller denkbaren Staatenverbindungen unterscheiden sich lediglich durch ihren (De)Zentralisierungsgrad.[78] So spricht Kelsen denn auch davon, dass ein Staatenbund, obgleich kein Staat, eine Verfassung habe und weist die klassische Entgegensetzung zurück, wonach der Staatenbund auf einem völkerrechtlichen Vertrag, der Bundesstaat hingegen auf einer staatsrechtlichen Verfassung gründet.[79] Grundlage hierfür ist Kelsens monistisches Rechtsverständnis, das im Verhältnis von Staats- und Völkerrecht von einer einheitlichen Rechtsordnung mit nur einer Grundnorm ausgeht, und dies ungeachtet der Frage eines Primats der völkerrechtlichen oder der das Völkerrecht anerkennenden staatlichen Rechtsordnung.[80] Mit der Verabschiedung der Vorstellung vom Staat als einer rechtlich im Letzten unbegreiflichen, absolut höchsten und in diesem Sinne souveränen Ordnung existiert eben nur noch die Einheit rechtlicher Normativität, deren Positivität zugleich den Begriff der Souveränität rechtstheoretisch ausschöpft und den Souverän in eine bloße Funktion des Rechts auflöst.[81] Souveränität geht demnach auf in einem geltungslogischen Strukturzusammenhang der positiven Gesamtrechtsordnung, mit dem Völkerrecht an der Spitze der Normenpyramide, und wenn die von ihr eingeschlossenen staatlichen Rechtsordnungen souverän genannt würden, meine dies lediglich deren völkerrechtsunmittelbaren Status.[82] Die normativistische Auflösung des Staatsbegriffs führt bei Kelsen so im Ergebnis zur Entstaatlichung der Souveränitätsfrage sowie Anerkennung rechtlicher Verfassung ohne Staat.

Mit solchem Souveränität und Staat gänzlich absorbierenden Recht sind alle außerrechtlichen Bezüge abgeschnitten, die noch einen materialen Wertungsmaßstab zur Scheidung von Recht und Nicht-Recht hätten abgeben können:[83] „Jeder beliebige Inhalt kann Recht sein, es gibt kein menschliches Verhalten, das als solches, kraft seines Gehalts, ausgeschlossen wäre, zum Inhalt einer Rechtsnorm zu werden.“[84] Hierin liegt, so Kelsen, der spezifische Gehalt des Rechts, die jede Substanz und Vorordnung auflösende, „radikal anti-ideologische Tendenz“ nor-

78 *Kelsen* 1925, S. 193f.

79 *Kelsen* 1925, S. 195.

80 *Kelsen* 1960, S. 328ff., 333ff.; die Annahme von „zwei verschiedenen Grundnormen“, wie sie sich auch in Rekonstruktionsversuchen des Verhältnisses von staatlichem und europäischem Recht findet, nennt Kelsen „schon rein logisch unhaltbar“ (ebd., S. 329); hierzu auch *Pauly* 1996b, S. XIIff.

81 In solcher theoretischen „Auflösung des Souveränitätsdogmas“ sieht *Kelsen* 1934, S. 153, „eines der wesentlichsten Ergebnisse der Reinen Rechtslehre“.

82 *Kelsen* 1925, S. 105 f.; ders. 1960, S. 338; ders. 1934, S. 119, 150.

83 Vgl. auch die an Kant geübte explizite Kritik von *Kelsen* 1928, S. 75 ff., dessen „Transzendentalphilosophie ganz besonders berufen ist, einer positivistischen Rechts- und Staatslehre die Grundlage zu bieten“, doch in der „Kritik der reinen Vernunft“ mit dem „Ding an sich“ noch ein „gutes Stück metaphysischer Transzendenz“ enthalte sowie in der praktischen Philosophie in „ausgetretenen Gleisen der Naturrechtslehre gebelieben ist“ (ebd., S. 76).

84 *Kelsen* 1934, S. 63; vgl. ders. 1960, S. 32ff.; ders. 1920, S. 119f.

mativer Abstraktion.[85] In der Konsequenz müsse jeder Staat, welcher Provenienz auch immer, gleichermaßen als Rechtsordnung ohne werturteilsmäßige Zensur anerkannt werden.[86] Wenn Kelsen sich der damit verbundenen Gefahren auch bewusst war (schließlich bestehe „nur in einer Periode sozialen Gleichgewichts Aussicht auf allgemeine Anerkennung“[87] und sei das „Bedürfnis nach einer absoluten Fundierung der gegebenen sozialen Ordnung“ mächtig[88]), konnte er gleichwohl auf Basis seines normativistischen Standpunktes kein Kriterium ausmachen, das es ihm ermöglicht hätte, qualitative Differenzierungen zwischen Ordnungen vorzunehmen. Seinen rationalen Standpunkt erkauft sich der juridische Normativismus um den Preis systemimmanenter politischer Blindheit: So musste die Reine Rechtslehre – unausgesprochen – die Nürnberger Gesetze als Recht anerkennen, worin sich ihre juridische Ohnmächtigkeit, ungeachtet persönlich-moralischer und politischer Opposition, gegenüber dem Nationalsozialismus offenbart.[89] Kelsens Grundnormhypothese mag die Fiktionalität juristischer Geltung aufzuzeigen, wobei der fiktive Status objektiven Sollens mit der Faktizität politischer Macht und gegebenenfalls Irrationalität einhergeht.[90]

WECHSELSEITIGE BEDINGTHEIT VON STAAT UND VERFASSUNG

Sich selbst als dialektisch bezeichnende Positionen, namentlich diejenige Hermann Hellers, wollen Einseitigkeiten und die mit ihnen einhergehenden Irrationalitäten vermeiden, indem sie ihren Ausgangspunkt in den Wechselbeziehungen zwischen souveräner Staatlichkeit und Verfassung suchen. Weder sei es die Entscheidung um der Entscheidung willen noch reine Normativität, sondern ihr wechselseitiges Bedingungsverhältnis, das gleich dem von Henne und Ei in den Blick genommen werden muss.[91] Hierfür sei vom wirklichen Menschen und dessen Handlungen auszugehen. Dabei zeige sich, dass mit der Handlungswirksamkeit eine sinnhafte Handlungswirklichkeit einhergeht, die über den bloß wirksamen Handlungsakt hinausgreift. Erst über solche Sinnstruktur sei eine die „Isolie-

85 *Kelsen* 1934, S. 24; vgl. ders. 1960, S. 112.

86 *Kelsen* 1934, S. 24, 126; vgl. ders. 1960, S. 289, 314.

87 *Kelsen* 1934, S. XIV.

88 *Kelsen* 1928, S. 77; vgl. auch ders. 1933, S. 29f.

89 Vgl. *Scheit* 2004, S. 181.

90 Frühzeitig kritisierte *Paschukanis* 1929, S. 49, einen irrationalen Gehalt der Reinen Rechtslehre: Es „stellt sich heraus, daß die ‚reine‘, von allen Beimengungen des Seienden, des Faktischen, von allen psychologischen und soziologischen ‚Schlacken‘ gesäuberte Gesetzmäßigkeit des Sollens überhaupt keine vernunftgemäßen Bestimmungen hat oder haben kann. Die Reine Rechtslehre entpuppt sich danach als das, was sie noch ihren Gegnern vorgeworfen hat: Sie ist Legitimationsideologie bestehender Ordnung. Vgl. auch *Heller* 1927, S. 115f. und ders. 1926, S. 10ff.

91 *Heller* 1934, S. 393, Die Alternative „Recht oder Macht, Norm oder Wille, Objektivität oder Subjektivität verkennt den dialektischen Bau der staatlichen Wirklichkeit und ist bereits in ihrem Ausgangspunkt verfehlt“.

rung des Ich" aufhebende „Einigung im Sinn" möglich, weswegen sie auch „erste Voraussetzung der Gesellschaft" ist.[92] Von hier aus kann Heller das „Wesen der menschlichen Verbände", zu denen letztlich auch der Staat zählt, als „korrelative Zuordnung von Individuum und Verband" darstellen.[93] Über Stufungen steige die Komplexität und Wirksamkeit der (Zu)Ordnungen von der psychologisch wirksamen Moral als bloß tatsächlich gesellschaftlicher Ordnung über Brauch und Sitte, den objektiv geistigen Regelforderungen, bis hin zur organisierten Ordnung des Verbandes, dem eine „objektiv-wirkliche Herrschaftseinheit" korrespondiert.[94] Herrschaft heißt in diesem Zusammenhang „Verfügung über menschliche Leistungen"; objektiv-wirkliche Einheit bedeutet repräsentativ ausgeübte Entscheidungs- und Anordnungsbefugnis, die sich im Zweifel „ohne Rücksicht auf den Inhalt" und „gegen den Willen einzelner" durchzusetzen vermag, d.h. Norm- wie Herrschaftsunterwerfung bei Herrschaftsbegründung, im Normal- ebenso wie im Ausnahmefall.[95]

Was Heller hier als Grundstruktur jeder menschlichen Ordnung beschreibt, soll gleichermaßen die „objektiv-wirkliche Staatseinheit" kennzeichnen: „Auch der Staatsverband entsteht und besteht durch ständig sich erneuernde, die gebietsherrschaftliche Einheit begründende Akte, deren Motivation die ganze Skala zwischen Freiwilligkeit über gesellschaftlichen (nicht organisierten) Zwang bis zum staatlich organisierten Zwang durchläuft."[96] Wieder bedarf solche Ordnung der Organisation, jetzt Staatsorganisation, damit Staatsordnung als Staatseinheit durch Repräsentanten verwirklicht werde; auch hier sind Norm- wie Herrschaftsunterwerfung von Nöten.[97] Den unterschiedlichen Ordnungsstufen gemäß entwickelt Heller eine abgestufte Begrifflichkeit von Verfassung. Der Allgemeinheit des Ordnungsbegriffs entspricht der Terminus Gesamtverfassung, die neben dem rechtlich wie außerrechtlich normierten auch den nicht normierten Teil umfasst, zu dem Heller expressis verbis „Natur- und Kulturfaktoren" zählt.[98] Sie nimmt eine analoge Stellung zur Moral ein. Auf Grund ihrer Weite sei die Gesamtverfassung als solche freilich „wissenschaftlich so gut wie unbrauchbar".[99] Ganz anders ihr als Staatsverfassung bezeichneter normierter Teil, der sich zum einen in eine nichtrechtliche aber gesellschaftlich-politische Verfassung (Bräuche, Sitte) und zum anderen in eine Rechtsverfassung – beide auch als Rechtsgrundsätze resp. materielle Verfassung im weiten Sinne bezeichnet – ausdifferenziert, wobei die Rechtsverfassung sowohl als Gewohnheitsrecht wie geschriebene Verfassung – diese wiederum in eine materielle Verfassung im engeren Sinne und formelle Ver-

92 *Heller* 1931b, S. 13.
93 *Heller* 1931b, S. 14.
94 *Heller* 1931b, S. 15.
95 *Heller* 1931b, S. 16.
96 *Heller* 1931b, S. 17.
97 *Heller* 1931b, S. 18ff.
98 *Heller* 1934, S. 363f.
99 *Heller* 1934, S. 390.

fassung unterteilt – vorkommt.[100] Erst die geschriebene Verfassung entspricht dann dem, was im Alltagsdiskurs mit Verfassung resp. Grundgesetz bezeichnet ist, also einem als Grundordnung herausgehobenen, weil als grundlegend bewerteten Teilinhalt der „totalen Rechtsordnung des Staates“, der in der Verfassungsurkunde schriftlich fixiert wurde.[101] So wie die wirksame Ordnung der Organisation bedarf, um als organisierte Ordnung wirklich und selbständig wirken zu können, so bedürfen die Rechtsgrundsätze einer wirklichen Gesamtverfassung der rechtlichen Normierung, um verfasste Wirklichkeit zu sein und selbständig Wirksamkeit zu entfalten. Entsprechend bestimmt Heller Souveränität ihrem Wesen nach als Fähigkeit zur „Positivierung von Rechtsgrundsätzen zu obersten, die Gemeinschaft determinierenden Rechtssätzen“,[102] die einer Gebietsentscheidungs- und Wirkungseinheit als Organisations- wie Normierungsleistung um des Rechtes wie auch der eigenen Existenz wegen eignet: „Ist das Dasein einer das Recht individualisierenden und in Geltung erhaltenden Willenseinheit als absolute Voraussetzung der Positivität des Rechtes erkannt, so ist eben damit zugegeben, daß jene Entscheidungseinheit, in ihrer Existenz bedroht, um des Rechtes willen, das Recht verletzen, an irgendeinem Punkte also legibus soluta potestas sein muß. Jene, das Recht durch ihre Entscheidungen in Geltung setzende und erhaltende Willenseinheit ist zwar ihrerseits durch Rechtsgrundsätze bedingt, den Rechtssätzen gegenüber ist und bleibt sie aber unweigerlich ein Bedingendes.“[103] Es sind so die Rechtsgrundsätze, welche als „Konstitutionsprinzipien der reinen Rechtsform“[104] limitierend auf die Entscheidungseinheit wirken und Hellers Distanz zum bloßen Dezisionismus in der Sache begründen.[105] Doch sieht Heller in ihnen darüber hinaus „Bauprinzipien des Rechtsinhalts mit sittlichem Geltungsanspruch“,[106] so dass er in Abgrenzung zu Kelsens Reiner Rechtslehre an das positiv gesetzte Recht einen ethischen, kulturkreisbedingten Maßstab anlegen kann, dessen Ausgangspunkt sich in einem kulturtheoretisch begründeten Persönlichkeitsideal findet.[107] Unter Kultur versteht Heller „Umweltgestaltung nach menschlichen Zielen“, wobei er einerseits zwischen bedürfnisbezogener, auf Natur ausgerichteter und der physischen Selbsterhaltung des Menschen dienender Naturgestaltung sowie andererseits der ideenbezogenen Gestaltung unterscheidet.[108] Letztere beziehe sich auf den Geist und lasse sich in eine die Beziehung der Menschen untereinander formende Gesellschaftsgestaltung und eine den Menschen als „Werk“ bildende Persönlichkeitsgestaltung scheiden. Der Persönlichkeitsgestaltung kommt dabei die

100 *Heller* 1934, S. 361ff., 390f.
101 *Heller* 1934, S. 390f.
102 *Heller* 1927, S. 74.
103 *Heller* 1927, S. 143.
104 *Heller* 1927, S. 70.
105 Zur limitierenden Funktion der Rechtsgrundsätze *Hebeisen* 1995, S. 473ff.; zum Verhältnis zwischen Heller und Schmitt *Pauly* 1998, S. 327ff.
106 *Heller* 1927, S. 70.
107 Vgl. *Henkel* 2009, S. 535.
108 *Heller* 1924, S. 427f.

Aufgabe zu, bedürfnisbezogene und gesellschaftlich-ideenbezogene Gestaltung in sich zu vereinigen.[109] Im Ergebnis identifiziert Heller damit den konkreten Menschen dermaßen mit Kultur, dass er einen „unlöslichen Zusammenhang“ zwischen beiden postulieren muss.[110] Wenn diese Identifizierung auch eine kurze Irritation erfährt, sobald Heller auf die „intime Person“ zu sprechen kommt, vermag er gleichwohl anhand seiner Begrifflichkeit solche Nichtidentität nicht festzuhalten und muss sie folgerichtig negieren: Unter den Bedingungen der Natur und Kultur könne die intime Person ihrer Intention nach für die gesellschaftliche Wirklichkeit des Menschen, d.h. die menschliche Wirklichkeit, keine Rolle spielen, schließlich sei sie keine gesellschaftswirksam handelnde Person.[111] Auf solcher Grundlage konnte Heller Freiwilligkeit, die für eine „Einigung im Sinn und Geist“ unerlässlich ist, da nur so eine „objektiv-wirkliche Staatseinheit“ möglich sei, als „dasjenige staatliche Verhalten der Gebietsbewohner“ bestimmen, das „durch gemeinsam erlebte Natur- und Kulturtatsachen habituell so geformt ist, daß der individuelle Willensakt sich regelmäßig, ohne gesellschaftlichen oder staatlichen Zwang, spontan vollzieht“.[112] Individueller Willensakt meint hier nichts anderes als kulturbedingter Willensakt und hat nichts mit der „intimen Person“ zu tun. Damit setzt Heller aber nichts Anderes als (natürliche und kulturelle) Einheit im einzelnen Menschen unmittelbar voraus, um (rechtliche und staatliche) Einheit als vermittelte darstellen zu können. Worin solche Setzung unmittelbarer Einheit im Gewand der Kultur führt, zeigt sich in Hellers Vorschlägen zur sozialistischen Kulturgestaltung: Der Jungsozialist habe sich zum „ganzen Kerl“ zu bilden, bereit zu „den schwersten Aufgaben: zur Aufgabe des Führers, für seine Überzeugungen einzustehen, […] zur Aufgabe des zielklaren Kämpfers, der bereit ist, für seine Idee zu sterben“.[113]

STAATLICHKEIT NACH MAßGABE VON VERFASSUNG

In seinem kulturwissenschaftlich methodologischen Selbstverständnis knüpft Peter Häberle an Heller an und erweitert dessen Kulturbegriff, der wesentlich auf Tradition setze, um einen zweiten, auf sozialen Wandel ausgerichteten und damit zukunftsgerichteten Aspekt sowie eine pluralistisch offene Konzeption: „An diesem System der drei Orientierungspunkte Tradition, Wandel und Pluralismus bzw. Offenheit hat sich eine Dogmatik des Kulturverfassungsrechts ebenso wie die Verfassungslehre als Kulturwissenschaft zu orientieren. […] Die so im weiten Sinne verstandene ‚Kultur‘ bildet den Kontext aller Rechtstexte und aller rechtlich

109 *Heller* 1924, S. 428.
110 *Heller* 1924, S. 429.
111 *Heller* 1934, S. 165.
112 *Heller* 1931b, S. 17.
113 *Heller* 1924, S. 430.

bedeutsamen Handlungen im Verfassungsstaat".[114] Verfassung, verstanden als kulturbedingt rechtliche Grundordnung von Staat *und* Gesellschaft, verwirkliche Kultur nicht nur über Gesetzgebung und Verwaltung, sondern auch durch Verfassungsinterpretation, die „neben der üblichen im engeren Sinne, der juristischen", auch die Verfassungsinterpretation umschließt, an der „alle im politischen Gemeinwesen" beteiligt sind: „Sie alle verlebendigen das Grundgesetz i.S. der ‚constitutional law in public action'."[115] Damit bildet Staatlichkeit einen bloßen „Teilaspekt der verfaßten res publica", genauer: es gibt eben „nur so viel Staat, wie die Verfassung konstituiert" und neben derart relativierte Staatlichkeit treten gleichberechtigt verfasste Sphären des Öffentlichen und Privaten, wobei den Verteilungsschlüssel einer solchen „republikanischen Bereichstrias" die kulturbedingte Verfassung aufstellt.[116]

In ihrer europarechtlichen Ausrichtung zielt die Doktrin „nur soviel Staat, wie die Verfassung konstituiert" dann auf eine europäische Verfassung ohne selbständigen souveränen Staat.[117] Die eigentliche Pointe eines Verfassungsrechts ohne staatsrechtlichen Inhalt[118] basiert auf der Ablehnung apriorischer Strukturen von Staatlichkeit.[119] Ein Unterscheidungskriterium, das Staatsverfassungen von nichtstaatlichen Verfassungen trennt, kann angesichts der rein rechtlichen Verfertigung von Staatlichkeit bei Häberle nicht in einem außerrechtlichen Gegenstandsbereich, etwa einem homogenen Volk oder einer politischen Nation gesucht und gefunden werden. Unter Umständen lässt sich Staatlichkeit aber als mögliches Attribut von Verfassung anhand einer formalen Qualität der Verfassung selbst ausweisen, etwa in dem Sinne, dass mit Staatsverfassungen die höchste Verfassungsstufe bezeichnet werde. Ein derartiger Abgrenzungsversuch würde jedoch die Intention des Graduierungsansatzes verfehlen, der gerade nicht auf eine „Alles oder Nichts"-Entscheidung ausgeht. Wenn sich aber kein präzises Unterscheidungskriterium etablieren lässt, führt die genannte Doktrin zu einem prinzipiellen, wenn auch nicht konstanten Maß an Staatlichkeit, das jeder Verfassung eignet. Statt der betonten Abkopplung des Verfassungs- vom Staatsbegriff wäre eine subkutane Verstetigung von Staatlichkeit die Folge. So fällt denn auch ins Auge, dass trotz aller Forderung nach Verabschiedung der Allgemeinen Staatslehre zugunsten der Verfassungslehre und allen Feststellungen, der Staat befinde sich im Ab- und die Verfassung im Aufwind,[120] der Rekurs auf Staatlichkeit und Staatlichkeitselemen-

114 *Häberle* 1998, S. 4f.; vgl. ebd., S. 588ff.; explizit zu Heller auch *Häberle* 1973, S. 123ff.; vgl. zudem *Hebeisen* 1995, S. 534ff.

115 *Häberle* 1998, S. 120.

116 *Häberle* 1998, S. 620f.; ders. 1973, S. 124.

117 Vgl. *Hofmann* 1999, S. 204; *Schliesky* 2004, S. 490ff.

118 Vgl. *Hofmann* 1999, S. 204.

119 Zunächst noch begrenzt auf „demokratische Verfassungslehre", für die „keine unverfaßte, vorgegebene Staatlichkeit" existiere, *Häberle* 1973, S. 124; Erwähnung einer demgegenüber lediglich nachträglichen verfassungsrechtlichen „Beschränkung ‚ursprünglich' vorgefundener monarchischer Staatsgewalt", bei dems. 1994, S. 382; vgl. auch *Haverkate* 1992, S. 41f.

120 *Häberle* 1999, S. 16.

te auf europäischer Verfassungsebene immer wieder erfolgt. Gewiss, die Europäische Union soll kein Bundesstaat und kein Vollstaat sein, gleichwohl wird aber davon gesprochen, die „sich selbst europäisierenden, nationalen Verfassungsstaaten" begönnen damit, „buchstäblich einen ‚europäischen Verfassungsstaat' zu konstituieren".[121] Entsprechend herausgestellt finden sich auf europäischer Ebene „konstituierte Vorformen von typischen Staats-Charakteristika" wie „Unionsbürgerschaft, Gebietshoheit, Gewaltenteilung, Währungshoheit, Gemeinschaftsaufgaben sowie unabhängige Institutionen".[122] Die in ihrem Maß graduierbare Staatlichkeit steht in diesem Konzept für eine von der Verfassung hervorgebrachte Herrschaftsordnung, die auf europäischer Ebene durchaus als Teilordnung in einem Verfassungsverbund neben anderen staatlichen Teilordnungen zu stehen vermag.[123] Der Grad an Staatlichkeit gestaltet sich dann sowohl in Bezug auf das Gesamtmaß wie auch bezogen auf einzelne Politikebenen variabel; gegebenenfalls tendiert er gegen Null, entsprechend dünnt dann der Grad politischer Verfasstheit aus. Als Resultat tritt neben die Anbindung des Staates an die Verfassung eine grundlegende Verbindung von Verfassung und Staatlichkeit.[124]

Das Häberles Verfassungsrecht zugrunde liegende offene Kulturkonzept versteht Kultur als zweite Haut des einzelnen Menschen, in die er zu schlüpfen hat:[125] „Entscheidend bleibt der anthropologische Ansatz: Der Mensch hat verschiedene

121 *Häberle* 1994, S. 81.

122 *Häberle* 1999, S. 93.

123 Zu den nationalen Verfassungen als Teilordnungen der res publica *Häberle* 1999, S. 17. Dass eine europäische Perspektive nur auf den ersten Blick die Nation bedrohe, bei genauerem Hinsehen aber für deren Erhalt Chancen eröffne, sah schon *Heller* 1931a, S. 575, und bescheinigte der deutschen Sozialdemokratie im Wettbewerb mit dem Nationalsozialismus, dass „sie es ist, die in Wahrheit die Sache der nationalen Kulturgemeinschaft führt. [...] Heute brauchen wir die europäische Internationale der Nationen wegen, die sonst allesamt in kürzester Zeit zu weißen Sklavenkolonien der Amerikaner herabsinken werden." Aktuelle Gegenkonzeption eines transatlantischen Verfassungsfundaments bei *Guttenberg* 2009.

124 Nur in dieser Lesart läßt sich die von Häberle vorgenommene Berufung auf Rudolf Smend halten, demzufolge die Verfassung „die Rechtsordnung des Staates", genauerhin des dynamischen staatlichen Integrationsgeschehens ist; vgl. *Smend* 1928, S. 189, sowie ders. 1959, S. 524: „Müßig ist die Frage nach dem Vorrang zwischen Staat und Recht. Ein solcher besteht weder historisch noch kausal noch logisch noch wertmäßig, da weder der Staat noch das Recht als früher nachzuweisen noch kausal aus dem anderen noch logisch von dem anderen her zu definieren ist noch ihm gegenüber höhere Würde beanspruchen kann." Überzeugend *Korioth* 1990, S. 211: „Nach Smend kann die Verfassung nicht ohne Wechselwirkung mit der staatlichen Wirklichkeit gedacht werden." Smends Leugnung eines Vorranges könne allerdings gegen die Doktrin lediglich verfassungsrechtlich konstituierter Staatlichkeit gerichtet werden. So spricht *Korioth* 1990, S. 211f., sogar von einer „gleichsam überschießenden Tendenz aller tatsächlichen staatlichen Vorgänge gegenüber der Verfassung" und einer Verlagerung des Schwergewichts der Verfassungstheorie „von der Norm zur Wirklichkeit".

125 Für die nationale Ebene führt Häberle den Terminus „zweite Natur" zur Kennzeichnung der Zusammenführung von Natur und Kultur „im Goethe'schen Sinne" sowie den der ‚dritten Natur' für einen europäischen Kontext ein, *Häberle* 1999, S. 17. Kultur sei gleichbedeutend mit der Polis nach antiker Tradition, womit die Freiheits- und Gleichheitsdifferenz zwischen moderner und antiker Ökonomie und Politik übergangen wird.

kulturelle Bedürfnisse, ihnen muß das Verfassungsrecht einen optimalen Rahmen geben. Das Recht […] ist insofern nur Instrument! Der Mensch lebt nicht von der Kultur allein, aber er lebt doch wesentlich auch auf Kultur hin und von der Kultur früherer und heutiger Generationen […]. Sie ist bzw. schafft die Möglichkeit und Wirklichkeit einer Sinngebung in einer als offen gedachten Geschichte."[126] Dem Sprung hinein in kulturanthropologische Zusammenhänge folgt die Bildung der Begrifflichkeit. Der „freiheitliche Gesamtzustand"[127] ist einer der kulturellen Freiheit, in ihm avanciert Kultur zum alleinigen „Gegenstand sowohl der Freiheit *des* und *im einzelnen* als auch der Freiheit als ‚*Gesamtzustand*' eines Volkes".[128] Menschenwürde kann in ihrem kulturspezifischen wie kulturuniversellen Gehalt ausbuchstabiert werden, Demokratie als „organisatorische Konsequenz der Menschenwürde" ebenso.[129]

Bei Häberle übernimmt die kulturelle Bestimmung damit eine Stellung, die der Entscheidung als integrativem wie trennendem Moment bei Schmitt nahezu entspricht, Verfassung erhält eine vergleichbar prominente Position, wie sie Schmitt der politischen Einheit zukommen ließ. Wo dieser eine existentielle Freund-Feind-Unterscheidung setzt, spricht Häberle die Sprache der kulturellen Anthropologie. Folglich muss Souveränität – sei es nun Fürsten-, Volks- oder Staatssouveränität – auch nicht mehr als Entscheidung über den und im Ausnahmefall erscheinen. Vielmehr kann Häberle aus dem Primat der kulturbedingten Verfassung eine inhaltlich bestimmte, rechtlich begrenzte, vom „Staat als Beruf" aus konzipierte und auf normativer Ebene angesiedelte Rechtssouveränität folgen lassen, die sich „in der Erfüllung sachlicher Aufgaben und der darin bewirkten Einheitsstiftung" verwirklicht.[130] Auf ein spezifisches Subjekt der Souveränität kommt es nicht mehr an, da jeder als Einzelner zur Aufgabenerfüllung im Rahmen von Amts-, Rechts-, Verfahrens- und Kompetenzordnungen berufen ist: „Souveränität ist souveräne Vereinzelung".[131] Welche inhaltliche Ausgestaltung die Aufgabenerfüllung erfährt, d.h. was „Souveränität normativ bedeutet", lasse sich, so Häberle, nur „in von vornherein geschichtlichem Ansatz" sagen:

> Die besonderen geschichtlichen Erfahrungen, die Wiederbesinnung auf überlieferte Kulturgüter, das Bewußtsein vom eigenen Kulturauftrag, das einheitsstiftende Rechtsbewußtsein des Volkes und sein normativ bestimmtes Wollen, als Volk weiterzubestehen, haben die einzelnen verfassungsrechtlichen Regelungen wesentlich geprägt. Die Geschichte selbst ist normierende Größe.[132]

Bedingungen der Kompetenz jedes Einzelnen, an der (Fort)Existenz des Volkes als einer „geschichtlich aufgegebenen Wirkungs- und Verantwortungseinheit"

126 *Häberle* 1973, S. 125ff.; ders. 1998, S. 27.
127 *Häberle* 1998, S. 697.
128 *Häberle* 1998, S. 694.
129 *Häberle* 1998, S. 623f., 694, 699ff., 708.
130 *Häberle* 1967, S. 268.
131 *Häberle* 1967, S. 272, 279f.
132 *Häberle* 1967, S. 275, 278.

mitzuwirken, seien – neben dem Völkerrecht im Sinne einer „Mitverantwortung für das Fremde“ – Pluralismus und Freiheit. Soziale Mannigfaltigkeit könne über den Pluralismus zur souveränen Einheitsbildung transformiert werden, auf Freiheit könne man nicht verzichten, führe sie doch erst zur rechtlichen Wirklichkeit von Souveränität.[133] Dabei will Häberle Freiheit negativ vom Staat abgesetzt verstanden wissen: „Nicht was möglich wird, sondern was unmöglich wird durch den Staat, ist das, was seine Bürger an ihn bindet.“[134] Was aber wird durch den Staat unmöglich resp. worin besteht seine den Bürger bindende Kraft? Der Staat – rechtlich verfasst – verunmöglicht ein Absehen von der vorgegebenen, kulturell bestimmten Verfassung, die nicht nur sein Wesen, sondern auch das der Bürger bestimmt; die Bürger konstituieren aus ihrer Freiheit heraus den Staat und binden sich an ihn, weil er ihre kulturellen Prämissen, die ebenso die seinen sind, anerkennt. Freiheit meint dann – positiv formuliert – kulturelle Freiheit, letztlich nicht Freiheit von Kultur. Erst über diese absolut gesetzte Vorordnung des Kulturellen kann Häberle ein relativ harmonisches Bild zwischen der Freiheit des Einzelnen auf der einen und dem rechtlich verfassten – souveränen – Staat auf der anderen Seite zeichnen: „Im Verfassungsstaat gibt es außerhalb der Verfassung keine Souveränität. In ihrer ‚offenen‘ Aktualisierung kommt es zur Verwirklichung des ‚aufgegebenen Verantwortungszusammenhangs‘.“[135]

Die Bedeutung des Einzelnen erschöpft sich damit im Kern in der Stellung, welche ihm, durchaus als eigene imaginiert, von der Kultur eingeräumt wird; sein Wert ist von deren Wertung bedingt. Am Beispiel der Menschenwürde zeigt sich, wohin solche Kulturanthropologie führt: Um die Frage, ob „die Stellung der Frau im Islam gegen einen in der ganzen Welt (universal) geltenden, nicht aufhebbaren Inhalt von Menschenwürde“ verstoße, müsse nicht nur ein universalistischer, sondern auch grundrechtsspezifischer Maßstab angelegt werden.[136] Daher sei zum einen auf den Modus personaler Identitätsbildung innerhalb des Rahmens spezifisch kulturgeprägter Normvorstellungen abzustellen.[137] Zum anderen müssten „grundlegende Komponenten menschlicher Persönlichkeit in allen Kulturen“, die „Inhalt eines nicht kulturspezifisch reduzierbaren Menschenwürdekonzeptes“ sind, Beachtung finden.[138] Solche grundlegenden Komponenten, die allen Menschenwürdekonzepten gleichermaßen zukommen, bleiben, ihren Inhalt betreffend, jedoch merkwürdig unbestimmt und laufen schließlich auf eine formale Setzung kulturgeformter Existenz hinaus.[139] Häberles Universalität besteht darin, den einzelnen

133 *Häberle* 1967, S. 285.
134 *Häberle* 1967, S. 285.
135 *Häberle* 1967, S. 285
136 *Häberle* 2004, Rn. 46f.
137 *Häberle* 2004, Rn. 47, 49.
138 *Häberle* 2004, Rn. 51.
139 *Häberle* 2004, Rn. 98; ders. 1998, S. 592ff., dabei naturalisiert Häberle „Freiheit, Gleichheit und Brüderlichkeit“ ungeachtet dialektischer Terminologie unhistorisch als „im natürlichen Ursprung schon gesetzt“ und unterstellt sie gleichwohl kultureller Disposition, wobei unklar

Menschen a priori der kulturellen Konzeption einzugliedern, da ihm nur so überhaupt existenznotwendige Würde zukommen kann, wobei deren konkrete Bestimmung dem je spezifischen Kulturkreis überlassen werden soll. Der spezifische kulturelle Zusammenhang entscheidet dann im Konkreten über die Würde des Einzelnen, d.h. ob der Einzelne sich entsprechend den kulturellen Anforderungen gemäß zur Person gebildet hat. Die kulturell verstandene Würdekonzeption birgt die Konsequenz, der Frau im Islam nur insofern Menschenwürde zukommen zu lassen, als sie die ihr kulturell zugesprochene Position einnimmt. Darin liegt im Grunde die Zumutung, sich der entsprechenden Kultur, wie der islamischen, zuzurichten. Die Freiwilligkeit solcher Zurichtung bestimmt sich wiederum kulturell, d.h. hier entsprechend den islamischen Maßstäben, eine Konsequenz, die Häberle unter Rekurs auf vorgeblich anthropologisch universalistische, der Sache nach westliche Rechtswerte vermeidet.[140]

Dass die Ausrichtung auf den kulturell bestimmten Gesellschaftszusammenhang als Lebensaufgabe im Extremfall selbst das Opfer des Lebens erfordert, zeigt sich nicht zuletzt an der Frage, inwieweit die allgemeine Wehrpflicht mit der Würde des Menschen zu vereinbaren ist: Häberle verweist auf eine Entscheidung des Bundesverfassungsgerichts, nach der die Bürger deshalb zum Schutz und zur Verteidigung der Würde und Freiheit des Menschen als obersten Rechtsgütern der Gemeinschaft herangezogen werden könnten, weil die Werteordnung des Grundgesetzes auf die in der Gemeinschaft stehende und ihr vielfältig verpflichtete Persönlichkeit, nicht aber auf das selbstherrliche Individuum abstelle.[141] Vom Standpunkt der Gemeinschaft vermag dies zu überzeugen und manchem wird nichts vorzüglicher erscheinen, als das eigene Leben einzusetzen und im Zweifel zu verlieren, damit die Würde und Freiheit des in der Gemeinschaft stehenden Menschen geschützt werde. Gleichwohl bleibt es dabei: Aus Hobbes' Selbsterhaltungsperspektive des Einzelnen lässt sich der Tod selbst des durch die Gemeinschaft in seinem Willen gänzlich bestimmten Menschen zugunsten der Gemeinschaft rational nicht begründen.

GRUNDRECHTLICHER EPILOG

Für Hobbes' Problem einer individuellen Rationalitätsgrenze souveräner Staatlichkeit hat der „Paradigmenwechsel" – weg vom Staat und hin zur Verfassung – keine Lösung zugunsten des Individuums hervorgebracht. Der Primat der Verfassung verweist jedoch zentral auf grundrechtliche Sicherungen. So geht beispiels-

wird, warum solche angeblichen Natürlichkeiten kulturell zu erlangen sind und auch wieder verloren gehen können.

140 Vgl. *Häberle* 1995, S. 68ff. Kritik des kulturalistisch pluralistischen Menschenwürdekonzepts, das zur Vermeidung seiner unberechenbaren Konsequenzen auf ein naturalistisches Grunddogma zurückgreift, bei *Scheit* 2006, S. 73ff., eindrücklich insb. ebd., Fn. 18 (S. 83f.).

141 *Häberle* 2005, S. 38 (Fn. 95) mit Verweis u.a. auf BVerfGE 12, 45 (51); beachte hierzu auch ders. 1983, S. 96ff.

weise das Grundgesetz vom Menschen und dessen Würde aus, stellt sie als oberstes Konstitutions- und tragendes Konstruktionsprinzip an die Spitze der Verfassungspyramide, gefolgt vom Bekenntnis zu den Menschenrechten und den in ihrer Normativität alle Staatsgewalt unmittelbar bindenden Grundrechtsbestimmungen. Nimmt damit die Verfassung nicht gerade das Individuum zu ihrem Ausgangspunkt und schließt sie hiermit nicht einen grundsätzlichen Vorrang des Kollektivs vor dem Einzelnen aus?[142] Grundrechte können prinzipiell dem Staat vor-, nach- und gleichgeordnet sein.[143] In seiner Analyse des Verhältnisses von verfassungsrechtlich garantierten Grundrechten und staatsorganisatorischen Bestimmungen bringt Schmitt die Konstellation grundrechtlicher Vorordnung auf den Begriff des Justizstaates, der allein zum Schutz der Grundrechte besteht, wie es Art. 1 des Herrenchiemseer Entwurfs zum Grundgesetz ausgedrückt hat: „Der Staat ist um des Menschen willen da, nicht der Mensch um des Staates willen.“ Resultat ist gleichwohl die kollektive Gewaltsamkeit eines wie auch immer grundrechtlich funktionalisierten Staates, mit dem auch eine zwangsläufige Objektivierung des Individuums einhergeht, in die es sich als kollektiviertes Subjekt zu fügen hat. Auch vom Staat zu garantierende Grundrechte beruhen ihrerseits auf einer „Gesamtentscheidung“, die nicht nur „für die gesamte staatliche Ordnung“, sondern zudem für „jeden einzelnen Betätigungszweig“ maßgeblich ist.[144] Als solche „Grundentscheidung“[145] kann hinsichtlich des Grundgesetzes die Würde des Menschen, dieser „Grund aller Grundrechte“,[146] gelten. Durch sie werde der „Mensch über die Dingwelt“ gehoben und „gewinnt einen Wert, der sich gegen keinen anderen Wert aufrechnen oder abwägen“ lässt: „Die Verfassungsordnung heißt jeden Menschen als Individuum willkommen und erkennt ihn als Person an“.[147] Darum ist die „Person [...] unverrückbare Vorgabe der Rechtsordnung, ausgestattet mit dem ‚Recht auf Rechte‘, rechtsfähig und grundrechtsfähig“.[148] Wenn auch gegen Versuche, den Würdeschutz kollektivierend auf den Mensch als Gattungswesen und damit die Menschheit zu beziehen, eine individualbezogene Konzeption favorisiert wird, die auf die „Wahrung der Subjektqualität des Individuums“ abzielt,[149] besteht gleichwohl eine Nichtidentität zwischen Mensch als Individuum einerseits und Person andererseits. Diese Differenz übergehend wird dem empirischen Menschen die allgemeine Form der Rechtsperson und in diesem Sinne des Subjekts unterschoben. Daran ist nicht nur in einem ganz grundsätzlichen Sinne die rechtliche Anerkennung gekoppelt, sondern damit geht auch eine „Gemeinschaftsgebundenheit des Individuums“ einher, die sich etwa im militärischen Verteidigungsfall „aktualisiert“, wenn der Staat die Gefährdung von Leben „bis hin

142 Bejahend *Merten* 2006, Rn. 11; *Dreier* 2004, Rn. 116f.
143 Klassische Darstellung bei *Schmitt* 1932b, S. 580ff.
144 *Schmitt* 1932b, S. 580.
145 *Stern* 1988, S. 32.
146 *Isensee* 2006, Rn. 50.
147 *Isensee* 2006, Rn. 50.
148 *Isensee* 2006, Rn. 50; vgl. zudem *Stern* 1988, S. 31ff.
149 *Dreier* 2004, Rn. 60; vgl. zudem Rn. 116f.

zum Lebensverlust fordern“ kann, ohne dass hierin ein Würde- oder Grundrechtsverstoß gelegen wäre.[150] Auch im Verfassungsstaat bleibt also die Frage virulent, ob und wie das von Hobbes aus der Perspektive des Individuums aufgezeigte Vergesellschaftungsdilemma angesichts der Hermetik staatlicher Souveränität gelöst werden kann.

LITERATUR

Böckenförde, Ernst-Wolfgang, 1997: Begriff und Probleme des Verfassungsstaates, in: Morsey, Rudolf/Quaritsch, Helmut/Siedentopf, Heinrich (Hg.): Staat, Politik, Verwaltung in Europa. Gedächtnisschrift für Roman Schnur, Berlin, S. 137–147.

Breuer, Stefan, 1987: Adorno, Luhmann. Konvergenzen und Divergenzen von Kritischer Theorie und Systemtheorie. in: Leviathan, S. 91–125.

Fleiner, Thomas/Fleiner, Lidija R. Basta, 2004: Allgemeine Staatslehre, 3. Aufl., Berlin u.a.

Di Fabio, Udo, 1998: Das Recht offener Staaten. Grundlinien einer Staats- und Rechtstheorie, Tübingen.

Di Fabio, Udo, 2001: Der Verfassungsstaat in der Weltgesellschaft, Tübingen.

Di Fabio, Udo, 2003: Die Staatsrechtslehre und der Staat, Paderborn.

Dreier, Horst, 2004: Grundgesetz. Kommentar, Bd. 1, Präambel, Artikel 1–19, 2. Aufl., Tübingen, Art. 1 Abs. 1.

Grimm, Dieter, 1994: Die Zukunft der Verfassung, 2. Aufl., Frankfurt a.M.

Grimm, Dieter, 2009: Souveränität. Herkunft und Zukunft eines Schlüsselbegriffs, Berlin.

Guttenberg, Karl-Theodor, 2009: Verfassung und Verfassungsvertrag. Konstitutionelle Entwicklungsstufen in den USA und der EU, Berlin.

Häberle, Peter, 1967: Zur gegenwärtigen Diskussion um das Problem der Souveränität, in: Archiv des öffentlichen Rechts, Bd. 92, S. 259–287.

Häberle, Peter, 1973: Allgemeine Staatslehre, demokratische Verfassungslehre oder Staatsrechtslehre?, in: Archiv des öffentlichen Rechts, Bd. 98, S. 119–134.

Häberle, Peter, 1983: Die Wesensgehaltgarantie des Art. 19 Abs. 2 Grundgesetz. Zugleich ein Beitrag zum institutionellen Verständnis der Grundrechte und zur Lehre vom Gesetzesvorbehalt, 3. stark erw. Aufl., Heidelberg.

Häberle, Peter, 1994: Europäische Rechtskultur. Versuch einer Annäherung in zwölf Schritten, Baden-Baden.

Häberle, Peter, 1995: Der Fundamentalismus als Herausforderung des Verfassungsstaates: rechts- bzw. kulturwissenschaftlich betrachtet, in: Schmidt, Eike/Weyers, Hans-Leo (Hg.): Liber Amicorum Josef Esser. Zum 85. Geburtstag am 12. März 1995, Heidelberg, S. 49-76.

Häberle, Peter, 1998: Verfassungslehre als Kulturwissenschaft, 2. Aufl., Berlin.

Häberle, Peter, 1999: Europäische Verfassungslehre in Einzelstudien, Baden-Baden.

Häberle, Peter, 2004: Die Menschenwürde als Grundlage der staatlichen Gemeinschaft. In: HStR, Bd. 2, Verfassungsstaat, § 22.

Häberle, Peter, 2005: Das Menschenbild im Verfassungsstaat, 3. Aufl., Berlin.

Haltern, Ulrich, 2007: Was bedeutet Souveränität, Tübingen.

Haverkate, Görg, 1992: Verfassungslehre. Verfassung als Gegenseitigkeitsordnung, München.

Hebeisen, Michael W., 1995: Souveränität in Frage gestellt. Die Souveränitätslehren von Hans Kelsen, Carl Schmitt und Hermann Heller im Vergleich, Baden-Baden.

Hegel, Georg Wilhelm Friedrich, 1813/16: Wissenschaft der Logik II, in: Ders.: Werke in zwanzig Bänden, Bd. 6, Redaktion Eva Moldenhauer und Karl Markus Michel. Frankfurt a.M. 1969ff.

150 *Müller-Terpitz* 2006, Rn. 65.

Hegel, Georg Wilhelm Friedrich, 1830: Enzyklopädie der philosophischen Wissenschaften im Grundrisse. Dritter Teil, in: Ders.: Werke in zwanzig Bänden, Bd. 10, Red. Eva Moldenhauer und Karl Markus Michel. Frankfurt a.M. 1969ff.

Heller, Hermann, 1924: Vom Wesen der Kultur, in: Ders.: Gesammelte Schriften, Bd. 1, Orientierung und Entscheidung, 2. Aufl., Tübingen 1992, S. 425-430.

Heller, Hermann, 1926: Die Krisis der Staatslehre, in: Ders.: Gesammelte Schriften, Bd. 2, Recht, Staat, Macht, 2. Aufl., Tübingen 1992, S. 3-30.

Heller, Hermann, 1927: Die Souveränität. Ein Beitrag zur Theorie des Staats- und Völkerrechts, in: Ders.: Gesammelte Schriften, Bd. 2, Recht, Staat, Macht, 2. Aufl., Tübingen 1992, S. 31–202.

Heller, Hermann, 1931a: Nationaler Sozialismus, in: Ders.: Gesammelte Schriften, Bd. 1, Orientierung und Entscheidung, 2. Aufl., Tübingen 1992, S. 571–575.

Heller, Hermann, 1931b: Staat, in: Ders.: Gesammelte Schriften, Bd. 3, Staatslehre als politische Wissenschaft, 2. Aufl., Tübingen 1992, S. 3–23.

Heller, Hermann, 1934: Staatslehre. In: Ders.: Gesammelte Schriften, Bd. 3, Staatslehre als politische Wissenschaft, 2. Aufl., Tübingen 1992, S. 79–412.

Henkel, Michael, 2009: Die Geburt der Politikwissenschaft aus dem Geiste der Soziologie. Hermann Hellers Theorie der Politik und des Staates, Jena.

Hennis, Wilhelm, 1951: Das Problem der Souveränität, Neudr. 2003, Tübingen.

Hobbes, Thomas, 1966: Leviathan, hg. v. Iring Fetscher, Frankfurt a.M.

Höffe, Otfried, 1981: Widersprüche im Leviathan. Zum Gelingen und Versagen der Hobbesschen Staatsbegründung, in: Ders. (Hg.): Thomas Hobbes. Anthropologie und Staatsphilosophie, Freiburg CH, S. 113–142.

Hofmann, Hasso, 1999: Von der Staatssoziologie zu einer Soziologie der Verfassung?, in: Dreier, Horst (Hg.): Rechtssoziologie am Ende des 20. Jahrhunderts. Gedächtnissymposion für Edgar Michael Wenz, Tübingen, S. 180–205.

Hüning, Dieter, 1998: Freiheit und Herrschaft in der Rechtsphilosophie des Thomas Hobbes, Berlin.

Isensee, Josef, 1987: Staat und Verfassung. In: HStR, Bd. 1, Grundlagen von Staat und Verfassung, 1. Aufl., Heidelberg, § 13.

Isensee, Josef, 1993: Europa – die politische Erfindung eines Erdteils, in: Ders. (Hg.): Europa als politische Idee und als rechtliche Form, Berlin, S. 103–138.

Isensee, Josef, 1995: Das Volk als Grund der Verfassung. Mythos und Relevanz der Lehre von der verfassunggebenden Gewalt, Opladen.

Isensee, Josef, 2004: Staat und Verfassung. In: HStR, Bd. 2, Verfassungsstaat, § 15.

Isensee, Josef, 2006: Positivität und Überpositivität der Grundrechte, in: Merten, Detlef/Papier, Hans-Jürgen (Hg.): Handbuch der Grundrechte in Deutschland und Europa, Bd. 2, Grundrechte in Deutschland. Allgemeine Lehren I, Heidelberg, § 26.

Isensee, Josef/Kirchhof, Paul (Hg.), 2004: Handbuch des Staatsrechts der Bundesrepublik Deutschland, 3. Aufl., Heidelberg. (HStR).

Kastner, Fatima, 2007: Luhmanns Souveränitätsparadox. Zum generativen Mechanismus des politischen Systems der Weltgesellschaft, in: Neves, Marcelo u.a. (Hg.): Die Staaten der Weltgesellschaft, Niklas Luhmanns Staatsverständnis, Baden-Baden, S. 75–97.

Kelsen, Hans, 1920: Das Problem der Souveränität und die Theorie des Völkerrechts. Beitrag zu einer Reinen Rechtslehre, Tübingen.

Kelsen, Hans, 1922a: Der Begriff des Staates und die Sozialpsychologie. Mit besonderer Berücksichtigung von Freunds Theorie der Masse, in: Imago, Bd. 8, S. 97–141.

Kelsen, Hans, 1922b: Der soziologische und der juristische Staatsbegriff. Kritische Untersuchung des Verhältnisses von Staat und Recht, Tübingen.

Kelsen, Hans, 1925: Allgemeine Staatslehre, Berlin.

Kelsen, Hans, 1928: Die philosophischen Grundlagen der Naturrechtslehre und des Rechtspositivismus, Charlottenburg.

Kelsen, Hans, 1933: Staatsform und Weltanschauung, Tübingen.
Kelsen, Hans, 1934: Reine Rechtslehre, 1. Aufl., 2. Neudr. 1994, Aalen.
Kelsen, Hans, 1960: Reine Rechtslehre, 2. Aufl., Neudr. 1967, Wien.
Kirchhof, Paul, 1993: Europäische Einigung und der Verfassungsstaat der Bundesrepublik Deutschland, in: Isensee, Josef (Hg.): Europa als politische Idee und als rechtliche Form, Berlin, S. 63–101.
Kirchhof, Paul, 2004: Die Identität der Verfassung. In: HStR, Bd. 2, Verfassungsstaat, § 21.
Korioth, Stefan, 1990: Integration und Bundesstaat. Ein Beitrag zur Staats- und Verfassungslehre Rudolf Smends, Berlin.
Krüger, Herbert, 1964: Allgemeine Staatslehre, Stuttgart.
Löwith, Karl, 1935: Der okkasionelle Dezisionismus von Carl Schmitt, in: Ders.: Sämtliche Schriften, Bd. 8, Heidegger – Denker in dürftiger Zeit, Zur Stellung der Philosophie im 20. Jahrhundert, Stuttgart 1984, S. 32–71.
Luhmann, Niklas, 1976: Ausdifferenzierung des Rechtssystems, in: Ders.: Ausdifferenzierung des Rechts, Beiträge zur Rechtssoziologie und Rechtstheorie, Frankfurt a.M. 1999, S. 35–52.
Luhmann, Niklas, 1982: Soziologische Aufklärung, Bd. 2, 2. Aufl. Opladen.
Luhmann, Niklas, 1984: Soziale Systeme. Grundriß einer allgemeinen Theorie, 4. Aufl. Frankfurt a.M. 1991.
Luhmann, Niklas, 1986: Ökologische Kommunikation. Kann die moderne Gesellschaft sich auf ökologische Gefährdungen einstellen, 4. Aufl. Opladen 2004.
Luhmann, Niklas, 1988: Wie ist Bewußtsein an Kommunikation beteiligt?, in: Gumbrecht, Hans Ulrich/Pfeiffer, K. Ludwig (Hg.): Materialität der Kommunikation, 2. Aufl. Frankfurt a.M. 1995, S. 884–905.
Luhmann, Niklas, 1993: Das Recht der Gesellschaft, Frankfurt a.M.
Luhmann, Niklas, 1994: Der Begriff der Gesellschaft, in: Boronoev, Aleksandr O. (Hg.): Probleme der theoretischen Soziologie, zit. n. www.soc.pu.ru/materials/golovin/reader/luhmann/d_luhmann1.html, download am 24.09.2009.
Luhmann, Niklas, 1997: Die Gesellschaft der Gesellschaft, Frankfurt a.M.
Luhmann, Niklas, 2000: Die Politik der Gesellschaft, Frankfurt a.M.
Merten, Detlef, 2006: Das Prinzip Freiheit im Gefüge der Staatsfundamentalbestimmungen, in: Ders./Papier, Hans-Jürgen (Hg.): Handbuch der Grundrechte in Deutschland und Europa, Bd. 2, Grundrechte in Deutschland. Allgemeine Lehren I, Heidelberg, § 27.
Meuter, Norbert, 1999: Individualität und Distanz. Überlegungen zum Antihumanismusvorwurf an die Systemtheorie, in: Jahrbuch für politisches Denken, S. 69–90.
Möllers, Christoph, 2000: Staat als Argument, München.
Müller-Terpitz, Ralf, 2009: Recht auf Leben und körperliche Unversehrtheit, in: HStR, Bd. 7, Freiheitsrechte, § 147.
Neumann, Franz, 1937: Der Funktionswandel des Gesetzes im Recht der bürgerlichen Gesellschaft, in: Ders.: Demokratischer und autoritärer Staat, hg. v. Herbert Marcuse, Frankfurt a.M. 1986, S. 31–81.
Paschukanis, Eugen B., 1929: Allgemeine Rechtslehre und Marxismus. Versuch einer Kritik der juristischen Grundbegriffe [russ. 1924], Neudr. 2003, Freiburg i.Br.
Pauly, Walter, 1996a: Grundnormkonzept und Kantianismus bei Hans Kelsen, in: Rechtsphilosophische Hefte, Bd. 6, S. 99–115.
Pauly, Walter, 1996b: Souveräner Staat und Staatenverbindungen, in: Jellinek, Georg: Die Lehre von den Staatenverbindungen, Neudr., Goldbach, S. VII–XLV.
Pauly, Walter, 1998: Die Krise der Republik. Hermann Heller und Carl Schmitt, in: Dicke, Klaus/Kodalle, Klaus-Michael (Hg.): Republik und Weltbürgerrecht. Kantische Anregungen zur Theorie politischer Ordnung nach dem Ende des Ost-West-Konfkikts, Weimar u.a., S. 311–334.
Randelzhofer, Albrecht, 2004: Staatsgewalt und Souveränität. In: HStR, Bd. 2, Verfassungsstaat, § 17.

Riedel, Manfred, 1975: Metaphysik und Metapolitik. Studien zu Aristoteles und zur politischen Sprache der neuzeitlichen Philosophie, Frankfurt a.M.

Salzborn, Samuel (Hg.). 2010. Der Staat des Liberalismus. Die liberale Staatstheorie von John Locke, Baden-Baden.

Schelsky, Helmut, 1941: Thomas Hobbes. Eine politische Lehre, Berlin 1981.

Scheit, Gerhard, 2004: Suicide Attack. Zur Kritik der politischen Gewalt, Freiburg i.Br.

Scheit, Gerhard, 2006: Jargon der Demokratie. Über den neuen Behemoth, Freiburg i.Br.

Schliesky, Utz, 2004: Souveränität und Legitimität von Herrschaftsgewalt. Die Weiterentwicklung von Begriffen der Staatslehre und des Staatsrechts im europäischen Mehrebenensystem, Tübingen.

Schmitt, Carl, 1928: Verfassungslehre, 9. Aufl., Berlin 2003.

Schmitt, Carl, 1932a: Der Begriff des Politischen. Text von 1932 mit einem Vorwort und drei Corollarien, 5. Neudr. d. Ausg. v. 1963, 7. Aufl. Berlin 2002.

Schmitt, Carl, 1932b: Inhalt und Bedeutung des zweiten Hauptteils der Reichsverfassung. In: Anschütz, Gerhard/Thoma, Richard (Hg.): Handbuch des Deutschen Staatsrechts, Bd. 2, Nachdr. 1998, Tübingen, § 101.

Schmitt, Carl, 1934: Politische Theologie. Vier Kapitel zur Lehre von der Souveränität, Neusatz auf Basis der 1934 erschienenen zweiten Auflage, 8. Aufl. Berlin 2004.

Schmitt, Carl, 1938: Der Leviathan in der Staatslehre des Thomas Hobbes. Sinn und Fehlschlag eines politischen Symbols, 3. Aufl. Stuttgart 2003.

Schmitt, Carl, 1963: Theorie des Partisanen. Zwischenbemerkung zum Begriff des Politischen, 6. Aufl., Berlin 2006.

Smend, Rudolf, 1928: Verfassung und Verfassungsrecht, in: Ders.: Staatsrechtliche Abhandlungen und andere Aufsätze, 3. Aufl. Berlin 1994, S. 119–276.

Smend, Rudolf, 1959: Staat, in: Ders.: Staatsrechtliche Abhandlungen und andere Aufsätze , 3. Aufl. Berlin 1994, S. 517–526.

Stern, Klaus, 1988: Das Staatsrecht der Bundesrepublik Deutschland, Bd. 3/1, Allgemeine Lehren der Grundrechte, München.

MOHAMMED UND LEVIATHAN

Der Beitrag des Islam zur Dekonstruktion der Souveränität

Gerhard Scheit

Über *den* Islam etwas Verbindliches zu sagen und seine unterschiedlichen Strömungen und individuellen Ausprägungen zu subsumieren, mag undifferenziert und vorschnell sein, soweit er als bloße Religion unmittelbar auf andere Religionen bezogen wird. Unter diesem Gesichtspunkt scheint schon die Differenz zwischen Sunniten und Schiiten den Oberbegriff zu sprengen. In den Begriffen des Politischen jedoch, die alle Fragen des Glaubens im Zusammenhang staatlicher Herrschaft aufwerfen und eben in dieser Beziehung die einzelnen Religionen vergleichend betrachten, stellt der Islam – so lautet die These – eine genau bestimmbare Einheit dar, bestimmt durch eine Tendenz, die nicht nur in den verschiedenen Strömungen und Ausprägungen sich mehr oder weniger niederschlägt, sondern noch über deren Verhältnis zueinander entscheidet: die Tendenz, Souveränität zu verhindern oder zurückzunehmen.

Anders formuliert: Für die Annahme, dass ohne einen Begriff vom Souverän die Kritik der Religion schlechterdings unmöglich sei, stellt sich der Islam selber als Gegenprobe dar. Das heißt aber auch, dass hier die Ergebnisse der Islamwissenschaft, insofern sie sich den Fragen der Souveränität nicht unbedingt stellen muss, von untergeordneter Bedeutung sind. Signifikant ist hingegen der Fall des Politikwissenschaftlers Bassam Tibi. *Die fundamentalistische Herausforderung* – so der Titel seines Buchs, das 1992 zum ersten Mal erschien und mit kleinen Änderungen und aktuellen Ergänzungen 2002 neu aufgelegt wurde – begriff Tibi ursprünglich darin, dass sie wesentlich gegen die Souveränität des Nationalstaats gerichtet sei,[1] wobei diese Souveränität in den meisten Staaten des arabischen Nahen Ostens ohnehin „nur nominell“[2] existiere. Schon im Osmanischen Reich habe ein „nicht zentralstaatlich aufgebauter Staat“ die Bindungen lokaler Gemeinschaften bestehen lassen und daher keine Souveränität ausgebildet.[3] Beruhten die Errungenschaften des frühen Islam noch darauf, dass es dieser Religion gelang, im Namen beständiger Expansion eine gewisse Einbindung der Stämme zu erreichen, so zeigt sich die islamische Geschichte insgesamt doch dadurch geprägt, „in keiner Spielart des Staates, weder im imperialen noch im territorialen Staat, die Stämme erfolgreich“ zu integrieren: „Teilung, nicht Einheit ist das vorherrschende Merkmal der islamischen Geschichte“, die Stämme blieben „ungeachtet der vorhandenen staatlichen Ordnung, die grundlegenden gesellschaftlichen Einheiten,

1 *Tibi* 2002, S. 162.
2 *Tibi* 2002, S. 160.
3 *Tibi* 2002, S. 158.

und sie haben bis heute überlebt".[4] Diese Auffassung kann sich auch auf Max Weber berufen, der bereits hervorgehoben hatte, dass bei der ursprünglichen Islamisierung das „Stammesprinzip" aufrechterhalten blieb: Nicht Individuen, sondern Verbände treten der *umma* bei, die Sippensolidarität werde nicht wirklich gebrochen:

> Der Islam hat die Landsmannschaften der arabischen Stämme und die Sippenbande, wie die ganze Geschichte des älteren Kalifats zeigt, nicht wirklich überwunden, weil er zunächst eine Religion eines erobernden, nach Stämmen und Sippen gegliederten Heeres bildete.[5]

So ist die einzige von der *sharia* anerkannte Korporation der aus der altarabischen Stammesorganisation übernommene „blutrechtliche" Sippenverband, wodurch es zugleich undenkbar wird, dass Vereine oder Anstalten, die sich nicht unmittelbar davon herleiten, als juristische Personen gelten könnten.

Diese Erkenntnisse wären umso folgenschwerer, als Bassam Tibi festhält, dass „es bis heute keine Alternative zum Nationalstaat gibt". In der Begründung gerade dafür zeichnet sich allerdings eine Wendung zur Kultur ab: Tibi sieht die Notwendigkeit von Souveränität nicht darin, dass in der Welt, wie sie ist, allein das Gewaltmonopol des Staats die Einhaltung von „Menschenrechten" zu garantieren vermag; dass es somit diese Menschenrechte immer nur für den Bürger eines bestimmten Staats geben kann. Er leitet sie ausschließlich vom Völkerrecht ab – davon, dass sämtliche Einheiten des internationalen Systems „äußerlich" als Nationalstaaten „strukturiert sind und es auch sein müssen".[6] Auf diese Weise überlässt er die Frage der Menschenrechte einer Religionskritik, die ihrerseits das Politische ausblenden kann: Die in der Moderne aus den „Prozessen der Individuation hervorgegangenen individuellen Menschenrechte haben leider keine Wurzeln im Islam, der vom Kollektiv/Umma ausgeht und das Individuum diesem unterordnet".[7] So richtig die Diagnose sein mag, sie verlagert zugleich das Problem, dass die „meisten Muslime" das „Subjektivitätsprinzip der Moderne" nicht kennen,[8] und damit die Frage der Menschenrechte, in den Bereich der Kultur, wo es Tibi in seinen späteren Studien über *Kreuzzug und Djihad* zu lösen vermeinte.

DIE BEUTE UND DER SOUVERÄN

Was die Ökonomie betrifft, begnügt sich Bassam Tibi dabei mit dem Hinweis auf die „Relevanz der Beute, die der Djihad erbracht hat": Für den Islam sei „parallel zu dem religiösen Eifer, der hinter der Expansion stand", „die Beute von zentraler Bedeutung" gewesen.[9] Darin könnte auch ein rationales Element dieser Glaubens-

4 *Tibi* 2002, S. 124 u. 139.
5 *Weber* 1980, S. 746; vgl. auch *Schluchter* 1987, S. 54.
6 *Tibi* 2002, S. 148.
7 *Tibi* 2002, S. 62f.
8 *Tibi* 2002, S. 62.
9 *Tibi* 2001, S. 67.

formen gesehen werden: Es ließe sich, dem Basis-Überbau-Verhältnis folgend, der Islam als Verallgemeinerung des Beutemachens, das die Selbsterhaltung gewährleistet, verstehen; die *umma* als in ferne Zukunft projiziertes Telos, als quasi regulatives Prinzip von Nomaden-Verbänden, die immer neue Beute machen müssen, um sich zu reproduzieren. Der Erfolg Mohammeds und seiner Nachfolger hätte, so gesehen, darauf beruht, im Namen jenes Ziels, Einheitlichkeit und Schlagkraft der Verbände gegenüber konkurrierenden Gruppen herzustellen. Soweit die Gesellschaft, die sich später auf ihn berief, als Ganzes auf kriegerischen Raub ausgerichtet blieb, gewannen in ihr Produktion und Produktivitätssteigerung nur geringe Bedeutung. Tibi zufolge beginnt schließlich der Verfall des ursprünglichen „Djihad-Staats“ mit dem Scheitern des letzten großen „Beutezugs“ vor Wien im Jahr 1683. So fragwürdig die einfache Deduktion islamischen Glaubens aus der ökonomischen Basis des Beutemachens ist, sie verweist doch immerhin auf das eigentliche Problem, dass nämlich jenes rationale Element mit der Entstehung des Weltmarkts zwangsläufig verschwindet, wenn die weltweite Durchsetzung des Kapitalverhältnisses den bloßen Raubzug als Reproduktionsform einer ganzen Gesellschaft obsolet macht.

Aber Tibi folgt selber nicht weiter dem marxistisch herzuleitenden Schema von Basis und Überbau, sondern schließt sich offenbar dem von instrumenteller und kommunikativer Vernunft an, wie es Habermas ausgeprägt hat. Bei ihm wird daraus eine Art Sündenfall. Die Vernunft, die imstande wäre, die Kulturen zu vermitteln, sei im Islam wie im „Europäismus“ verraten worden: im Islam hätten die Lehren von Avicenna und Averröe aus dem Zeitalter der Abbassiden den Ausweg geboten, in der europäischen Kultur die Ideen der Renaissance. Da auf beiden Seiten die Alternativen ausgeschlagen wurden, kam es notwendig zum *clash* der Zivilisationen.[10]

Dabei wären gerade die politischen Theorien der Renaissance geeignet, solche Schemata zu kritisieren. Die Frage des Souveräns, wie sie bei Machiavelli, Bodin und Hobbes gestellt wird, erlaubt keine einseitige Ableitung etwa des rechtlichen Überbaus aus der ökonomischen Basis, was immer darunter verstanden wird, geht doch die organisierte Gewalt des Staats weder in dieser noch in jenem auf. Und sie dementiert zugleich, dass jenseits der Gewaltverhältnisse das politische Subjekt die Freiheit habe, sich für die Vernunft zu entscheiden. Die Vernunft ist in ihrer Perspektive immer nur mit Vorbehalt „kommunikativ“: Dem zwanglosen Zwang des besseren Arguments zu folgen, kann nur dann irgendeine Folge zeitigen, wenn es zugleich mit der Gewalt in einer ihrer Erscheinungsformen zusammenfällt. Die Frage ist nur: in welcher?

Auch wenn Machiavelli, Bodin und Hobbes den Islam kaum thematisieren, ist das Verhältnis zu ihm ex negativo in ihrem Begriff vom Souverän gegenwärtig. Besonders deutlich ist dies bei Hobbes, weil er doch explizit ausgeht von der Gleichheit der Individuen, worin nach seiner Auffassung die Notwendigkeit des

10 *Tibi* 2001, S. 188ff.

Souveräns beschlossen liege.[11] Es ist die historische Situation, „worin große Menschenmassen plötzlich und gewaltsam von ihren Subsistenzmitteln losgerissen und als vogelfreie Proletarier auf den Arbeitsmarkt geschleudert werden“,[12] die in der Staatskonstruktion des *Leviathan* reflektiert wird. Gleich sind die Menschen als ohnmächtige Wesen, und diese Ohnmacht zeigt sich gerade dort, wo sie nach Macht streben. Denn dazu werden sie durch die bloße Reproduktion genötigt: Sie können die Mittel zu einem angenehmen Dasein nur noch sicherstellen durch den Erwerb stets wachsender Mittel:

> So that in the first place, I put for a general inclination of all mankind, a perpetual and restless desire of power after power, that ceaseth only in death. And the cause of this is not always that a man hopes for a more intensive delight than he has already attained to, or that he cannot be content with a moderate power, but because he cannot assure the power and means to live well, which he has present, without the acquisition of more.[13]

Die Gleichheit der Warenbesitzer zerstört, was Platon, Aristoteles und Cicero ebenso wie Augustinus und Thomas von Aquin noch selbstverständlich war: die Dominanz unmittelbarer Herrschafts- und Knechtschaftsverhältnisse. So fehlt bei Hobbes, wie Hermann Klenner in seiner Einführung zum *Leviathan* schreibt, von „irgend einem organisch-hierarchischen Beziehungsgefüge zwischen Lehnsherr, Vasall und Leibeigenem, zwischen Handwerksmeister und Gesell, zwischen Kleriker und Laien […] jede Spur“, „Gleichheit ist die Basiskategorie des hobbesischen Gesellschaftsmodells“.[14] Eben darin erfasst das Modell die neue Form der Ausbeutung, die sich in Gestalt des Souveräns gerade daranmacht, die Ungleichheit personaler Herrschaft zu beseitigen. So gesehen kann sogar Montesquieu als Schüler von Hobbes betrachtet werden, nur dass er als Freiheit und Vernunft bezeichnet, was bei Hobbes aus Zwang und Ohnmacht geschieht: Sklaverei verstoße „gegen das Grundprinzip jeder Gesellschaft“ und kein Zivilvertrag dürfe dem „Naturrecht“ widersprechen, wonach die Menschen ihrem Wesen nach frei und vernünftig seien.[15] Allerdings fügt auch Montesquieu, wenn er diese Emanzipation begründet, immerhin ein Argument hinzu, das seinerseits auf den Zwang moderner Ökonomie verweist: „Außerdem kann man für den Menschen keinen Preis festlegen.“[16]

DIE REFLEXIONSFORM DER EIGENTUMSVERHÄLTNISSE

Die Polemik, die Hobbes gegen den Papst und den römischen Klerus als Urheber des „Reichs der Finsternis“ entfaltet, zielt immer darauf, dass es eine außerhalb

11 Vgl. hierzu und zum Folgenden ausführlicher: *Scheit* 2009, S. 95ff.
12 *Marx* 1977a, S. 744.
13 *Hobbes* 1994, S. 58.
14 *Klenner* 1996, S. XXVII.
15 *Montesquieu* 2001, S. 49.
16 *Montesquieu* 2001, S. 48.

des Staats stehende Macht nicht geben dürfe. Die katholischen Kirche musste, insoweit sie Anspruch auf eine solche Macht erhob, zurückgedrängt werden, damit das säkulare Gewaltmonopol entstehen und gegen die Familien- und Stammesverbände die Gleichheit durchgesetzt werden konnte, von der ausgehend Hobbes auf die Notwendigkeit des Souveräns schließt. Aber die Kirche hatte diesen Rückzug von der politischen Macht in ihren eigenen Lehren vorweggenommen oder in gewisser Weise selbst eingeleitet – in dieser Hinsicht stützt sich also Hobbes im Grunde auf alte christliche Traditionen. Von bestimmten Zügen des *Neuen Testaments* bis zur Aufteilung der Welt in weltlichen Staat und Gottesstaat bei Augustinus, worin das zivilisatorische Potential der römischen Herrschaft auf paradoxe Weise bewahrt wurde, ist diese Koexistenz vorgezeichnet, die dann in den, wie Max Weber schreibt, „relativ klaren Dualismus“ von heiligem und profanem Recht mündete – „Konsequenz des Umstandes, daß die Kirche in der Antike jahrhundertelang jegliche Beziehung zu Staat und Recht abgelehnt hatte“.[17]

Die Christen überlassen die Gewalt prinzipiell der weltlichen Obrigkeit und nur als deren Repräsentanten legen sie selbst Hand an; so wie sie Innerlichkeit und äußere Welt trennen, so auch die Gewalt von der Heilslehre. Im *Neuen Testament* steht: „Ich bin gekommen, um euch das Schwert zu bringen“ (Mt 10,34), aber dieses Schwert verstehen die Christen als etwas, das unabhängig von ihnen existieren kann oder sogar existieren soll: als eine eigene Institution, in der sie mitwirken können, die aber nicht mit ihrer Gemeinde identisch sei: „Gebt dem Kaiser zurück was des Kaisers ist und Gott was Gottes ist.“ (Mt 12,17) Man kann darum die Lehren vom „gerechten“ oder „heiligen“ Krieg als den späteren Versuch interpretieren, das Christentum in eine Kriegsreligion zu verwandeln. Norman Daniel geht so weit, in den Kreuzzügen eine Art Anpassung an den Islam zu sehen, der schon im Koran keinerlei Fingerzeig gibt zu trennen, was des Herrschers und was Allahs ist: das Christentum habe hier mit Enthusiasmus gerade jene Doktrin übernommen, die von ihm zuvor als Charakteristikum des Islam abgelehnt worden sei.[18] Jedenfalls lassen sich solche Phänomene, die hier als Akkommodation an den Islam erscheinen, wohl nur im Zusammenhang mit dem Niedergang der staatlichen Ordnungsmacht erklären, wie er im Zuge des Zerfalls des Karolingerreichs zu verfolgen ist.[19] Die Hinwendung der Kirche zum Krieg vollzog sich zunächst im eigenen Land, ehe sie in den Kreuzzügen expansiv wurde: Die Institution sah sich nicht zuletzt genötigt, ihren Besitz gegen marodierende Kriegerbanden und einander befehdende Clans zu schützen, die noch nicht wirklich in den Formen des Rittertums integriert waren.

Zugleich geschah auch mit der „Beute“ der Kreuzzüge Anderes als im *jihad*. Soweit sie überhaupt ins Gewicht fiel, wurde sie nicht nur unter Voraussetzungen gemacht, die von denen der islamischen Länder signifikant abwichen, und die Finanzierung des heiligen Kriegs der Christen mittels Kredit blieb ihrerseits nicht

17 *Weber* 1980, S. 480.
18 *Daniel* 1993, S. 131.
19 Vgl. *Mayer* 2005, S. 26f.

ohne Folgen für ihr gesellschaftliches Gefüge. Was demnach als Beute der Kreuzzüge bezeichnet werden kann, ging über in ein Privateigentum, für dessen Sicherheit bereits die Gemeinden der Städte und Stadtstaaten sorgten, die mit ihrem Bürgerstatus im Ansatz auch schon die Gleichheit der Privateigentümer garantierten.[20] Solches Eigentum, wird es erst ganz anerkannt, ist der Inbegriff des Profanen; seine vollständige Durchsetzung, die das Privateigentum an den Produktionsmitteln einschließt, erfordert die Trennung von Staat und Kirche, Gewaltmonopol und Souveränität.

Wenn aber von vornherein der Staat die Kirche ist und die Kirche der Staat, Gott an der Spitze von beidem steht und der Prophet sein Stellvertreter auf Erden ist;[21] wenn eine Unterscheidung zwischen weltlich und geistlich hinsichtlich Gesetz, Rechtsprechung und Autorität nicht bewusst durchgesetzt wird[22] und es keine menschliche gesetzgebende Macht gibt, sondern nur das heilige Gesetz Gottes, das durch die Offenbarung verkündet worden ist – dann lässt sich stricto senso von einem Souverän nicht sprechen: Das Individuum wird nicht zur „Reflexionsform der Eigentumsverhältnisse“[23]; es bleibt mitsamt seinem Vermögen Beute der Clans und einer Zentralmacht, die sie gewähren lässt, wenn sie nicht gerade selbst ein Interesse an ihm hat. Tibi betont, dass im Osmanischen Reich „das Eigentum in keiner Form gesetzlich geschützt und daher stets der Gefahr willkürlicher staatlicher Maßnahmen ausgesetzt“ war.[24] Cum grano salis galt das für islamische Herrschaft im Allgemeinen, wie Dan Diner ausführt: „Die von den Kaufleuten angehäuften Vermögen waren vor dem Zugriff der Staatsmacht nicht sicher – vor allem, wenn sie in Geldform mobilisierbar waren.“[25] Der prekäre Status des Eigentums hing jederzeit vom absoluten des „heiligen Rechts“ ab. In dessen ungebrochener Stellung sah bereits Max Weber das entscheidende Hindernis zur Durchsetzung der inneren und äußeren Rechtseinheit: Es führte dazu, dass die „Rechtspartikularität“ der unterworfenen Bevölkerung fortlebte, und zwar in „allen ihren Formen“ und dadurch die Schaffung einer *lex terrae* unmöglich war.[26] Das Gesetz, das vom Propheten diktiert wurde, konnte zwar, so Bernard Lewis, erläutert und interpretiert werden, es konnte jedoch „nicht verändert werden, und theoretisch konnte kein islamischer Herrscher auch nur ein einziges Gesetz hinzufügen oder fortnehmen. Tatsächlich geschah beides häufig genug, aber der Prozeß wurde von den Herrschern immer sorgfältig getarnt.“[27] Ergab sich auch hier zwangsläufig ein Dualismus von heiligem und profanem Recht, geistlicher und weltlicher Rechtspflege, so wurde einerseits im profanen die Herstellung eines be-

20 Vgl. ebd., S. 217ff.
21 Vgl. *Lewis* 2002a, S. 146.
22 Vgl. *Lewis* 2001, S. 41.
23 *Adorno* 1997, S. 175.
24 *Tibi* 2001, S. 218.
25 *Diner* 2007, S. 210.
26 *Weber* 1980, S. 476.
27 *Lewis* 2002b, S. 146.

rechenbaren, eigengesetzlichen Rechtsgangs verhindert,[28] andererseits im Heiligen die Reflexion auf die eigenen Grenzen einem solchen Rechtsgang gegenüber unterbunden. Was die Staatenbildung im islamischen Raum betrifft, kann insofern von einer bloß „formalen Verweltlichung politischer Macht" gesprochen werden, als dabei „nicht mit dem in der Religion begründeten Zweck aller Staatlichkeit gebrochen" wurde,[29] sodass „die praktische Entwicklung des Staats weiterlief, während das Scharia-Recht diese Entwicklung so gut wie gar nicht zur Kenntnis nahm und in weitgehend festliegender Form seinen universalen Geltungsanspruch erfolgreich verfocht".[30] Es gab und gibt also durchaus im Islam eine Trennung von Religion und Politik, aber da eben diese Trennung weder auf der Seite des Glaubens noch auf der des Staatsbewusstseins thematisiert und als Konflikt ausgetragen wurde, hatte sich – wie Bernard Lewis anhand der Geschichte der Kalifate ausführte – stets eine wachsende Kluft zwischen der *sharia* und der politischen Realität aufgetan, die von den islamischen Machthabern wie von den Schriftgelehrten offiziell nicht anerkannt werden durfte,[31] um die verdeckte, nicht vermittelte Koexistenz als einzige Einheit des Ganzen zu bewahren.

Während Hobbes in der Zwecksetzung des Staats vom Schutz des einzelnen Individuums ausgeht und nur in Bezug auf dieses Individuum, dessen Leben und Eigentum, die Funktion des Staats und – soweit davon schon gesprochen werden kann – des Rechts bestimmt wissen will, vermag die Auffassung vom Staat im Islam Individuum und Eigentum als Zweck insofern nicht anzuerkennen, als beide hier lediglich Mittel der Gemeinschaft verkörpern. Prinzipiell wird in der *sharia* die so genannte natürliche Person sowenig wie die Korporation oder der Verein als Subjekt anerkannt, nur der Sippe bzw. Familie kommt ein solcher Status zu. Etwa gilt ein Verhalten auch dann als Schädigung, die Bestrafung nach sich zieht, wenn niemandem daraus ein konkreter Schaden erwächst oder erwachsen kann, aber das Kollektiv der Muslime oder die Ehre der Familie geschädigt erscheint.[32] Und solange die jeweilige Verfehlung nicht manifest, für andere nicht sichtbar ist, gilt der Schaden als nicht eingetreten,[33] während im Christentum schon der Gedanke an eine schlechte Tat als Sünde betrachtet wird, im säkularen Staat aber erst als strafbar gilt, wenn der Gedanke zur Tat zu werden sich nachweislich anschickt. Ist der Schaden fürs muslimische Kollektiv aber eingetreten, dann kann

28 Vgl. *Schluchter* 1987, S. 78f.

29 *Wick* 2009, S. 120.

30 *Nagel* 1981, S. 287.

31 Vgl. *Lewis* 1974, S. 78.

32 „Ehrenmord" und „Blutrache" werden von der *sharia* insofern als *kisas* sanktioniert, als der in ihrer Ehre verletzten Familie eingeräumt wird, Vergeltung durch eines ihrer Mitglieder an dem ehrverletzenden Individuum zu üben. „Damit geht der kisas von der kollektiven Betroffenheit der Opferfamilie, einem wesentlichen Element der Blutrache, aus." (*Baumeister* 2007, S. 67) Welche Koran-Suren und Hadithen auch immer herangezogen werden, im Islam stellt der Staat „seinen Vollstreckungsanspruch hinter die privaten Interessen der Opferfamilie zurück" (ebd.).

33 Vgl. *Diner* 2007, S. 222.

nur Geld oder Gewalt ihn sühnen und die sakrale Integrität der *umma* wiederherstellen. Es gibt keine andere Vergebung der Sünden als die durch das Schwert oder das Geld. Der Stellenwert von Individuum und Eigentum ist – durch den persistierenden Stammesverband hindurch – letztlich in einer Theologie festgelegt, der zufolge nicht der Staat (*daula*), sondern die Gemeinschaft der Gläubigen, die Kollektividentität der muslimischen Gemeinde (*umma*), als zentraler Rechtsbegriff betrachtet werden muss. Das betrifft nach außen hin ebenso das Verhältnis der Staaten zueinander, es wird ebenso der Gemeinschaft untergeordnet:

> Keine wie auch immer begründete Gleichheit unterschiedlicher Gemeinwesen, sondern Überlegenheit und universeller Ausdehnungsauftrag des Islam steht im Zentrum kanonischer Setzung. Daraus folgt eine Art dichotomischer Gegensatz zwischen dem *dar al-Islam* und dem *dar al-harb*. Als ‚Haus des Friedens' bzw. des Islamgebiets und als ‚Haus des Krieges' stehen sich mithin zwei Rechtsräume entgegen, deren glaubensmäßige Fundierungen als inkompatibel erachtet werden. Jedenfalls geht der universell gerichtete Anspruch der Muslime dahin, den Bereich des *dar al-harb* mittels Bekehrung auf dem Weg des *ǧihād* dem Islam zuzuführen.[34]

Herrscht irgendwo bereits die *umma*, werden Nichtmuslime zur neuen Religion nicht unbedingt gezwungen,[35] wie sonst so oft die Juden und die Muslime unter Christen, die sich der weltlichen Macht zu bedienen wussten. Da dieser Glaube keine Trennung von Politik und Religion, Staat und Kirche anzuerkennen bereit ist und als oberstes Ziel die weltweite Herrschaft der Muslime etablieren will, ist es durchaus nicht so wichtig, ob jeder einzelne Beherrschte zum Islam übertritt oder nicht; wo man auf die Kopfsteuer, die Juden und Christen zu zahlen hatten, nur ungern verzichtete, wurden Übertritte nicht einmal gefördert. Der vorletzte Kaiser von Byzanz wusste das noch, der heutige Papst, der ihn zitiert (so in seiner Vorlesung an der Universität Regensburg vom 12.9.2006), lässt es weg, weil er vom Politischen überhaupt absehen möchte – wie um sich nicht immerfort entschuldigen zu müssen für die Verbrechen, die im Namen der Kirche begangen wurden. Mohammed fordere, so Manuell II., „entweder dass alle Menschen auf der Welt auf das Gesetz zugehen oder Tribute oder irgendwie Sklavenarbeit zu leisten oder keines von beiden zu tun und sich schonungslos vom Schwert niederhauen zu lassen".[36]

Während die Christen in ihren Ländern fallweise jeden einzelnen Juden zum Übertritt überreden oder zwingen wollten und direkt oder indirekt mit dem Tod bedrohten, ist im Herrschaftsbereich des Islam der einzelne Nichtmuslime, wenn er zu den Christen oder den Juden zählt, d.h. sich auf die allen Gläubigen gemeinsame „heilige Schrift" beziehen lässt, durch den Status des *dhimmis* vorgeblich geschützt. So erscheint der Islam humaner als das Christentum: Weil er gar keinen Begriff von der Innerlichkeit des Individuums hat, setzt er hier auch keine Gewalt ein. Sie tritt umso mehr in Aktion, sobald die Andersgläubigen die Herrschaft im

34 *Diner* 1993, S. 178.
35 Vgl. *Wick* 2009, S. 126.
36 *Palaiologos* 2003, S. 92.

Haus des Islam in Frage stellen, und aus dessen Sicht tun sie es allein schon dadurch, dass sie, wo immer auf der Welt, für sich einen eigenen Souverän beanspruchen und auf ihn sich berufen. Apostasie wiederum kann unter islamischen Voraussetzungen als ein „individueller Gewissensakt“ gar nicht aufgefasst werden,[37] sondern nur als „Treuebruch“ gegenüber der Gemeinschaft. Wendet man die Begriffe der Souveränität an – und in islamischen Ländern werden sie oft genug offiziell angewandt, obwohl ihre Voraussetzungen nicht gegeben sind –, muss Apostasie als Hochverrat gelten.[38]

ORIENTALISCHE DESPOTIE BEI MONTESQUIEU UND MARX

Während die Theorie der Gewaltenteilung in bestimmter Hinsicht aus dem Gegensatz zum Islam entwickelt wurde, zeigte die Theorie der Gegenrevolution, soweit sie jene Teilung der Gewalten zurücknehmen wollte, ausgesprochene Sympathie für den Islam. Bewunderte de Maistre an der mohammedanischen Religion, dass durch sie das Volk „in einem Augenblick zu einem wunderbaren Riesen“ werde, der mit dem Schwert in der einen Hand und dem Koran die Staaten zerschlägt,[39] sieht Montesquieu in ihr die Verewigung der Despotie und artikuliert den Gegensatz zwischen dem Geist der Gesetze (*l'esprit du lois*) und dem der Zerstörung (*l'esprit destructeur*): Die mohammedanische Religion, „die immer nur vom Schwerte spricht, wirkt auf die Menschen noch mit dem gleichen Geist der Zerstörung, aus dem heraus sie gegründet wurde“.[40] Dabei kann Montesquieu nicht umhin, seine eigenen Projektionen, ganz im Sinn der im Okzident kursierenden orientalistischen Phantasien, offen einzubekennen: Obwohl er es als ein großes Glück betrachtet, in Gegenden zu leben, wo es keine „Einschließung“ der Frauen („clôture de la maison“) wie im Orient gibt, „wo es erlaubt ist, sich einander mitzuteilen, wo das Geschlecht, das voll Anmut ist, die Zierde der Gesellschaft bildet und wo die Frauen, die sich der Lust eines Einzigen vorbehalten, doch zur Freude aller beitragen“;[41] und obwohl er die Mohammedaner als „une nation barbare“[42] bezeichnet, ist er doch fasziniert von den Resultaten jener Einschließung und Barbarei, wenn er die „Sitten der Frauen“ in den Reichen der Tür-

37 Vgl. *Wick* 2009, S. 130.

38 „Ein theologischer Mentalitätswechsel hinsichtlich der Glaubensfreiheit ist unter diesen Gegebenheiten nicht zu erwarten. Alle Rechtsschulen sind sich in dieser Frage nämlich einig und beharren auf den Rechtsfindungen vergangener Jahrhunderte, auch wenn die Apostasie im Koran selbst nicht einmal explizit eine hadd-Strafe verlangt; und selbst liberale Theologen sind kaum geneigt, in diesem Punkt nachzugeben, da die Quellenlage eindeutig zu sein scheint.“ (*Wick* 2009, S. 135)

39 *de Maistre* 2000, S. 48.

40 *Montesquieu* 1992, Bd. 2, S. 165.

41 *Montesquieu* 1992, Bd. 1, S. 363.

42 *Montesquieu* 1992, Bd. 1, S. 366.

kei und Persiens, aber auch Chinas und Japans als bewundernswert preist: „les mœurs des femmes sont admirables“.[43]

Vielleicht hängen solche Wunschphantasien auch damit zusammen, dass Montesquieu, bei dem die Kategorien der politischen Ökonomie kaum entwickelt sind, ausschließlich auf die jeweiligen klimatischen Verhältnisse rekurriert, die in seiner Sicht über alles entscheiden – sei's das Verhältnis der Geschlechter oder das der Produktion. Orientalische Despotie heißt bei ihm kurzerhand, dass der Geist, der aus einem bestimmten Klima resultiere, „zu keiner Tat, Anstrengung und Mühe fähig“ sei.[44] Karl Marx jedenfalls ersetzt nun nicht einfach die klimatischen Bedingungen durch die ökonomische Basis, wenn er jenen Begriff von Despotie aufnimmt. Vielmehr gewinnt er mit der Frage nach der Souveränität nicht anders als mit der Bestimmung des Kapitalverhältnisses eigentlich erst einen Begriff vom Ganzen, an den Metaphern wie die von Basis und Überbau nie heranreichen konnten. So bezeichnet er als „orientalische Despotien“ Gesellschaften ganz unterschiedlicher Art, was ihre natürlichen Voraussetzungen wie ihre unmittelbaren Produktionsbedingungen betrifft, und findet sie bei den alten Kulturen von Mexiko und Peru ebenso wie bei indischen Stämmen und den alten Kelten.[45] Und auch den „politischen und gesellschaftlichen Niedergang“ im neueren Spanien, den er mit den „schlimmsten Zeiten des Türkischen Reichs“ assoziiert, sucht Marx mit diesem Begriff zu bestimmen. Worauf es ihm dabei offensichtlich ankommt, ist die genaue Bezeichnung von Konstellationen, worin Vermittlungsformen kapitalistischer Akkumulation abgewehrt oder sistiert werden – wie etwa in Spanien, wo er eine Despotie entdeckt, die im Inneren keine Souveränität mehr hervorbringt:

> So despotisch aber die Regierung war, so verhinderte sie doch die einzelnen Provinzen nicht, mit verschiedenartigen Gesetzen und Gebräuchen, verschiedenartigen Münzen, militärischen Fahnen von verschiedenen Farben und verschiedenartigen Steuersystemen zu operieren. Der orientalische Despotismus wendet sich gegen die munizipale Selbstregierung nur dann, wenn sie seinen unmittelbaren Interessen zuwiderläuft, ist aber nur zu geneigt, die Fortexistenz dieser Einrichtungen zu gestatten, solange diese ihm die Pflicht abnehmen, selbst etwas zu tun, und ihm die Mühen einer geordneten Verwaltung ersparen.[46]

An anderer Stelle und in Zusammenhang mit den „gemeinschaftlichen Bedingungen der wirklichen Aneignung durch die Arbeit“, die in Gestalt von Bewässerungsanlagen in östlichen Gesellschaften von besonderer Bedeutung sind, prägt Marx eine besonders frappante Formulierung für diesen paradox erscheinenden Verzicht des Machtzentrums auf durchgreifende Verwaltung und Rechtseinheit: er spricht von einer „über den kleinen Gemeinden schwebenden despotischen Regierung“.[47] Dieser Schwebezustand der Despotie kann offenbar eintreten, sofern alles

43 *Montesquieu* 1992, Bd. 1, S. 416.
44 *Montesquieu* 1992, Bd. 1, S. 316.
45 *Marx* 1983, S. 386.
46 *Marx* 1977b, S. 440f.
47 *Marx* 1983, S. 386.

Eigentum des Einzelnen unmittelbar als Staatseigentum fungiert, kein Privateigentum an Grund und Boden sich herausgebildet hat oder die Vermittlungsformen zwischen dem Privateigentum und der politischen Macht zusammenbrechen. In der antiken Polis hingegen wurde das Eigentum der einzelnen Bürger von dem ihrer Gemeinde bzw. ihres Staats getrennt; in der feudalen Ständeordnung wiederum schuf das Lehenssystem Vermittlung zwischen dem einzelnen Besitz und dem kaiserlichen Territorium durch verschiedene, politisch und ökonomisch unterschiedlich bestimmte Eigentumsformen – Max Weber spricht treffend von einer „ständischen Gewaltenteilung“[48]; und die moderne bürgerliche Gesellschaft schließlich brachte im einzelnen Bürger das Privateigentum gleichsam noch einmal hervor dadurch, dass die Arbeitskraft zur Ware wurde – und erst damit ist auch der Staat in allem, wodurch sich das Individuum reproduziert, anwesend, weil es durch Vertragsbeziehungen geschieht, die letztlich nur von ihm gedeckt werden. Eben diese ubiquitäre Anwesenheit ist mit dem Begriff des Souveräns gemeint.

Orientalische Despotie bedeutet demnach, dass der Staat nicht als Beziehung „freier und gleicher Privateigentümer aufeinander“, wie Marx die Gesellschaft der Polis bestimmte,[49] eine Einheit bildet; dass hier die Gewalt, mit der das Staatseigentum erbeutet und verteidigt wird, folglich auch nicht, wie Marx für die Polis unterstellt, als die andere Seite jener Beziehung begriffen werden kann, sondern selbst an deren Stelle tritt oder sie vereitelt. Es findet im Unterschied zum westlichen Entwicklungsmodell auch keine Vertreibung der Produzenten von Grund und Boden als deren Produktionsmittel statt – sie konnten es ohnehin nie als ihr Eigentum in Anspruch nehmen. So despotisch die Macht der Zentralregierung sein mag, sie greift nicht systematisch ein in den Zusammenhang unmittelbar persönlicher Abhängigkeitsverhältnisse der Familie und der Arbeit, und darum kann weder Rechtseinheit noch Rechtssicherheit hergestellt werden. Sie verwandelt jene Abhängigkeit nicht in Vertragsverhältnisse oder richtet sie für diese Verhältnisse zu, beinhaltet selber nicht die Notwendigkeit, Arbeitskraft dem Kapital zur Verfügung zu stellen. Die Gewalt findet sich auch hier zentralisiert, in dem Maße, wie Steuer einzutreiben, die Arbeit kollektiv zu organisieren oder Krieg zu führen ist, aber dies allein bedeutet keineswegs, dass sie monopolisiert werden muss. Soweit die traditionalen Gemeinde- und Familienstrukturen solchen Zwecken keinen unmittelbaren Widerstand entgegensetzen, behalten sie ihr angestammtes Recht, Gewalt auszuüben.

Der Islam bietet nun nicht nur wie andere östliche Religionen, zu denen in etwas abgewandelter Form auch der Marxismus-Leninismus zu zählen wäre, die entsprechenden Mythen, um den orientalischen Despoten mit den nötigen Attributen auszustatten und die „schwebende“ Zentralisierung zu legitimieren, er erweist sich zugleich als der stärkste Glaube, die eigentliche Monopolisierung der Gewalt auszuschließen bzw. zu hintertreiben. Durch ihn wird im Subjekt selber verankert,

48 *Weber* 1980, S. 138.
49 *Marx* 1983, S. 387.

dass die Gewalt in jenen Belangen, die in der bürgerlichen Gesellschaft dem Souverän zufallen, bei denen bleiben kann, die nicht regieren und weiterhin in Clans organisiert sind. Sie finden in dieser Religion den imaginären Ersatzsouverän, der ihnen – anders als der jüdische und christliche – in der Identifizierung mit der Glaubensgemeinschaft das Selbstbewusstsein gibt, Herr über Leben und Tod zu sein, auch dann, wenn sie gar nicht mehr die Kontrolle über ihre kleine Produktion und den so sehr begrenzten Tausch haben, weil durch sie hindurch längst das Kapital prozessiert. Begünstigt durch die krisenhafte Form, die diese Akkumulation annimmt – gehören die islamischen Regionen doch zu den wenig produktiven des Weltmarkts – bestreitet diese Religion die Notwendigkeit des Leviathan. Das heißt: die Individuen dürfen sich nur nicht als Gleiche denken und fühlen, und das in keiner Beziehung zum jeweils Anderen und an keinem Ort ihrer Reproduktion, dann bedarf es auch nicht eines Souveräns. So bekommen die Gesetze der *sharia*, die Gleichheit abwehren, gewissermaßen existentielle Bedeutung. Sie fixieren die Ungleichheit insbesondere im Verhältnis der Geschlechter als dem Inbegriff persönlicher Abhängigkeitsverhältnisse – das reicht bei einer der vier sunnitischen Rechtsschulen bis hin zur Verstümmelung der weiblichen Genitalien, weil noch die Möglichkeit des Lustempfindens Gleichheit suggerieren könnte.[50]

BEHEMOTH IN TEHERAN?

Für die Frage, warum sich nunmehr in der islamischen Revolution im Iran das Problem der Souveränität auf neue Weise zugespitzt hat, dürften die kulturellen Unterschiede und religiösen Spezifika im engeren Sinn von geringster Bedeutung sein, soviel auch das Wissen über die Differenz zwischen Schiiten und Sunniten als auch über die spezifischen Fundamente der persischen Kultur, wie sie bereits lange vor der Islamisierung gelegt worden waren, zum Verständnis beitragen kann. Die besondere Dramatik der Ereignisse seit dem Sturz des Schah hängt vor allem damit zusammen, dass dieses Land mehr als vermutlich jedes andere islamische dem Weltmarkt erschlossen worden ist, und das bis in die Privatsphäre der Individuen hinein.[51] So kann die Entwicklung im Iran seit 1979, die diese Öffnung

50 Keine der vier sunnitischen Rechtsschulen spricht sich gegen die Mädchenbeschneidung aus, die Shafiiten jedoch halten sie sogar für religiöse Pflicht. Wenn Ibn al-Djauzī darüber hinaus im 12. Jahrhundert forderte, „das Begehren" der Frauen „zu schwächen" und „ihre Sittsamkeit zu erhöhen", indem man den „Überschuß an Haut" wegschneide, der dieses Begehren enthält (*Ibn al-Djauzī* 2009, S. 21), so gelten diese „Weisungen für Frauen" heute im arabischsprachigen Raum nach wie vor als maßgebend. Wie die Herausgeberin der ersten deutschen Ausgabe berichtet, kann von einem „Standardwerk" gesprochen werden, das in zahlreichen Neuauflagen zirkuliere; Ibn al-Djauzīs Weisungen finden sich in diversen zeitgenössischen Handbüchern ausdrücklich bejaht, etwa in der Enzyklopädie für die Kenntnis und Unterweisung in der *Sunna für Frauen* von Ahmad Djād (2003) oder in *The ideal Muslima* von Al-Hashimi (1999).

51 Fathiyeh Naghibzadeh hat in einem Aufsatz über die Situation der Frau im Iran auf diese Besonderheit hingewiesen, die dann nach der „islamischen Revolution" etwas wie eine echte innere Emigration möglich machte. Während es, die Beziehungen der Geschlechter betreffend,

und damit die Bildung von Souveränität rückgängig machte, als paradigmatisch dafür gelten, was Samuel Salzborn, „praktisch vollzogene Aufhebung von Staatlichkeit“ als „Aufhebung der Moderne“ nennt. Salzborn ruft dabei die von Franz Neumann explizierte Voraussetzung jeder kritischen Theorie des Rechts in Erinnerung, dass nämlich der Staat der Moderne als Einheit von abstrakter politischer Gleichheit und realer ökonomischer Ungleichheit zu bestimmen wäre.[52] Eben diese Einheit wird in der Islamischen Republik auf verschiedenen Wegen und in unterschiedlichen Formen durch unmittelbare Gewaltverhältnisse ersetzt, die auf konkreter, politisch gesetzter Ungleichheit beruhen.

Damit hängt indirekt zusammen, dass hier das Begriffspaar Demokratie und Diktatur notwendig ins Leere geht, während es bei den arabischen Staaten sich durchaus als adäquat erweisen kann, die im Inneren bloß nominelle Souveränität zu charakterisieren und das eindeutige Übergewicht diktatorischer Regimes zu bezeichnen. Aber auch dem Begriff Faschismus, mit dem der Massenbasis der iranischen Revolution Rechnung getragen werden soll, fehlen entscheidende Bestimmungen, die politischen Vorgänge seit 1979 zu erfassen. Wenn Khomeini 1971 in seinem programmatischen Buch über den islamischen Staat schrieb: „Governing is not an end in itself“[53], dann klingt es, als ob er sich von der Auffassung des italienischen Faschismus wie neuerer Militärdiktaturen distanzieren wollte, wonach der Staat als Unbedingtes zu gelten habe, vor dem Gruppen und Gemeinschaft als das Bedingte zu betrachten seien.[54] Cheryl Benard und Zalmay Khalilzad registrierten früh schon diese Differenz und arbeiteten wesentliche Momente der Entwicklung nach der „islamischen Revolution“ heraus, indem sie stattdessen den Begriff der „totalen Demokratie“ von Jacob Talmon[55] anwandten. So wird deutlich, dass Khomeini die Gründung nichtstaatlicher Organisationen und Komitees sowie die Einsetzung von geistlichen Führern als Instanzen zur ‚Kontrolle‘ des Staats stets befürwortete, wie um gezielt die Herausbildung des Gewaltmonopols zu verhindern, für das mit unterschiedlicher Konsequenz Bazargan und Banisadr eintraten.[56] Ministerpräsident Bazargan wollte nicht ak-

z.B. in der saudischen Bevölkerung gar keine Trennung zwischen öffentlich und privat gebe, sei die „Institution Familie“ als „einzige relativ staatsfreie Zone der iranischen Gesellschaft paradoxerweise zum Terrain relativer Freiheit“ geworden, oder „doch zumindest zum Kampfplatz, auf dem die Gestaltung des Geschlechterverhältnisses ausgefochten wird“ (*Naghibzadeh* 2008, S. 109).

52 *Salzborn* 2009, S. 16f.

53 *Khomeini* 1979, S. 41.

54 Vgl. *Scheit* 2009, S. 215ff.

55 Vgl. *Talmon* 1961.

56 *Benard/Khalilzad* 1988, S. 142ff. In seinem Buch über den islamischen Staat von 1971 scheint sich Khomeini noch am Prinzip der Souveränität zu orientieren, wenn er schreibt: „In truth the social laws and regulations need an executor. In all countries of the world, legislation alone is not enough and cannot secure people’s happiness. The legislative authority must be followed by an executive authority which is the only authority that can bring the people the fruits of just legislation. This is why Islam decided to establish an executive authority side by side with the legislative authority and appointed a person in charge to implement, in addi-

zeptieren, dass seine Regierung, wie er selber sich ausdrückte, ein „Messer ohne Schneide“[57] ist; Staatspräsident Banisadr war hingegen bereit, es mit den scharfen Messern jener Gruppen zu halten, die Bazargan entmachteten – aber auch das half ihm nicht, da er offenkundig noch immer zu sehr auf die Herausbildung eines Souveräns hinwirkte.

Den Revolutionsgarden oder *Pasderan* – „clerical Counterpart to Iran's conventional standing army, the *Artesh*“[58] – kommt dabei eine Schlüsselrolle zu, und jede Anstrengung, sie der regulären Armee zu unterstellen, wurde nicht zufällig durchkreuzt. Sie waren und sind der Garant dafür, dass die „Gewalten“ nicht zum Monopol integriert werden und insgesamt bleiben, was sie in der Revolution waren: „originally spontaneous, semi-autonomous“ und „centers of power in their own right“, wie David Menashri schrieb.[59] Institutionalisierte Regelung wird nur simuliert, *checks and balances* heißt hier: wechselseitiges Abtasten unmittelbar aufeinander angewiesener Führerfiguren; man könnte auch sagen: die Personen bekleiden nicht Ämter, sondern sind als Ämter verkleidet. Zu *Pasderan* gesellten sich in einer bemerkenswerten Multiplikation der Instanzen und Gruppierungen nicht nur die im Krieg gegen den Irak gegründeten *Basiji* und die iranische *Hizbollah*, es erfolgte – ebenso spontan wie systematisch – eine Gründung nach der anderen, Stab oder Stiftung genannt, den Märtyreraktionen wie der sozialen Frage verpflichtet.[60]

Wahied Wahdat-Hagh, der die Islamische Republik als „Spielart des Totalitarismus“ begreift, geht davon aus, dass es sich bei solcher Multiplikation nur „dem

tion to teaching, disseminating and explaning.” (*Khomeini* 1979, S. 18) Was aber „side by side“ und „addition“ eigentlich meinen, wird sofort deutlich: „social chaos, corruption and ideological and moral deviation” können nur durch einen Staat verhindert werden, “that runs all aspects of life” (S. 19). Dieser Staat ist schon hier als das Gegenteil von Rechtseinheit und Gewaltmonopol gedacht: So wie Khomeini alle Aspekte des Lebens unter dem Gesichtspunkt der Ungleichheit geregelt wissen will, soll der Souverän selbst vorgeblich nur Supervision beim Exekutieren von Stammesgesetzen und „Bluturenge“ (*Marx* 1983, S. 95) betreiben: „blood money is collected from the culprit and paid to the victim, restrictions are established and punishment is placed under the supervision and control of the religious ruler” (*Khomeini* 1979, S. 24); „the power of legislation is confined to god […] This is why Islam replaces the legislative council by a planning council that works to run the affairs and work of the ministries so that they may offer their services in all spheres” (ebd. S. 31); „the just jurisprudents must wait for opportunities and must exploit them to form and organize a wise government” (ebd. S. 41).

57 Zit. n. *Benard/Khalilzad* 1988, S. 145.

58 *Berman* 2007, S. 5.

59 *Menashri* 1990, S. 8.

60 Setade Pasdashte Shohadaye Nehzate Eslami („Stab für das Märtyrer-Gedenken der Internationalen Islamischen Bewegung“), Setade Komakhaye Fouri („Stab für Soforthilfe“), Bonyade Mostasafin („Stiftung der Armen“), Bonyade Shahid („Stiftung der Märtyrer“), Bonyade Maskan („Stiftung des Wohnens“), Jahade Sasandeghi („Kampf für den Aufbau“), Bonyade 15. Khordad („Stiftung des 5. Juni 1963“, zur Erinnerung an die Verbannung Khomeinis), usw. (vgl. hierzu *Wahdat-Hagh* 2003, S. 219f.).

Schein nach“ um „nicht-staatliche Stiftungen“ handle.[61] Damit möchte er hervorheben, wie sehr sie „von der ersten Stunde an das institutionelle Rückgrat des Staates“ ausmachten. Er beruft sich dabei aber auf einen Begriff des Totalitären, der die vollständige Verstaatlichung der Gesellschaft meint und nicht, wie etwa bei Franz Neumann und Hannah Arendt, die Verwandlung des Staats in „äußerste Formlosigkeit“ („utter shapelessness“)[62] oder „Strukturlosigkeit“,[63] die als Staat im eigentlichen Sinn durchweg nicht mehr fassbar sei.[64] Auch die Analyse von David Menashri läuft letztlich auf die These hinaus, dass die verschiedenen Pole der Gewalt in den achtziger Jahren unter größere Kontrolle durch die Regierung gebracht werden konnten, und bleibt die Antwort auf die Frage schuldig, was „governmental control“ in diesem Zusammenhang Anderes bedeuten kann als jene „totale Herrschaft“, wie Arendt sie charakterisiert hat: eine durchgehende Bewegung, der staatlichen Ordnung geradezu entgegengesetzt, worin das eigentliche Machtzentrum immer wieder verschoben werden, in eine jeweils andere Gruppe oder Instanz verlegt werden kann, ohne die so entmachteten Organisationen unbedingt aufzulösen. Geht Menashri nur etwas näher auf die politischen Prozesse ein, bestätigt er – gegen seine These einer wachsenden Regierungskontrollmacht – die Existenz einer solchen totalen Bewegung, etwa wenn er Khomeinis Rolle am Ende der achtziger Jahre beschreibt. Der falsche Totalitarismus-Begriff, dem die Historiker und Politologen anhängen, führt sie immer wieder weg von den richtigen Analysen, die sie am Material schlüssig durchführen können. So möchte Menashri eine festgefügte Hierarchie erkennen und sucht immerzu nach „Iran's most powerfull man – after Khomeyni“[65]. Er fand ihn am Ende seiner Studie von 1990 in Rafsanjani und stellte etwas erleichtert fest, dass die pragmatischen Interessen des Staats nun deutlich die Oberhand über die „radikale Philosophie der Revolution“ gewonnen hätten. Doch wer der mächtigste Mann ist, bleibt sozusagen a priori offen, so wie auch die Hierarchie eher einen Rahmen bildet dafür, dass das Machtzentrum sich beständig verschieben kann. Unter dem „geistlichen Führer“ steht eben nicht nur der Präsident und der „Islamische Versammlungsrat“, das eigentliche Parlament, und das Staatsministerium, sondern auch der „Wächterrat“, die „Versammlung zur Erkennung der Systeminteressen“, der „Oberste Rat der nationalen Sicherheit“, der „Expertenrat“, das „Exekutivkomitee der Wahlen“ und die „zentrale Beobachtungskommission“; so wie neben den einzelnen Ministerien 23 „permanente Kommissionen“ existieren, namentlich die „für die revolutionären Institutionen“, „für die Untersuchung der Gesetze des Revolutions-

61 *Wahdat-Hagh* 2003, S. 219f.

62 *Neumann* 1944, S. 522.

63 *Arendt* 1986, S. 621.

64 Damit grenzen Neumann und Arendt, ganz unabhängig voneinander, nationalsozialistische bzw. „totale“ Herrschaft selbst vom Faschismus ab, der – so legen es beide nahe – noch wie der liberale Rechtsstaat oder irgendeine Diktatur auf dem Gewaltmonopol basiere (*Neumann* 1944, S. 75ff.; *Arendt* 1986, S. 412ff.).

65 *Menashri* 1990, S. 393.

rates und der Gesetze vor der Revolution“ usw.[66] Was hier als Untersuchung, Beobachtung, Erkennung etc. firmiert, kann nichts anderes als Rivalität zwischen den Gruppen sein, solange es kein abstraktes, auf Gleichheit beruhendes Recht gibt, auf das jedwede Kontrolle sich beziehen muss. Im „islamischen Verfassungsstaat“ ist die Gewaltenteilung nur der Schein, hinter dem sich die reale Dissoziation des Gewaltmonopols verbirgt. Dafür ist die Zersplitterung der Gerichtsbarkeit symptomatisch: Zivil- und Strafgerichte sind durch die „Sondergerichte“ von vornherein ausgehebelt; jeweils unabhängig fungieren neben den Militärgerichten die „Revolutionsgerichte“, die Jurisdiktion der Revolutionsgarden und der *Basiji*,[67] der „Gerichtshof für die Gerechtigkeit der Bürokratie“, das „Sondergericht für den Klerus“, die „Pressegerichte“ usw.[68]

Was der Wille Allahs ist, muss sich erst in den direkten Konfrontationen der einzelnen Führer und ihrer Gruppierungen erweisen. Am nächsten steht zwar der geistliche „Führer“ diesem Willen, aber abgehoben, wie er ‚regiert‘, ist er auch am undeutlichsten. Er sagt etwa wie Khomeini 1988: „In our country, the law should follow Islamic doctrine. However, if necessary, priority will be given to government decision over doctrine.“[69] Was aber gerade notwendig ist, bleibt offen, es hängt davon ab, wie es den politischen Gruppen jeweils untereinander gelingen mag, sich zu arrangieren.

So kommt es nicht nur im Ernstfall, in der großen Staatskrise, auf den Absolutheitsanspruch des göttlichen Willens an, der alles erlaubt. In jeder kleinen politischen Entscheidung des Alltags steht vielmehr die Herrschaft schon auf dem Spiel. Anders gesagt: es herrscht der permanente Ausnahmezustand. Jederzeit vermag die unmittelbare Androhung, die durch kein Recht verzögerte und gebrochene Anwendung der Gewalt in den Konflikten den Ausschlag zu geben, wie eben auf offener Straße eine unverschleierte Frau oder ein homosexuelles Paar fortwährend damit rechnen muss, von einem mehr oder weniger zufällig anwesenden Kommando überfallen zu werden. Es kommt nur darauf an, wer gerade vor Ort ist und über die nötige Gewalt verfügt, mit jenem Absolutheitsanspruch des göttlichen Willens gewappnet in irgendeiner Frage, in irgendeinem Konflikt sich zu behaupten. Dafür reichlich Vorwand zu bieten, ist ein undurchdringliches Gespinst von Vorschriften da, das tendenziell alle in Angst versetzt, weil niemand genau wissen kann, wie jeweils die Vorschriften ad hoc ausgelegt werden. „There were so many rules that one was bound to break at least one unknowingly“, schreibt die amerikanische Anthropologin Pardis Mahdavi über ihre Aufenthalte im Iran.[70]

66 Vgl. *Wahdat-Hagh* 2003, S. 246ff.
67 Vgl. *Menashri* 1990, S. 273.
68 Vgl. *Wahdat-Hagh* 2003, S. 314ff.
69 Zit. n. *Menashri* 1990, S. 387.
70 *Mahdavi* 2009, S. 71.

Die Theokratie, die an die Stelle der Souveränität tritt, versucht so den Rückzug ins Private abzuschneiden, sie will überhaupt alle Privatheit unmöglich machen

> Those behaviors that are viewed as private (parties, dancing, and sexual encounters that occur in the home) are only semiprivate because they *could* be (though are not always) supervised and publicized at any time by the moralitiy police, parents, or neighbors. Although young people are not always punished for their ‚immoral behaviors' [...], the fact, that they could be makes their behaviors significant.[71]

Das ist nur konsequent: Schon bei Hobbes bildete die Möglichkeit des Privaten – wenn auch erst als *internum* des Glaubens und innerer Vorbehalt des Untertanen gegenüber dem Souverän festgehalten – das notwendige Komplement zur Souveränität.

DER SOUVERÄN ALS FEINDBILD

Auch in der islamischen Welt hat das Privateigentum an den Produktionsmitteln Einzug gehalten. Das ist der Tribut an den Weltmarkt und damit an die Souveränität, der spätestens nach dem Untergang des Osmanischen Reichs zu zahlen war. Die Souveränität bleibt jedoch soweit nominell, als unter ihrer Obhut die *sharia* als das eigentliche, das substantielle Recht fortbestehen kann, um in Krisensituationen desto mehr durchzudringen und wie im Iran das Regime zu übernehmen. Denn der Islam gewinnt seine Attraktivität dadurch, dass die Eigentümer der Ware Arbeitskraft der Wertlosigkeit und Überflüssigkeit ihres Eigentums im selben Maß gewahr werden, wie die Staatsbürger die formelle Gleichheit nicht mehr ertragen. Gäbe es die *sharia* nicht, man müsste sie erfinden, scheint die Conclusio der Krise oder der gemeinsame Nenner aller Krisenregionen zu sein, weil dieses ‚Gegenrecht' mit den Menschen demonstrativ verfährt, als ob es überhaupt keine Ware Arbeitskraft gäbe – der menschliche Körper daher nichts wäre, die Menschenrechte, die sich, wie alle Emanzipation bisher, jener Ware verdanken, zurückgenommen werden können[72] –, und noch in den speziellen Methoden der jeweiligen Strafen, des Quälens und der Hinrichtung, Gleichheit verweigert. Wenn sich Khomeini auf den Propheten beruft, um darzulegen, warum es einer staatlichen Autorität bedarf, sagt er nur eins: „He cut off hands, whipped and stoned."[73] Die Gleichheit aber bildet sich immer wieder neu im Inneren jeder Gesellschaft, soweit sie Weltmarktbeziehungen hat, auf kapitalistische Tauschverhältnisse und industrielle Produktion, so beschränkt diese auch sei, angewiesen ist. Das heißt: sie muss auch immer wieder neu exorziert werden. Das zeigt sich besonders deutlich in der dreißigjährigen Geschichte der Islamischen Republik Iran, wo jede heranwachsende Generation, die mehr oder weniger deutlich im Namen der Gleich-

71 *Mahdavi* 2009, S. 301.
72 Vgl. *Scheit* 2004, S. 435ff.
73 *Khomeini* 1979, S. 17.

heit gegen das Regime rebelliert, das Opfer eines solchen Abwehrgefechts wird. Insofern es im Islam selber keine Vorstellungen und Begriffe mit rationalem Kern dafür gibt, warum die perhorreszierte Gleichheit aus dem Inneren der Gesellschaft stets aufs Neue ersteht, und sofern diese Religion anders als Judentum und Christentum solche Vorstellungen und Begriffe auch nicht duldet, kann sie ohne ein äußeres Feindbild gar nicht mehr auskommen, das den Zwang zur Souveränität, den man abstreifen möchte, verkörpert.[74] Es suggeriert: Gäbe es Israel und die USA nicht, die *umma* könnte endlich alle Souveränität eliminieren und wäre die Gleichheit der Waren- und Rechtssubjekte los. Erst mit diesem Feindbild also bejahen die Anhänger Mohammeds vollständig, dass sie selbst keine Rechte als Gleiche in Anspruch nehmen können, weil es keinen Souverän geben darf neben dem einzig wahren.

LITERATUR

Adorno, Theodor W., 1997: Minima Moralia, Gesammelte Schriften, hg. v. Rolf Tiedemann, Bd. 4, Frankfurt a.M.

Arendt, Hannah, 1986: Elemente und Ursprünge totaler Herrschaft, München/Zürich.

Baumeister, Werner, 2007: Ehrenmorde. Blutrache und ähnliche Delinquenz in der Praxis bundesdeutscher Strafjustiz, Münster u.a.

Benard, Cheryl/Zalmay Khalilzad, 1988: Gott in Teheran. Irans Islamische Republik, Frankfurt a.M.

Berman, Ilan, 2007: Tehran Rising. Iran's Challange to the United States, Maryland.

Daniel, Norman, 1993: Islam and the West. The Making of an Image, Oxford.

De Maistre, Joseph, 2000: Von der Souveränität. Ein Anti-Gesellschaftsvertrag. Übersetzt aus dem Französischen von Claudia Oestmann, Berlin.

Diner, Dan, 1993: Weltordnungen. Über Geschichte und Wirkung von Recht und Macht, Frankfurt a.M.

Diner, Dan, 2007: Versiegelte Zeit. Über den Stillstand in der islamischen Welt, Berlin.

Hobbes, Thomas, 1994: Leviathan [Leviathan Or The Matter, Forme and Power of A Commonwealth Ecclesiasticall and Civil by Thomas Hobbes of Malmesbury 1651] with selected variants from the Latin edition of 1668, edited by Edwin Curley, Indianapolis/Cambridge.

Hobbes, Thomas, 1996: Leviathan, aus dem Englischen übertragen v. Jutta Schlösser, hg. v. Hermann Klenner, Hamburg.

Khomeini, Ayatollah Ruhollah, 1979: Islamic Government, translated by Joint Publications Research Service, New York.

Klenner, Hermann, 1996: Einführung, in: Thomas Hobbes: Leviathan, aus dem Englischen übertragen v. Jutta Schlösser, hg. v. Hermann Klenner, Hamburg, S. XIII–XLI.

Lewis, Bernard, 1974: Politics and War, in: Joseph Schacht/Charles E. Bosworth: The Legacy of Islam, Oxford, S. 156–209.

Lewis, Bernard, 2001: Die Assassinen. Zur Tradition des religiösen Mordes im radikalen Islam, Frankfurt a.M.

Lewis, Bernard, 2002a: Die politische Sprache des Islam, Hamburg.

Lewis, Bernard, 2002b: Der Untergang des Morgenlandes. Warum die islamische Welt ihre Vormacht verlor, Bergisch Gladbach.

74 Schon im Vorwort seines Buchs über den islamischen Staat von 1971 heißt es gleich am Beginn, wie in einer Präambel der islamischen Theologie: „Since its inception, the Islamic movement was afflicted with the Jews when they started their counter-activity by distorting the reputation of Islam, by assaulting it and by slandering it." (*Khomeini* 1979, S. 5)

Mahdavi, Pardis, 2009: Passionate Uprisings. Iran's Sexual Revolution, Stanford.
Mayer, Hans Eberhard, 2005: Geschichte der Kreuzzüge, 10. Aufl. Stuttgart.
Marx, Karl, 1977a: Das Kapital, Bd. 1, in: Marx-Engels-Werke, Bd. 23, Berlin/DDR.
Marx, Karl, 1977b: Das revolutionäre Spanien, in: Marx-Engels-Werke, Bd. 10, Berlin/DDR, S. 431–485.
Marx, Karl, 1983: Grundrisse der Kritik der politischen Ökonomie, in: Marx-Engels-Werke, Bd. 42, Berlin/DDR.
Menashri, David, 1990: Iran. A Decade of war and Revolution, New York.
Montesquieu, 1979: De L'Esprit des Lois. Chronologie, introduction, bibliographie par Victor Goldschmidt, 2 Bde., Paris.
Montesquieu, Charles de, 1992: Vom Geist der Gesetze, hg. v. Ernst Forsthoff, 2 Bde., Tübingen.
Montesquieu, Charles de, 2001: Meine Gedanken. Mes pensées. Aufzeichnungen, hg. v. Henning Ritter, München.
Nagel, Tilman, 1981: Gab es in der islamischen Geschichte Ansätze einer Säkularisierung?, in: Hans R. Roemer/Albrecht Noth (Hg.): Studien zur Geschichte und Kultur des vorderen Orients, Leiden 1981, S. 80–293.
Naghibzadeh, Fathiyeh, 2008: Die göttliche Mission der Frau. Zu Geschichte und Struktur des Geschlechterverhältnisses im Gottesstaat Iran, in: Stephan Grigat/Simone Dinah Hartmann (Hg.): Der Iran. Analyse einer islamischen Diktatur und ihrer europäischen Förderer, Innsbruck, S. 102–110.
Neumann, Franz L., 1963: Behemoth. The Structure and Practice of National Socialism 1933–1944, New York.
Palaiologos, Kaiser Manuel II., 2003: Dialog über den Islam und Erziehungsratschläge, Übersetzung v. Raimund Senoner, hg. v. Wilhelm Baum, Klagenfurt/Wien.
Salzborn, Samuel, 2009: Eine kritische Theorie des Staates. Franz L. Neumanns Staatstheorie im Kontext der Kritischen Theorie, in: Ders. (Hg.): Kritische Theorie des Staates. Staat und Recht bei Franz L. Neumann, Baden-Baden.
Scheit, Gerhard, 2004: Suicide Attack. Zur Kritik der politischen Gewalt, Freiburg.
Scheit, Gerhard, 2009: Der Wahn vom Weltsouverän. Zur Kritik des Völkerrechts, Freiburg.
Schluchter, Wolfgang, 1986: Einleitung. Zwischen Welteroberung und Weltanpassung. Überlegungen zu Max Webers Sicht des frühen Islams, in: Ders. (Hg.): Max Webers Sicht des Islams. Interpretation und Kritik. Frankfurt a.M.
Talmon, Jacob, 1961: Die Ursprünge der totalitären Demokratie. Ins Deutsche übertragen v. Efrath B. Kleinhaus, Köln/Opladen.
Tibi, Bassam, 1992: Die fundamentalistische Herausforderung. Der Islam und die Weltpolitik, München.
Tibi, Bassam, 2001: Kreuzzug und Djihad. Der Islam und die christliche Welt, München.
Tibi, Bassam, 2002: Die fundamentalistische Herausforderung. Der Islam und die Weltpolitik, 3. Aufl. München.
Wahdat-Hagh, Wahied, 2003: Die Islamische Republik Iran. Die Herrschaft des politischen Islam als eine Spielart des Totalitarismus, Münster u.a.
Weber, Max, 1980: Wirtschaft und Gesellschaft. Grundriß der verstehenden Soziologie, hg. v. Johannes Winckelmann. Studienausgabe, 5. Aufl. Tübingen.
Wick, Lukas, 2009: Islam und Verfassungsstaat. Theologische Versöhnung mit der Moderne?, Würzburg.

AUTOREN

Gunter Heiß (geb. 1977 in Sebnitz), Promovend und wissenschaftlicher Mitarbeiter am Lehrstuhl von Prof. Dr. Walter Pauly, Universität Jena.

Matthias Lemke (geb. 1978 in Gelsenkirchen), Dr. (Paris/Vechta 2007), Lehrkraft für besondere Aufgaben im Fach Politikwissenschaft an der Universität Vechta; aktuelle Buchveröffentlichungen: Republikanischer Sozialismus. Positionen von Bernstein, Kautsky, Jaurès und Blum, Frankfurt a.M./New York 2008.

Claudia Opitz-Belakhal (geb. 1955 in Friedrichshafen), Dr. phil. (Konstanz 1985), Professorin für Neuere Geschichte an der Universität Basel; aktuelle Buchveröffentlichungen: Aufklärung der Geschlechter, Revolution der Geschlechterordnung. Studien zur Politik- und Kulturgeschichte des 18. Jahrhunderts, Münster 2002; Das Universum des Jean Bodin. Staatsbildung, Macht und Geschlecht im 16. Jahrhundert, Frankfurt a.M. 2005; Höfische Gesellschaft und Zivilisationsprozeß. Norbert Elias' Werk in kulturwissenschaftlicher Perspektive, Köln u.a. 2005.

Walter Pauly (geb. 1960 in Frankfurt a.M.), Dr. (Bonn 1989), Professor für Öffentliches Recht, Rechts- und Verfassungsgeschichte, Rechtsphilosophie; aktuelle Buchveröffentlichungen: Der Staat – eine Hieroglyphe der Vernunft. Staat und Gesellschaft bei Georg Wilhelm Friedrich Hegel (Hg.), Baden-Baden 2009; Wendepunkte – Beiträge zur Rechtsentwicklung der letzten 100 Jahre (Hg.), Stuttgart 2009.

Klaus Roth (geb. 1953 in Gemmrigheim), Dr. (Berlin 1987), Gastprofessor für politische Theorie und Ideengeschichte an der Freien Universität Berlin; aktuelle Buchveröffentlichungen: Freiheit und Institutionen in der politischen Philosophie Hegels, Rheinfelden/Freiburg/Berlin 1989; Genealogie des Staates. Prämissen des neuzeitlichen Politikdenkens, Berlin 2003; Recht auf Widerstand? Ideengeschichtliche und philosophische Perspektiven (zus. mit Bernd Ladwig), Potsdam 2006.

Samuel Salzborn (geb. 1977 in Hannover), Dr. (Köln 2004), Vertretungsprofessor für Demokratie- und Demokratisierungsforschung an der Universität Giessen; aktuelle Buchveröffentlichungen: Antisemitismus als negative Leitidee der Moderne. Sozialwissenschaftliche Theorien im Vergleich, Frankfurt a.M/New York 2010; Der Staat des Liberalismus. Die liberale Staatstheorie von John Locke (Hg.), Baden-Baden 2010; Kritische Theorie des Staates. Staat und Recht bei Franz L. Neumann (Hg.), Baden-Baden 2009.

Gerhard Scheit (geb. 1959 in Wien), Dr. (Wien 1986), freier Autor und Publizist, Mitherausgeber der Werkausgabe Jean Amérys, Stuttgart 2002–2009; aktuelle Buchveröffentlichungen: Suicide Attack. Zur Kritik der politischen Gewalt, Freiburg 2004; Jargon der Demokratie. Über den neuen Behemoth, Freiburg 2006; Der Wahn vom Weltsouverän. Zur Kritik des Völkerrechts, Freiburg 2009.

Ulrich Thiele (geb. 1954 in Bochum), Dr. (Heidelberg 1994), akademischer Mitarbeiter am Institut für Politische Wissenschaft in Heidelberg; aktuelle Buchveröffentlichungen: Verfassung, Volksgeist und Religion. Hegels Überlegungen zur Weltgeschichte des Staatsrechts, Berlin 2008; Die Politischen Ideen von der Antike bis zur Gegenwart, Wiesbaden 2008; Volkssouveränität und Freiheitsrechte. Emmanuel Joseph Sieyes' Staatsverständnis (Hg.), Baden-Baden 2009.

Rüdiger Voigt (geb. 1941 in Flensburg), Dr. jur. (Kiel 1973), emeritierter Professor für Verwaltungswissenschaft an der Universität der Bundeswehr München und Direktor des Instituts für Staatswissenschaften, aktuelle Buchveröffentlichungen: Handbuch Staatsdenker (hg. zus. m. Ulrich Weiß), Stuttgart 2010; Den Staat denken. Der Leviathan im Zeichen der Krise, 2. Aufl. Baden-Baden 2009; Krieg ohne Raum. Asymmetrische Konflikte in einer entgrenzten Welt, Stuttgart 2008.